U0094239

国家社科基金
GUOJIA SHEKE JIJIN HOUQI ZIZHU XIANGMU
后期资助项目

墨家逻辑思想研究：
以"同异生是非"论题
为中心的考察

Research on Mohist Logic Thought :
Centered on the Relationship Between
Shi-Fei and Tong-Yi

张万强 著

上海人民出版社

序

墨家逻辑也称"墨辩"，即墨家辩学，是由中国先秦时代的墨子和其弟子所创立起来的系统逻辑学说。《墨子·耕柱》篇说："能谈辩者谈辩。"《墨子·小取》篇说："夫辩者，将以明是非之分，审治乱之纪，明同异之处，察名实之理，处利害，决嫌疑。"辩学的最终目的是要审查治理还是动乱的原因，权衡利益与祸患，决断社会政治伦理中的诸多嫌疑。但这首先需要明确理论和判断的是和非的分别，而要达成此目的，又必须要明确事物间的同和异的分别，考察名称和实际之间的道理。西晋鲁胜曾在《墨辩注叙》中说："同异生是非，是非生吉凶。"人世间的吉凶祸福，皆由理论和判断的是非所产生，而判断的是非则是由事物之间的同和异的分别来决定的。故《墨子·小取》篇说："摹略万物之然。""其然也，有所以然也。"认识万事万物的本质是什么，认识它们各自为什么是这样而不是那样的原因或理由，是墨家辩学的基本研究对象。

近代以降，中国经济社会落后，西学兴盛，西方逻辑学逐渐影响中国。那么，中国传统思想中是否存在着与西方逻辑学相类似的学问，就激起了学人的思考。孙诒让在1897年写给梁启超的信中说："尝谓《墨经》，楬举精理，引而不发，为周名家言之宗，窃疑其必有微言大例，如欧士论理家雅里大得勒之演绎法，培根之归纳法，及佛氏之因明论者"，认为《墨经》中存在类似西方亚里士多德的演绎逻辑、培根的归纳逻辑或佛教的因明逻辑思想。百多年来，梁启超、胡适和沈有鼎等人，对墨家逻辑作了大量开拓性研究，墨家逻辑思想的面目得以逐渐呈现。随着中西文化交流的逐渐深化，西方的汉学家也越来越关注和研究墨家逻辑，如齐密莱乌斯基、葛瑞汉、何莫邪等，对墨家逻辑思想的研究都有不同程度的贡献。

在百年来墨家逻辑研究的过程中，也出现了怀疑和否定的声音，比如认为墨家逻辑的比较研究都是比附，认为比较研究是"据西释中"。当然，学术研究中出现不同声音，产生不同看法，都属正常现象。不过，我们也要看到，如果一味地反对比较研究,反对据西释中,那又如何才能实现中国优秀传统文化的现代化? 如何在当今全球化的进程中使得世界人民能更好地了解我们的文化、明白我们的道理和我们的主张? 也就是说,如果不比较西方文化和西方逻辑,我们又该如何才能让西方人更好地了解我们中国的文化和墨家的逻辑呢? 那不就陷入了"有理说不清,说了传不开"的陷阱了吗? 所以,我认为,在墨家逻辑的研究中,比较研究和据西释中始终都是非常重要的研究方法,当然,其中,也需要特别注意避免出现比附的现象,避免出现各种形式的片面性。

张万强的著作《墨家逻辑思想研究》,在前辈学者和西方汉学家研究成果的基础上,充分采用基原研究法和比较研究法,循着鲁胜"同异生是非"这一基本线索,对墨家逻辑思想展开了全面而深入的挖掘和探究,取得了可喜可贺的成绩。张万强在我这里完成的博士论文题目为《墨家辩学中的"同异生是非"论研究》,在 2018 年获得中国墨子学会第三届优秀研究生论文奖。之后,他又以《墨家逻辑哲学研究》为题申请并获得国家社科基金后期资助项目资助。现在得以以《墨家逻辑思想研究》之名出版,这是在他博士论文的基础上进行了更细致的研究更深入的思考后完成的,他为此付出了大量的心血。

张万强是我带的首个博士研究生。读博期间,他兢兢业业、刻苦用功,不问寒暑。我们多次在校园碰面,他都是抱着刚从学校藏书馆中借来的发黄的相关研究资料。获得博士学位走向工作岗位后,他能够继续问学于墨家逻辑和墨学,是非常不容易的也是难能可贵的。希望他今后能够再接再厉,在对墨学和墨家逻辑的努力探索中,取得更好更多的成绩。

杨武金

2023 年 5 月 18 日

于北京世纪城

目　　录

前　　言

先秦逻辑思想研究是把握中国传统哲学说理论证方式的一个重要参考。①从逻辑哲学和逻辑史视角出发,对作为先秦逻辑思想最重要组成部分之一的墨家逻辑思想加以探究,亦可能会影响到今人对中国古代思想史和哲学史的判定与写作。自 20 世纪以降,海内外治中国逻辑思想史与墨学的前贤,通过对《墨经》文本的整理、训诂、翻译和比较诠释,不断推进着墨家逻辑思想研究的深度与广度。尽管如此,相较中国古代思想史、哲学史中与政治和伦理等主题相关的研究而言,关于中国古代逻辑思想的讨论还有更进一步细化与深化研究的空间。

若只就先秦逻辑思想史学术领域的研究来说,对墨家逻辑思想的研究无疑是近代以降的学术焦点之一。百余年来的海内外墨家逻辑思想研究,既继承了文字训诂与义理注疏的学术传统,更兼蓄了西方哲学、逻辑学中的相关知识体系和思维方式,这就使得墨家逻辑思想研究中存有"古今"和"中西"两种面向,生发出了诸如"墨家辩学是不是某种逻辑学说,如果是的话,其又代表着何种意义上的逻辑""如何认识墨家逻辑思想的特征、地位与价值"等一些颇具争议性的逻辑史问题。面对此类问题,海内外的先秦逻辑思

---

① 金岳霖曾在《冯友兰〈中国哲学史〉审查报告》一文中谈道:"先秦诸子的思想的架格能不能代表一种论理呢? 我们的思想既然是思想,当然是一种实架子的论理。我们的问题是把实质除开外,表明于这种思想之中的是否能代表一种空架子的论理。如果有一空架子的论理,我们可以接下去问这种论理是否与欧洲的空架子的论理相似。现在的趋势是把欧洲的论理当作普遍的论理。如果先秦诸子有论理,这一论理是普遍呢? 还是特殊呢? 这也是写中国哲学史的一先决问题。"(金岳霖:《金岳霖全集》(第二卷),北京:人民出版社,2013 年版,第 407—408 页。)笔者以为,金先生的这一见解,实则是欲说明,探究先秦诸子是否有以及有何种意义上的逻辑思想,当是从事中国哲学史写作的一个前提条件。照着金先生的见解来讲,我们或许可以为先秦逻辑思想研究之于中国哲学史写作的必要性给出合理辩护,即哲学既然是"说出一种道理来的道理",那对其中的说理模式加以或形式或实质的分析,就应当有其合理性。而先秦逻辑思想恰好就关乎先秦诸子所用及的说理模式,故而我们也可以一般地说,先秦逻辑思想研究对于中国哲学史研究是必要且重要的。

想史研究者们,以相关的逻辑学观念和方法为参照,以对《小取》及《墨经》其余诸篇所总结的论式及其相关论题的翻译和分析为基始,或以传统与现代逻辑学的概念和技术进行重构式诠解,或以中西比较哲学的视野和理论进行反思性审度,从而形成了不同的研究视角、观点和方法。从学术史的发展脉络来审度这些研究视角与观点,则可以说百余年来的墨家逻辑思想研究经历了一个由文本训诂到比较研究,再到形式逻辑的体系"建构",终至反省逻辑与文化间关系的"解构"的发展历程。同时,在这一发展历程中也反过来不断涌现着墨家辩学与逻辑学的关系,及其与传统文化、思想和语言之间的内在关联等问题。就此而言,墨家逻辑思想研究所可能关涉到的理论基础、逻辑观念与思想方法等问题,也就成了一个常辩常新的思想史话题,值得当今学界从更广、更新的角度加以讨论和分析。

　　以逻辑哲学的知识视域规约乃至重构墨家逻辑思想中的基本概念框架与知识图谱,无疑可以成为深化墨家逻辑思想研究的一个较好的思考角度。①之所以这样说,主要是基于以下两点:第一,逻辑哲学是对逻辑学研究对象、方法与主题内容的自觉省思与划界,从而呈现出了更深层次、更为开放的问题域。对此一问题域所关涉到的诸如逻辑观、真理论、指称论、逻辑后承和有效性等问题的反思性、划界性探索,使得我们既可以对形式逻辑或符号逻辑体系加以语义学与语用学角度的辩察,也可以探究其他文化传统是否蕴藏有与此相关的内容,并且此种内容在根底上是否能够被划归为逻辑学的知识体系。第二,在某种程度上,我们也并不必要采用形式逻辑的学科范式来对墨家辩学或者说墨家逻辑思想进行概念、判断、推理、论证等模块化的"截断横流"式研究,而就可以基于墨家辩学本身所有的经、经说之条目,及其《大取》《小取》等经典文本展开较为系统、合理的解释;并在此基础上展开与相关逻辑学家、哲学家和哲学理论的比较研究,进而再依照此种比较研究的结论来回应墨家辩学的逻辑学性质判定等问题。依照上述理路,若我们可以将墨家逻辑思想理解为先秦墨家学派所总结和运用的以研究论辩和论证之术为根本内容的学问体系,并着力寻找到其中存在的某个基源

---

①　当前,也有一些学者试图以中国逻辑哲学(Chinese Philosophy of Logic)为名,来讨论中国古代逻辑思想所用及的一些主要概念和基本理论。如冯耀明(Yiu-ming Fung)主编的《中国逻辑哲学辞典》(Dao Compansion to Chinese Philosophy of Logic)一书,就区分为中国逻辑哲学概念(如"名""辞""真""同""异""类""辩"等),中国古代的逻辑思想(如墨家的逻辑思想、儒家的正名理论、道家对语言和逻辑问题的讨论等),印度和西方逻辑思想史的翻译与传播,以及当代中国的逻辑学研究等四大主题。笔者以为,其对中国古代逻辑概念的介绍与讨论,就是从逻辑哲学视域把握中国古代逻辑思想的一个有益尝试。

性问题,进而对其加以逻辑哲学意义上的分析省察,则可能会有助于对墨家逻辑思想乃至先秦逻辑思想史的创新性研究。

西晋学者鲁胜提出的"同异生是非"论题恰好就可以成为这样一个基源性问题。鲁胜在《墨辩注叙》中提出了"同异生是非,是非生吉凶"的说法。显然,这一说法兼具逻辑思想与政治思想、伦理思想的解释维度,其中关乎到逻辑思想的讨论主要集中在"同异生是非"论题上。此一论题既涉及对先秦名辩思潮中的名实之辩、同异之辩、是非之辩等与逻辑思想研究相关的系统总结,也旨在探求事物和言辞间的同异关系是如何影响到乃至决定着人们对言辞真假和哲学论证是否正确的判定。按鲁胜的说法,由于墨家曾"作辩经以立名本"(《墨辩注叙》),因而墨家对"同异生是非"论题的阐发与解说,在名辩学中当最具典型也最为重要。比如,墨家对"同异"问题的讨论涉及了对"类"概念的分析与把握,对"是非"问题的讨论则紧紧与其对"真"观念的探究联系在一起。有鉴于此,笔者拟选择以墨家逻辑思想所关涉到的"同异生是非"论题为中心,对其中所涉及的同异观、是非论(包括真理论)、论式的有效性等主题进行逻辑哲学角度的比较诠释,以期探讨其中所可能蕴藏着的逻辑思想史内容,从而在对象层次与元层次上尝试辨明墨家辩学是否涵括有逻辑学思想,以推进对逻辑思维的文化与语言依赖性等相关议题的讨论。

国内学界和海外汉学家对墨家"同异生是非"论题进行了一定程度的逻辑哲学研究,形成了不少真知灼见。自明末特别是清中叶乾嘉学派对《墨子》文本的疏解以来,学界对《墨经》的文字疏解和义理把握都有了长足进步。自 20 世纪以来,研究墨家逻辑思想的诸位前贤,多立足于其所掌握的西方逻辑学说和哲学思想,在系统构建《墨经》逻辑思想体系的同时,对"同异生是非"论所涉及的"同异"范畴、"辞"之"是非"及其《小取》中的推论方式等问题均有所阐发。但由于《墨经》文本的文体编排复杂、文字错讹颇多,且研究者们在使用比较研究法和历史文化分析法的过程中,或将墨家辩学构建成了传统形式逻辑知识体系的中国摹写本,或过分强调墨家辩学所依存的文化特殊性而忽略甚至否定其中潜藏着的逻辑概念和理论,也就使得他们对"同异生是非"论题中所涉及的相关问题虽有所涉猎,但却未能明确提出和系统诠释此一论题。同时,一些以研究中国古代逻辑思想为专长的海外学者也叙说了"同异生是非"论题。如齐密莱乌斯基(Janusz Chmielewski)讨论了墨家辩学关于事物间的同异关系、是否形成了"真"观念等问题;成中英(Chung-Ying Cheng)则指出,墨家辩学中的同异观、判断分类理论和推理理论对研究中国古代逻辑思想具有重要价值;葛瑞汉(A.C.Graham)以对《小取》逻辑理论体系的翻译和解释为中心,突出了事物及言辞间的"类同""不类之异"关系在墨家推理论式中发挥的关键作用;陈汉生（Chad Hansen)立足于墨家辩学重视语用的特点,否定了"类"概念的逻辑学意义,试图说明墨家辩学未能形成"真"观念;何莫邪(Christoph Harbsmeier)在《语言和逻辑》中首先考察了墨家是否形成了诸如"类"（Class)、"真"(Truth)这样的逻辑学概念,还考察了墨家所用及的推理实例,以及《小取》篇所总结的相关论式的诠释理路,从而对"同异生是非"论题中所涉及的"同异""是非"等主题都有所讨论;方克涛(Chris Fraser)则以对诸子哲学中的"真"(Truth)、"实在"(Reality)、"判断"(Judgment)等概念的哲学分析为中心,对"是非论"所涉及的"真"观念问题进行了详尽论证与辩护,并指出事物间的同异关系是形成言辞真假和推理正确与否的一个基本前提。上述汉学家在研究中国古代逻辑思想时,都因循了如下的研究模式,即首先分析中国古代逻辑思想文本中的相关逻辑哲学概念(如"命题""真""类""必然性""法"等),进而讨论《小取》所总结的以"辟"①"侔""援""推"论式等为代表的逻辑理论体系,以及对某些具体的推理案例(如对"白马非马"的分析等)的形式分析等。这一理路对笔者从逻辑思想史角度讨论"同异生是非"论题,有着重要的方法启迪作用。

笔者试图通过四个子问题来重构墨家逻辑思想中的"同异生是非"论题。事实上,这四个子问题也恰好相应于如下四个层次:(1)墨家逻辑思想中的名实论、同异观的逻辑思想史价值是什么?(2)墨家是否形成了"真"观念,即"是非"是否包含有"真假"的涵义在内?(3)事物或言辞间的同异关系如何会影响到"辞"的真假、论式运用的正确与否?(4)讨论该论题对回答墨家逻辑思想的产生背景、性质和特点,以及其为什么没能走向形式化等问题有何帮助?

就第一个问题而言,笔者认为,墨家提出了"取实予名"和"以名举实"的名实观,并形成了依据不同标准而作出的"名"的分类框架。在同异观上,墨家提出的"别同异""交同异"主张,首先强调了事物间"二必异"的相异关系的绝对性与自明性,进而再将"同"定义为"异而俱于一"。墨家对同异关系的不同类型进行了区分和说明,其中最主要的是将"同"划分为"重、体、合、

---

① 《小取》原文写作"辟",在字义上可通"譬"。参见王讚源主编:《墨经正读》,上海:上海科学技术文献出版社,2011年版,第199页。

类"四种,"异"划分为"二、不体、不合、不类"四种。墨家还提出了相异之属性或关系共存于同一实体的"同异交得"观。墨家逻辑思想所强调的"交同异"观,实质上是对惠施"合同异"观和庄子"齐同异"观的以"同"为绝对,以及公孙龙"离同异"观的以"异"为绝对的观点的批判,进而坚持了事物同异关系上的"同而有异、异而有同"的辩证观点。墨家逻辑思想在先秦逻辑思想史上的重要价值之一,就是在正确提出"有以同"的"类同"关系时对"类"概念进行了深入分析和挖掘。"类"在实质上就是要对事物或言辞间存在的相似性和相异性加以区分,进而要求人们从事推论活动或辩论行为时必须遵守"以类取,以类予"的基本规则。

就第二个问题而言,笔者认为,墨家逻辑思想所讨论的"是非"除了包含"合理与不合理""应当与不应当"等道义内涵外,还包含有"真""假"的逻辑思想意涵。《墨子》中提出了判断言辞是非标准的"三表法"和"天志"学说,强调言辞在"三表法"和"天志"标准下要具有信念一致性,以及言辞与经验事实的相符性。尽管墨家所用的语词"真"不表达逻辑学中所讲的"真"观念,但语词"当""是""然""可"都能在某种程度上标识出"真"观念。尤其是"当","当"不仅表示语用意义上的"恰当",还可以表示语义涵义上的"言合于实"。

就第三个问题而言,笔者认为,墨家逻辑思想强调了事物间的不同"同异"关系,特别是"类同""不类之异"关系,会影响乃至决定人们对断定言辞之是非、论式运用正确与否和道义行为选择合理与否的认识。如,《经下》所说的"一少于二而多于五"之所以被墨家认为是正确的,很可能就是由于墨家认为"一"与"五"之间是整体与部分的"体同"关系(如一只手与五只手指之间),与"二"之间则是"有以同"的"类同"关系(如一只手和两只手之间)。就《小取》和《人取》中的逻辑思想而言,墨家逻辑思想的"同异生是非"论题可表现为两个层次。第一层次是事物之间的"类同"与"不类之异"关系对"辞"之是非的决定作用,即在论辩活动中所立之"辞",如能正确反映所论及的事物之间的"类同""不类之异"关系,就当属于"中效"而为"是",否则就属于"不中效"而为"非"。第二层次是"类同"和"不类之异"关系决定了"辟、侔、援、推"等论式在论辩活动中的合理运用,如《小取》总结的四种论式的正确运用,都要求用以论证或反驳的言辞要与论者所主张的言辞之间具有"类同"关系;又如"侔"式推论中的"是而然"情形,就要求前提中反映的事物之子类(或元素)与类之间具有类同关系,结论中所反映的事物之子类(或元素)与类之间也应当具有类同关系,等等。总之,墨家逻辑思想用"同类相推、异类不比"和"以类取，以类予"的原则，强调了"类同""不类之异"关系对于立辞和正确运用论式的影响。

就第四个问题而言，笔者认为，"同异生是非"论题有助于说明墨家逻辑思想的理论特质。墨家逻辑思想生成于"礼崩乐坏"和"百家争鸣"的思想处境之中，与墨家学派重视谈辩和从事的为义之道紧密相关。而西学东渐以来逻辑学知识体系在中国的译介与传播，特别是以"辩学"一词来对译"logic"的观念史背景，以及孙诒让、梁启超、胡适等近代学人在整理墨家辩学思想要旨时采用的"据西释中"的方法论，都促进了对墨家逻辑思想的近代"发现"。由此，若从中西逻辑思想比较研究的视域来看，墨家逻辑思想在对象层次上就呈现为一个以帮助论者辨明是非为主要目的，以研究证明和反驳中所使用的各种论式为基本内容，以事物或言辞之间的"类同""不类之异"关系和"以类取，以类予"原则作为正确使用论式的根本保证，注重概念间内涵关系的非形式化逻辑体系。但从元层次的角度说，墨家辩学对"真"观念以及"名""辞""说"的探究，对同一律、矛盾律等逻辑思维规律和归谬法等论辩诀窍的自觉使用，则可以说明墨家哲学中包含着某些逻辑思想。这也就表明，逻辑概念和逻辑思维规律可以独立于文化形态而得以萌芽、产生和发展，但对逻辑概念和逻辑规律的具体表述，却受制于其所依存的文化形态。

本书的六章内容，大体可分作三个部分来看。第一部分对应第一章，主要内容是对近代以来海内外墨家逻辑思想研究的简要学术史梳理。因笔者考察的重点是"名实""同异""是非"等概念以及"同异生是非"论题，故此一部分的学术史梳理也主要是围绕这几个方面进行的一些简要总结，尚不算全面系统。第二部分包括了第二章到第五章，主要论述了墨家对"名实""同异""是非"这三组概念的理解，以及如何基于"类同""不类之异"等事物或言辞之间的同异关系，来把握"辟、侔、援、推"等论式在论辩活动中的正确与合理运用。这一部分也可看作是笔者对"同异生是非"论题所作的逻辑思想意义上的具体阐释。第三部分的对应章节为第六章，主要交代笔者对当代墨家逻辑思想研究中的一些问题的理解与看法。总之，受限于笔者的能力与知见，对"素称难治"的《墨经》及其墨家逻辑思想的研究，难免有所不足，也希冀得到更多同道的指正。

第一章　墨家逻辑思想研究的回顾与反思

　　墨家辩学是先秦名辩学中的最重要组成，也被视作是"中国古代逻辑学的典型"[1]。墨家辩学的基本内容就是墨家对"名""辞""说""辩"等概念的分析和认识，核心在于对"辩"所涉及的一些基本概念"故""理""类""法"，以及早期中国哲学文本中运用的最主要的推论与反驳方式（如《小取》所论的"辟""侔""援""推"等）的总结和分析。墨家辩学的代表性文本就是广义《墨经》[2]。概因《小取》开篇就以"夫辩者……"为纲要展开了对墨家辩学的根本目的、主要内容和基本原则的论述，学界也因此多称《墨经》为"墨辩"。为了更好地说明墨家辩学的内容与特质，笔者还试图将《墨子》全书

---

[1]　孙中原、邵长婕、杨文：《墨学大辞典》，北京：商务印书馆，2016 年版，第 4 页。

[2]　《墨经》是墨子及其后学所创立的墨家逻辑学说的代表性文本。一般认为，《墨经》有狭义和广义之分。狭义《墨经》指的是《墨子》书中的《经上》《经下》《经说上》《经说下》四篇的合称。这四篇加上《大取》和《小取》两篇，则称为广义《墨经》。本书所指之《墨经》，均指广义《墨经》。另，学术界关于《墨经》的作者究竟是谁，《墨经》中的观点是否一致，形成了不同的认识。如朱志凯在总结梁启超以《经上》为墨子所作，胡适则将《墨经》视作是"别墨"惠施、公孙龙所作等意见的基础上，提出了《经上》《经下》为墨子所作，《经说上》《经说下》《大取》《小取》四篇为墨子后学所作。（参见朱志凯：《墨经作者辨析》，《学术月刊》，1984 年第 9 期。）孙中原则考证说，狭义《墨经》四篇系墨家后学中的"齐墨"（即《天下》篇所说的"相里勤之弟子五侯之徒"，《韩非子·显学》所说的"相里氏之墨"）所作，《大取》篇系"楚墨"（即《天下》篇所说的"南方之墨者苦获、已齿、邓陵子之属"，《韩非子·显学》所说的"邓陵氏之墨"）所作，《小取》篇系"秦墨"（即《韩非子·显学》所说的"相夫氏之墨"）所作。（参见孙中原：《论〈墨经〉的认知学说》，《贵州民族大学学报（哲学社会科学版）》，2018 年第 6 期。）郭沫若则在《名辩思潮的批判》中指出，《墨经》中至少存在着不尽相同甚至对立的两种见解，"即是《经上说上》和《经下说下》在某种主张上是完全对立着的"，具体来说，即《经上》主张的"盈坚白"与《经下》主张的"离坚白"就是相背的，《经上》和《经下》在"同异之辩"等处也有差异之处。（具体可参见郭沫若：《十批判书》，北京：人民出版社，1954 年版，第 247—258 页。）很显然，这些意见对墨家逻辑思想学者能否将《墨经》文本视作一个融贯的整体来加以分析讨论，构成了极大挑战。受限于本书主题和个人学力，笔者将不详究考辩《墨经》诸篇的成书年代与作者问题，而接受学界将之视作包括墨子及其后学在内的墨家著作。至于与本书讨论主题有关的《墨经》在"同异之辩"等的见解，笔者将试图在后文中给出简略的讨论。

中论及推理、论证和论辩等主题的《非命》《天志》等篇也纳入讨论范围。由于墨家辩学对推论原则及其形式的充分关注,故而其也就可以被合理地理解为一种包含有某些逻辑思想的学说,甚至于有的论者就直接将"辩学"视作是"中国古代逻辑学"①。墨家辩学以这些逻辑思想为统摄和工具,试图对墨家所主张的"兼爱"等政治伦理主张作出论证,并对儒、道等诸家对墨家思想的批评给出反驳。这也就意味着,墨家辩学所包含的逻辑思想兼具"体"与"用"两方面,"体"即墨家对"名""辞""说""辩"的理论界定及其对推理论式的形式总结,也就是所谓的"墨家逻辑思想";"用"即墨家对这些论式的例示与使用,特别是将其延伸为对"兼爱"等价值主张的辩护与说明。

墨家辩学所包含的这些逻辑思想,在中国思想史、哲学史尤其是逻辑思想史上具有重要地位。这一点也为历来的中国逻辑思想史研究者们所充分肯定。如西晋逻辑史学者鲁胜就指出,墨家"作辩经以为名本","孟子非墨子,其辩言正辞则与墨同。荀卿、庄周等皆非毁名家,而不能易其论也"(《墨辩注叙》②)。这也就是说,《墨经》是先秦名辩学的基础性文献,尽管孟子对墨家"兼爱"等政治与伦理主张予以彻底批判,但其立论的方式或者说所使用的论式("辩言正辞")则与墨家所共通。清末注疏大家孙诒让则在其给梁启超的书信中说,墨家辩学是"周名家言之宗"③,即墨家辩学是先秦名辩学特别是先秦逻辑思想的重点与基础。胡适则肯定《墨经》为研究中国古代逻辑思想最为重要的书,并阐发说,墨家发现了逻辑学所论的演绎和归纳的科学方法,因而墨家逻辑思想是中国思想史上研究逻辑方法的最系统学说④。沈有鼎高度评价《墨经》为中国古代逻辑思想的一座高峰,"代表了中国古代逻辑学的光辉成就"⑤。上述这些对墨家逻辑思想的肯定性评价,说明对墨

---

① 如梁启超所说:"西语的逻辑,墨家叫做'辩'";沈有鼎先生也解释说:"'辩'字的一个意义是'逻辑学'";孙中原也说:"今语'墨辩',墨家辩学,即墨家逻辑学。"参见孙中原、邵长婕、杨文:《墨学大辞典》,北京:商务印书馆,2016 年版,第 4—5 页。

② 参见(西晋)鲁胜:《墨辩注叙》,载《缩印百衲本二十四史·晋书》,北京:商务印书馆,1958年版,第 5468 页。据《晋书·隐逸传》载,鲁胜,字叔时,西晋时期代郡人。鲁胜精通天文历法,做过建业令等官职。但他最大的学术贡献则在于对先秦名辩学的总结和研究,并编纂了《墨辩注》和《刑》《名》二篇讨论名辩学内容的著作。但现今存留的则只有《墨辩注叙》一文。该文仅用 200 余字就全面总结了先秦名辩学的历史发展和主要问题,从而成为较早的中国逻辑史专论。

③ (清)孙诒让:《与梁卓如论〈墨子〉书》,载《籀庼述林》,北京:中华书局,2010 年版,第 382 页。

④ 参见胡适:《中国哲学史大纲》,上海:上海三联书店,2014 年版,第 187—188 页。

⑤ 参见沈有鼎:《墨经的逻辑学》,北京:中国社会科学出版社,1982 年版,第 2 页。

家辩学及其所包含的逻辑思想的研究,乃是我们研究先秦乃至中国古代逻辑思想的性质和特质的一个重点内容。正是基于墨家逻辑思想在中国逻辑思想史上所具有的这一根本性地位,笔者才意图通过引入逻辑哲学的知识框架与学科范式,以鲁胜所提出的"同异生是非"论题作为核心问题,来总结和阐发墨家辩学对"名实""同异"和"是非"三对范畴的认识,探察墨家关于事物或名称之间的同异关系会影响到言辞和论证之是非的逻辑史见解。但在进入对墨家逻辑思想的主题讨论之前,我们有必要先简单说明一下选择逻辑哲学作为研究参照,及其以"同异生是非"论题作为基源问题的些许缘由和意义。

第一节　古今中西视域中的墨家辩学研究略考

顾名思义,墨家辩学渊源于先秦历史文化处境中的墨家学派。按《韩非子·显学》所说,墨学与儒学并立而成先秦时代的两大显学,墨家后学又分为相里氏之墨、相夫氏之墨和邓陵氏之墨,这或许也能旁证墨学在先秦时代的兴盛。以冯友兰、胡适、钱穆等为代表的近代中国哲学史、思想史研究大家倾向于认为,墨家与墨学有所谓前期、后期之分。前期墨家讨论的主要是"兼爱""非攻""尚贤""尚同""天志""明鬼""节用""节葬""非命""非乐"等十事为主要内容的政治哲学与道德哲学,后期墨家则主张"立辩经以为名本",以"三物"(故、理、类)为范型,探究和讨论了古代汉语所关涉到的名(语词或概念)、辞(语句或命题)、说(推理)等与逻辑问题相关的语言哲学或逻辑思想内容。尽管如此,考诸《墨子》中的"墨论"和"墨语"诸篇,也不难看到墨学始终坚持以"察类""明故"来作为中明言说或主张的立、破依据,甚至于墨家还将"未察吾言之类""未明其故者也"作为解释和辩护其主张时所用及的标志性语句,同时,《小取》所总结的"辟""推""止"等论式也为"墨论""墨语"等篇所使用。这似乎也可以表明,在《墨经》形成之前,墨家对所谓名辩逻辑就有了自发和潜在的应用型探究。《墨经》则更进一步,对先秦儒、墨、道、名、法诸家围绕名实、同异、是非等论题形成的名辩思潮进行了方法论意义上的自觉理论总结。更重要的是,墨家也是先秦时期"百家争鸣"的重要参与方,对当时的儒、道、名、法等学派进行了较多的学术批评①,并在这些批评中不

---

① 具体可参见高华平:《墨家对先秦诸子的学术批评》,《文史哲》,2020 年第 5 期。

断阐发出了自家学派的政治、伦理与辩学主张。要言之,包括辩学思想在内的整个墨学,在先秦时期应当具有很大的学术影响力,从而也成为后人写作先秦思想史时所完全不能规避开的重要学说。

汉代以来墨学则由显转隐、由兴转微,几成绝学。墨家辩学的学脉传承与义理阐发,自也谈不上代代相继而成学统了。单就《墨经》训诂疏解与义理阐发来说,晋人鲁胜的《墨辩注》当最为重要,然其书散轶仅有"叙"存于《晋书·隐逸传》中,即现今所谓的《墨辩注叙》。隋唐宋明时代的中华学术传承谱系中,①虽有学人以褒或贬的思想立场着意辨明儒、墨二家的思想同异,如韩愈在《读〈墨子〉》一文中欲调和儒墨,从而主张"孔子必用墨子,墨子必用孔子,不相用不足为孔墨"②;又如朱子则承袭孟子对墨学的评价而进一步论定墨学是"无父无君"的"邪说""逆理"③。但这些对墨学的整体判定与评价,重在以"兼爱"为核心的伦理与政治主张,而对墨家辩学的研究则无分毫相应。迨至明清以来所兴起的诸子学研究,其对《墨子》尤其是《墨经》文本的训诂疏解,则又进一步为近代以来的墨家逻辑思想研究奠定了文本与义理基础。

"西学东渐"背景下西方逻辑学知识体系的输入与传播,刺激了近代学者对《墨经》等名辩经典展开逻辑学意义上的比较诠释。由此,先秦逻辑思想研究成为20世纪中国哲学的学术热点之一。同时,除了国内的接续研究之外,一些海外汉学家也以《墨经》等所涉的语言与逻辑问题为重点,延及儒、道、名、法诸家对此问题的回应,纷纷展开了对先秦逻辑思想的译介和研究。以下,笔者拟从国内与国外两个部分梳理以"同异生是非"论题为中心的墨家逻辑思想研究简史。

一 国内墨家逻辑思想研究简史略论

从学术史角度梳理前贤对墨家逻辑思想的研究,笔者认为,其大致可划分为自鲁胜的《墨辩注》到清中叶乾嘉学派的文本注疏与义理诠解阶段,20世纪初叶由梁启超、胡适所开启的以西释中的比较研究阶段,20世纪40到60年代的较为深入的比较研究阶段,20世纪80年代的墨家形式逻辑学说的体系建构阶段,以及20世纪90年代以来的文化反思阶段。显然,对这几

---

① 关于自汉代到清末以来历代学人对墨学的评价问题,可参见张万强:《文化自信视角下的墨学当代价值刍议》,《职大学报》,2018年第6期。

② 见(唐)韩愈著,严昌校点:《韩愈集》,长沙:岳麓书社,2000年版,第156页。

③ 见(宋)黎靖德编:《朱子语类》(第4册),北京:中华书局,1986年版,第1319页。

个阶段中的墨家逻辑思想研究的方法、结论和特点进行全面而系统的学术史梳理,已超出了笔者在此应有的讨论范围。故笔者对墨家逻辑思想研究简史的梳理,主要还是围绕"同异生是非"论题所可能涉及的一些逻辑思想问题而展开。

（一）20 世纪之前的《墨经》文本注疏与义理阐发

秦汉以降,墨家学派和墨家思想或许受到了政治和思想上的冲击,遂由显学转为绝学。究其原因,除了墨学因其对礼乐制度的批判从而难以得到统治者之青睐,及墨家"以自苦为极"的思想品格难以为继,和墨家学派的分裂等因素之外,秦统一六国后的"焚书坑儒"之举,也可能附带地禁绝了"侠以武犯禁"的墨家学派;迨至汉武帝采纳大儒董仲舒《举贤良对策》中的"罢黜百家,尊崇儒术"之意识形态策略,墨家学说则更易被视作是"邪僻"之说而遭到驳斥。①迨至魏晋时期,随着研究名理之说、同异是非之辩的玄学思潮的兴起,墨家辩学可能受到了部分谈论名理之术的先贤的重视,其中最具代表性的是鲁胜所著的《墨辩注》。而对墨家逻辑思想相关问题的研究,特别是"同异生是非"论题的提出,也就最早可追溯到《墨辩注叙》一文。按《墨辩注叙》中的说法,墨家辩学的功能和目的主要是"别同异,明是非",这里首先将"同异"和"是非"作为辩学的两组重要范畴加以并举,并在概略总结先秦同异之辩(即"同而有异,异而有同,是之谓辩同异。至同无不同,至异无不异,是谓辩同辩异")的基本内容的基础上,正式提出了"同异生是非"论题以作为墨家辩学研究的一个主题。②显然,这些论述都带有浓厚的中国古代逻辑思想色彩。从鲁胜的论述来看,尽管其以《墨经》为墨子自著,名家学派的惠施和公孙龙乃为墨家后学等观点未必正确,但他所采用的"引《说》就《经》,各附其章"的文本解释进路,则对后世训诂疏解《墨经》文本及其义理阐发,提供了借鉴和指南。鲁胜所坚持的孟子、荀子、庄子等批评墨家主张的诸子在"辩言正辞"上近于墨家(即援引墨家立辞的方式来反对墨家的具体政治主张),这也可以为当今的墨家辩学乃至中国逻辑思想史研究者,理解《墨经》在先秦逻辑思想史上的地位与价值,提供很好的思路借鉴。自鲁

---

①　关于墨学中绝的原因,学界有不少讨论,具体可参见任重:《墨学中绝原因浅探》,《社会科学辑刊》,1991 年第 3 期;李元、庆余:《墨学从"显学"到"绝学"原委探析》,《北方论丛》,1995 年第 5 期。因本书讨论的重点在于对墨家逻辑思想的理解与阐释,故而不对墨学由"显学"转为"绝学"的原因给出笔者的分析、论证与评判,而主要援引部分学界通说以为说明。

②　《缩印百衲本二十四史·晋书》,北京:商务印书馆,1958 年版,第 5468 页。

胜后,据南宋时期的文献史学家郑樵所著的《通志·艺文略》所载,唐代的乐台曾为《墨子》做注,但其注散轶,故而难以窥见其对《墨经》的文本注疏诠解究竟如何。要言之,就目前笔者所接触到的资料范围内来说,自鲁胜之后一直到明末清初的傅山的千余年间,《墨经》文本未能得到疏解和诠释,墨家辩学所涉的逻辑思想中的概念与理论,亦鲜有人探究和评论。

明末清初的思想家傅山,在其《霜红龛集》一书中,以《墨子大取篇释》为名初步解读了《墨经》中的《大取》篇。傅山简单论及了《大取》中所讲的同异分类问题,将"重同"理解为"重(音 zhong)同",即金为重物,铁也为重物,金与铁的相同点之一就是二者都为重物,但同时还需要注意到金、铁作为为二物之异。傅山还把"同类之同"理解为动物的类同而名不同,如熊罴(罴是小棕熊)、凤凰(凤为雄,凰为雌)各为同类之物,但却有不同的名称。傅山还将"同名之同"理解成名同而实异,如鼠、璞之名同而实异。傅山的另一重要工作是用佛学经典《楞严经》中的"因彼所异,因异立同"来解释墨家辩学的以"异"定义"同"的同异观,这实际上也可看作是一种义理方面的粗浅比较研究。①尽管傅山对《大取》的解释错误颇多,但却可被视作是乾嘉学派中的毕沅、汪中等先贤注疏诠解《墨经》的先行者②,同时,傅山对《大取》中的名实、同异问题的解释,对我们讨论墨家逻辑思想中的同、异等概念,也有所借鉴和启发。

清代中叶乾嘉学派兴盛后,部分先贤开始以文字考据训诂的方法来考辩先秦诸子经典,而包括《墨经》在内的《墨子》一书则得以再次进入思想史视野。其中,对《墨经》文本有所训诂、校注和诠解的主要有毕沅、王念孙和王引之父子、张惠言、邓云昭、孙诒让等人。具体来说,毕沅的《新考定经上篇》主要是以"读此书旁行"的方法,恢复了《经上》的分条排列;张惠言的《墨子经说解》则试图恢复鲁胜在《墨辩注叙》中所说的"引说就经"方法,但毕、张二氏对《墨经》的校注,则主要是对《道藏》本和唐尧臣刻本进行善本比照,并以互相借鉴引用的经学方法对《墨经》文本加以训诂疏解。③王念孙、王引之父子则主要依据《墨子》书中的文句、字法的使用情况,来对《墨经》文句进行一些勘误校正。在这些校注《墨经》的文本中,要论集大成者当首推孙诒

---

① 傅山:《墨子大取篇释》,载《霜红龛集》(卷三十五),太原:山西人民出版社,1985 年版,第 979—980 页。

② 参见侯外庐等:《中国思想通史》(第五卷),北京:人民出版社,1956 年版,第 278 页。

③ 张惠言的《墨子经说解》和邓云昭的《墨经正文解义》可参见任继愈主编的《墨子大全》(第十三册),北京:北京图书馆出版社,2002 年版。

让的《墨子间诂》一书。该书对《墨子》全文进行了最为详细审慎的注疏校诠，其中对《墨经》部分的注释，也使得《墨经》大致可以通读。其中也不乏一些新的创见，如在校注《大取》中的"三物必具，然后足以生"与"夫辞以故生，以理长，以类行"两句时，《墨子间诂》将之联系在一起，从而正确阐明了《大取》所论的"三物"具体指的是"故、理、类"①，这一见解也为后来的墨家逻辑思想研究者所普遍采用。尽管如此，囿于孙诒让不了解西方逻辑学知识体系，故而其对《墨经》的注释，也不如其对《墨子》其他各篇的注释那么精要。但毋庸置疑的是，正是清代乾嘉学派对《墨经》文本的整理，方才能为 20 世纪初叶的梁启超、胡适等前贤对《墨经》逻辑思想的研究，初步奠定较为可靠的文献基础。诚如栾调甫指出的，20 世纪初叶以来由国内学界所掀起的墨家逻辑思想研究高潮，"实为有清三百年之朴学奠树基础"②。

（二）对墨家逻辑思想比较研究的开创

20 世纪初，梁启超的《墨子之论理学》《墨经校释》和《墨子学案》，胡适的《先秦名学史》和《中国哲学史大纲》等论著，都倡导以西方逻辑学所用的概念和语汇来整理、诠解进而阐发墨家辩学所内蕴的逻辑思想，其所运用的研究方法也大抵都以中西比较哲学的研究方法为主。20 世纪 40 年代以来，经过梁启超、胡适等学界先贤的倡导，墨家逻辑思想研究遂成为当时学界的一个研究热点和焦点议题。比如，章士钊的《逻辑指要》一书侧重于中西逻辑思想的比较研究；谭戒甫的《墨辩发微》一书既专门校注了《墨经》全文，也进一步整理和疏解了《小取》等篇所论及的主要论述，更通过引入因明学所说的"悟他"与"自悟"、"现量"与"比量"、"宗""因""喻"三支论式等术语，来比较和诠解《小取》所论的诸概念和论式，以及《大取》所论的"故""理""类"等"三物"③；伍非百在《中国古名家言》一书中的《墨辩解故》与《墨家辩学》部分，则试图以狭义《墨经》为主体来构建出墨家逻辑思想的体系结构；栾调甫的《墨子研究论文集》强调校勘训诂墨家辩学文本对于墨家辩学或者说墨家逻辑思想研究的重要性。总言之，梁、胡二先生及上述其他前辈学者的研究，开启了对墨家逻辑思想所涉及的名实论、同异观和同异生是非问题的现代学术研究。

具体来说，梁启超在《墨子之论理学》和《墨子学案》中，就将墨家辩学视

---

① 参见（清）孙诒让：《墨子间诂》，北京：中华书局，2001 年版，第 413 页。
② 栾调甫：《墨子研究论文集》，北京：人民出版社，1957 年版，第 140 页。
③ 具体可参见《墨辩发微》中的"第三编"，见谭戒甫：《墨辩发微》，北京：中华书局，1964 年版，第 422—425 页。

作一种论理学说(意即逻辑学说),将"名""辞""说"分别理解为传统逻辑学所论的概念、命题和推理,将"效"视作为一种证明法则,将"辟"解作"立证"、证实,"侔"视作比较(见《墨子之论理学》),并认为墨家所讲的"推"兼具逻辑学所讲的演绎法和归纳法两种意涵。①梁启超对《墨经》文本的研究,主要是应用传统逻辑学中所对应的相应术语来进行比较和诠释,这无疑凸显出了比较研究法之于现代学术视野内的墨家逻辑思想研究的重要性。

胡适的《先秦名学史》和《中国哲学史大纲》,对墨家辩学所论的"故""法""类"等逻辑概念进行了界说和说明。他指出,"类"和"以类取,以类予"是"一切推论的举例和断语的根本",强调"同法的必定同类"是推理的一个基本原理②。这也就指出了事物或言辞之间的类同关系,对于言辞或推论之是非(能否成立)有着直接的影响。胡适还将《小取》所说的"效"解释为墨家逻辑思想所特有的"演绎法",即基于"类同"基础之上的二段论,就是说不必同时具有三段论的大前提和小前提,而以表述"类"原理的语句来承担大或小前提的功能。③胡适对墨家逻辑思想研究的另一大贡献,就是与梁启超一道高扬比较研究法,采用传统逻辑中的推理理论来研究墨家辩学中所包含的逻辑思想。

除了梁、胡二先生外,此一阶段还有不少学者对墨家逻辑思想进行了比较研究。比如,章太炎则在《原名》篇中注重从中、西、印逻辑思想的比较研究出发,认为墨家辩学所说的"小故"即是因明三支作法所论之"因","大故"即"喻体",试图从推理理论的角度来比较墨家辩学与因明学和逻辑学之间的一致性和差异性,这一以"推理"理论为核心的比较研究法,为以后的中、西、印逻辑思想比较研究提供了思路借鉴。④郭湛波则在《先秦辩学史》一书中继承了胡适所倡导的比较研究法,以传统逻辑学中的术语和理论来诠释墨家辩学,从而将墨家辩学看作成中国古代哲学思维方法的一种理论自觉,并认为这一方法足以与印度哲学中的因明学说和西方哲学的逻辑学说相为媲美⑤。郭湛波还进一步解释了《小取》篇,明确认定"以名举实"讲的是概

---

① 参见梁启超:《墨子学案》,载《饮冰室合集》(第八册),北京:中华书局,1989年版,第61页。

② 参见胡适:《中国哲学史大纲》,上海:上海三联书店,2014年版,第190—195页。

③ 参见胡适:《先秦名学史》,上海:学林出版社,1983年版,第87—88页。

④ 参见章太炎:《原名》,载李匡武主编:《中国逻辑史资料选》(近代卷),兰州:甘肃人民出版社,1991年版,第285—291页。

⑤ 参见郭湛波:《先秦辩学史·自序》,转引自周云之主编:《中国逻辑史资料选现代卷》(下),兰州:甘肃人民出版社,1991年版,第159—160页。

念论,"以辞抒意"讲的是判断论,"以说出故"就是讲出事物所以然之原因,而这三个方法构成了墨家逻辑思想中的演绎法,而"以类取"和"以类予"则构成了归纳法,"或、假、效、辟、侔、援、推"并为"辩"的具体七种方法(论式)。①虞愚在《中国名学》中继续采用比较研究法,将《小取》所说的"假"理解成假言判断(命题),"或"理解成特称判断(命题),并认定《小取》所说的"以类取,以类予"实乃一归纳法原则,而"推"则是归纳法形式的墨家表达,"法同则观其同,法异则观其异"分别就讲的是求同法和求异法。②章士钊在《逻辑指要》一书中,更为系统地采用传统逻辑学中的同一律、矛盾律等思维规律来把握墨家逻辑思想,比如将"名"解释为概念,将"比辞而俱行"中的"辞"解释为命题,将"效"解释为推理的具体规则。③伍非百在《大小取章句》中分析了墨家提出的一些逻辑范畴和推论方式,其中较为重要的见解:将"辞"理解为一种由"名"构成的命题,将"意"理解为思想,"以辞抒意"就是用命题来表达思想;他还将"故"理解为推理的前提,将"理"理解为普遍原理,将"类"界定为类同、不类之异之"类",将"效"理解为"公式、原则和定律",将"侔"理解为附性法等。④

　　总言之,这一时期的墨家逻辑思想研究,主要以中西比较研究法为主,以传统逻辑学中的思维基本规律(如同一律、矛盾律)、推理类型(如演绎法、归纳法、附性法等)和专业术语(如概念、命题等)等知识范式,来解释墨家辩学中的一些重要的逻辑哲学范畴。这一时期对墨家逻辑思想中"同异生是非"论题的研究,也主要是采用中西比较研究的方法,对"类同"和"不类之异"进行一些简略的说明,并默认了墨家辩学所说的"名"相当于"概念"(Conception),"辞"相当于"命题"(proposition),"是非"相当于"真假"或"有效无效"等,但却并未解释清楚墨家辩学是如何通过说明事物或言辞之间的同异关系,从而直接影响到对言辞和推论正确与否的影响的。

(三) 对墨家逻辑思想比较研究的深入

　　自 20 世纪 40 到 60 年代,詹剑锋的《墨家的形式逻辑》一书,试图用明辩、言法、立名、立辞、立说、辞过这六大部分,系统构建出一套墨家逻辑思想

---

① 参见郭湛波:《先秦辩学史·自序》,转引自周云之主编:《中国逻辑史资料选现代卷》(下),兰州:甘肃人民出版社,1991 年版,第 177—179 页。

② 参见虞愚:《中国名学》,南京:正中书局,1937 年版,第 72—84 页。

③ 参见周云之主编:《中国逻辑史资料选现代卷》(下),兰州:甘肃人民出版社,1991 年版,第 310—326 页。

④ 参见伍非百:《中国古名家言》,北京:中国社会科学出版社,1983 年版。

的形式体系(也就是所谓的墨家形式逻辑)。詹剑锋的研究,曾对海外的墨家逻辑思想研究产生过重要影响,如20世纪60年代在国际汉学界产生较大影响的《中国古代逻辑注解》["Notes on early Chinese logic(Ⅰ-Ⅷ)"]系列论文,就介绍和运用了詹剑锋的研究成果。詹剑锋将同异原则看作墨家逻辑思想的两大规律之一,将同一律、矛盾律、排中律都解释为同异原则的具体表现,将"同,异而俱于之一也"和"有以同,类同也"都解释为墨家辩学关于同一律的表述,由此,就明确地将同异问题当作墨家逻辑思想研究的重要主题之一①;同时,他还将墨家辩学所说的"名"理解为概念,并依据《经上》对"同""异"的分类,将"同"理解为肯定的性质判断,"异"理解为否定的性质判断②;他还用三段论中的"小词"来解释"效"。詹剑锋的上述分析,已经潜在地论及了墨家辩学的"同异"观和"是非"论等问题。从文本疏解的角度讲,高亨的《墨经校诠》一书,则是继孙诒让之后的又一《墨经》文义校注方面的集大成著作,其正确校注了《墨经》文本的许多条目,也成为后人研究《墨经》思想学说的最重要参考文献之一。高亨在校注时多采用西方逻辑学的概念和术语,以比较法诠释整理《墨经》中有关逻辑思想的条目,总结和阐发了墨家逻辑思想的文本与义理体系。笔者在解释与墨家逻辑思想"同异生是非"论题相关的经文条目时,也将重点参考该著。杜国庠则在《该怎样看待墨家逻辑》一文中,将"墨家辩学"视作为墨家的逻辑思想,构造了以认识论为基础的墨家逻辑思想体系,强调墨家辩学与逻辑学、因明学在认识论上的共同点是求真性,并特别指出古代汉语对墨家辩学及内蕴于其中的逻辑思想有着直接影响;其在诠释墨家逻辑思想"同异生是非"论题的特征时,特别采用"当"来表示墨家辩学中的"真"观念,强调"'当'是当于客观的现实,即'立辞'要符合事物的真相,以事实为当否的标准"③。

20世纪40到60年代对墨家逻辑思想进行了系统而深入研究的主要有沈有鼎和汪奠基。沈有鼎擅长现代逻辑思想与技术,系统运用了西方逻辑学的思想和方法,以中西逻辑比较研究法来建构和解释了墨家辩学中的逻辑思想。沈有鼎对墨家逻辑思想的研究,主要以《小取》篇为基础,深入讨论了墨家辩学作为认识论之工具的特色,将"以类取,以类予"看作是论辩的主要原则;并特别指出"同异"是"辞"的一部分,认为"判断的肯定和否定"是

① 参见詹剑锋:《墨家的形式逻辑》,武汉:湖北人民出版社,1956年版,第42—45页。
② 参见詹剑锋:《墨家的形式逻辑》,武汉:湖北人民出版社,1956年版,第67—69页。
③ 杜国庠:《杜国庠文集》,北京:人民出版社,1962年版,第559—560页。

对客观事物之间同异关系的反映①。沈有鼎还详细讨论了"辩"的具体原则和方式,较为着重地解释如"效"是评判"辞"之是非的标准和方法,"侔"是"复构式直接推论","推"是"归谬式类比推论",强调"类同"和"不类之异"所说的"类"相当于"本质",《墨经》所论的逻辑思想中的类比推论是以对事物间的本质和规律有正确认识的"类同""不类之异"为基础的,等等。②沈有鼎特别强调说,对墨家逻辑思想的正确研究,必须建立在对《墨经》文本的正确理解的基础之上。而其对墨家逻辑思想的系统建构和诠释,也揭示了墨家辩学"同异生是非"论中有关事物之间的"同异"与命题或者判断之间的关系,也论及了"是非论"意义上的有关真假的"当"与"不当"、"是"与"非"等问题,更是以"类同""不类之异"作为诠释墨家辩学所论的具体推论方式的基本所在。

汪奠基则在《中国逻辑思想史》一书中,论述了其对墨家逻辑思想的独到理解,并看到了20世纪初以来中国逻辑史研究中采用的比较研究法的不当使用而产生的片面比附现象,从而尝试以历史分析法来研究中国逻辑思想的产生和发展。他特别强调说:"不能以古希腊逻辑史代替自己民族的逻辑史。"③他还看到了《墨经》所说的"名、辞、说"是表述形式,在本质上与作为推论组织形式的概念、判断和推理实质上存在不同。④此外,汪奠基还强调中国古代思想所用及的推理是一种建立在"类"基础上的推理形式,而先秦诸子在论及"类"概念时都受到了各自哲学立场和哲学观点的影响。

概略地说,这一时期对墨家逻辑思想的哲学研究,兼有比较研究法和由反思比较研究法而来的历史分析法两种方法,侧重从与西方逻辑思想之间的相通和相异两个侧面,来理解墨家逻辑思想的性质和特征,可以说是20世纪以来对墨家辩学和墨家逻辑思想研究最具原创新的突破研究时期。就对墨家逻辑思想中"同异生是非"论题的理解而言,这一时期的主要研究成果都已充分意识到,墨家逻辑思想中的"同异"与言辞论说的真假是非有着直接关联,"类同""不类之异"对墨所总结的"辟、侔、援、推"等论式的也有直接影响。但美中不足的是,这一时期的研究对墨家同异观的形成历史、"是非论"与真假之间的关系等问题,没能给出足够的充分说明,也未完备地建构出一整套墨家辩学的同异观是如何影响到言辞之真假是非和各种论式之正确与否的理论体系。需要特别指出的是,这一时期的研究,也生发出了对

① 参见沈有鼎:《墨经的逻辑学》,北京:中国社会科学出版社,1982年版,第29—31页。
② 参见沈有鼎:《墨经的逻辑学》,北京:中国社会科学出版社,1982年版,第40—70页。
③ 参见汪奠基:《中国逻辑思想史》,上海:上海人民出版社,1979年版,第5页。
④ 参见汪奠基:《中国逻辑思想史》,上海:上海人民出版社,1979年版,第112页。

同异生是非论题进行研究的一些附加问题,如研究方法、墨家逻辑思想的普遍性与特殊性、墨家逻辑思想产生的历史文化背景及其所受到的政治、文化和语言因素的制约等问题。

(四)墨家形式逻辑学说体系的构建

20世纪70年代末到80年代的墨家逻辑思想研究,基本上都是在一些中国逻辑通史类的著作中得以展开的。这其中对墨家逻辑思想"同异生是非"论题有所研究的重要著作,包括有李匡武主编的五卷本《中国逻辑史》中的《先秦卷》,以及《中国逻辑史资料选》中的《先秦卷》和《现代卷》,温公颐的《先秦逻辑史》,周云之和刘培育的《先秦逻辑史》,孙中原的《中国逻辑史》(先秦卷),周山的《中国逻辑史论》等。这一时期中国逻辑史研究的一个主要成果,就是试图以科学的比较研究法,阐明中国古代的哲学文本中有相应于传统逻辑的概念、判断、推理等理论和思想,其中的主要代表之一就是《墨经》。这一阶段对墨家逻辑思想的研究,多侧重于从相应于"名"的概念论、相应于"辞"的判断论和相应于"说"的推理论等形式逻辑的知识框架模型,来附会建构出一套墨家形式逻辑学的学说体系。

笔者拟略述这一时期相应于"同异生是非"论题的研究如下:五卷本的《中国逻辑史》(先秦卷)认为,"故"是"立辞"或论证的理由或前提,"理"是将"故"和"辞"联系起来的准则,是"辞"得以成立的根据,"类"则是墨家逻辑思想的基石,是"故"和"理"的依据①;在判断论中则提出墨家辩学研究了判断的真假问题,即"辞"的真为"当","假"为不当②。周云之、刘培育解释"三物"说,"故"是直接论据,"理"是间接论据,"类"是"理"的一个例证③;并认为"以类取"是对归纳方法的概括,"以类予"则是同类相推④;而墨家所论言辞的当与不当,实际上就是表达言辞的真或假之意⑤;至于墨家所论的推理论式,重点是指出"效"是根据"法"为标准的演绎推论,是"三物"论式中的最主要论式,"侔"是相当于附性法的直接演绎推理等。周山将"以类取,以类予"界定为"同类相推"。⑥孙中原从论证与反驳的角度解释了"以类取"和

---

① 参见李匡武主编:《中国逻辑史》(先秦卷),兰州:甘肃人民出版社,1989年版,第225页。
② 参见李匡武主编:《中国逻辑史》(先秦卷),兰州:甘肃人民出版社,1989年版,第245页。
③ 参见周云之、刘培育:《先秦逻辑史》,北京:中国社会科学出版社,1984年版,第150—152页。
④ 参见周云之、刘培育:《先秦逻辑史》,北京:中国社会科学出版社,1984年版,第167—168页。
⑤ 参见周云之、刘培育:《先秦逻辑史》,北京:中国社会科学出版社,1984年版,第197页。
⑥ 参见周山:《中国逻辑史论》,沈阳:辽宁教育出版社,1988年版,第213页。

"以类予"①,特别需要说明的是,孙中原还着重研究了墨家辩学的同异观中所具有的"辩证法"因素②。

概要地说,这一时期对墨家逻辑思想中的"同异生是非"论题的研究,在方法上也以比较研究法为主,但相比前人之研究,则显得更为系统和自觉。比如,从概念划分角度论述墨家辩学的同异观;在判断论部分明确谈及了言辞的真假问题,但在谈论真假时只是简单以"当"和"不当"解说"真"和"假",未充分注意到墨家辩学在论及言辞的真假时所具有的复杂性;在推论部分多谈及了墨家辩学所总结的主要推理方式,但囿于比较研究法而重点从演绎推理角度解说"效""侔""推"等范畴,而未能系统建构墨家辩学的"同异观"如何影响言辞的真假是非和推论方式的正确与否的理论说明。需要说明的是,笔者对墨家逻辑思想"同异生是非"论题的研究文献回顾,也多沿袭于这一时期的一些重点研究成果的总结与归类。

(五) 对墨家逻辑思想比较研究的文化反思

20 世纪 90 年代以来的墨家逻辑思想研究,受到学界反思比较研究法之得与失的思想风潮影响,从而使得有的研究者继续持守比较研究法,以进一步诠释墨家辩学中的逻辑思想;而有的研究者则反省比较研究法的不足,从而试图以历史分析法来展开相应的"解构性"研究,即立足于墨家辩学所产生的历史文化背景,以诠解墨家辩学是否有相应的逻辑思想。这一时期墨家辩学研究的代表作有很多,除了一些研究名辩学的通史类著作(如刘培育主编的《中国古代哲学精华》,周云之的《名辩学论》,崔清田主编的《名学与辩学》,董志铁的《名辩艺术与思维逻辑》等作),还有一些论者专门研究了墨家辩学尤其是《墨经》中的逻辑思想(如杨武金的《墨经逻辑研究》,张斌峰的《近代〈墨辩〉复兴之路》等论著)。

概括这一时期以"同异生是非"论题为核心的墨家逻辑思想研究,主要包括有如下观点:对墨家逻辑思想中的"真"问题有了一些争议和讨论,但在诠释墨家辩学是否具有"真"观念时未能详尽考察墨家辩学用以标识"真"观念的主要语词;对"类同""不类之异"何以直接影响到《小取》所论的各种论式,虽有所揭示,但却缺少相对全面系统的理论界说;未能从名辩思潮的同

---

① 参见孙中原:《中国逻辑史》(先秦卷),北京:中国人民大学出版社,1987 年版,第 246—247 页。

② 参见孙中原:《中国逻辑史》(先秦卷),北京:中国人民大学出版社,1987 年版,第 291 页。以及孙中原:《略论〈墨经〉中关于同和异的辩证思维》,《甘肃社会科学》,1981 年第 4 期,第 26—31 页。

异之辩出发,对墨家逻辑思想中的"同异观"得以形成的思想史脉络进行历史考察。笔者想要特别解释的是,这一时期的墨家逻辑思想研究,要求后来的研究者在引用比较研究法诠解墨家逻辑思想时,必须立足于墨家思想得以产生的文化背景实际,实事求是地对原始文本进行解释和整理,避免将比较研究转变成一种比附研究。

(六)台湾学者的墨家逻辑思想研究

我国台湾学界也对《墨经》文本的注疏及其义理阐发,有所贡献。如李渔叔曾著《墨辩新注》一书,对《墨经》文本的经义进行了整理和阐发。陈癸淼的《名家与名学——先秦诡辩学派研究》,承袭了牟宗三在《名家与荀子》一书中对先秦名辩思潮所作的思想史考察,立足于近代以来中西比较的研究方法,借助西方逻辑学术语来诠解《墨经》中的相关条目,以整理和系统建构墨家逻辑学说的思想体系。概略地说,陈癸淼不仅对惠施、公孙龙和《墨经》的名辩思想进行了文本诠解,更是在《墨辩研究》部分系统总结和整理了墨家辩学的知识论、论辩术(即辩论学)和逻辑思想(即墨家的概念论(名)、命题论(特别是对命题的分类)、以说出故所涉及的周延和因果关系问题等)等内容。他还从思想史的发展脉络指出,惠施、公孙龙的同异思想与墨家辩学的"同异观"之间存在着紧密的联系。[①]蔡仁厚在《墨家哲学》中讨论了墨家辩学在"同异"和"坚白"问题上对惠施"合同异"和公孙龙"离坚白"思想的超越和发展,并从"当于理为胜"来解释"当"所蕴含着的"真"观念,还将《小取》中的"或"和"假"视作为一种辩论术意义上的反驳,将"效"视作为一种论证方式,这是一个明显不同于其他论者的观点。[②]孙长祥在《思维·语言·行动——现代学术视野中的墨辩》一书中,以"墨子大取篇伦理思想发微"为题来讨论《大取》以"兼爱"为核心的伦理思想,从思维、语言和行动的角度分析了《大取》所提出的十种同、四种异,并阐述了此一同异观对《经上》所论的四种同和四种异的理论发展窍诀,以及此一同异观对墨家的伦理判断与行为,即因"权"而产生的道义行动与道义命题之是非的影响;在《〈墨子·小取〉的名辩思想——自"思言行"观点的考察》一篇中,他从思维、语言和行动的视角诠解了《小取》篇,提出了"命题化立辞"以分析墨家辩学"立辞"的原则(即"以名举实""以辞抒意""以说出故"和"以类取、以类予"),并立足于《小取》对"辟、侔、援、推"的定义,强调事物和言辞间的同异关系对"立辞"的

---

① 参见陈癸淼:《名家与名学——先秦诡辩学派研究》,台北:台湾学生书局,2010年版。
② 参见蔡仁厚:《墨家哲学》,台北:东大图书公司,1993年版,第168—177页。

重要作用。①李贤中在《先秦名家"名实"思想探析》中综合运用比较法和基源问题法,构建了名家四子(惠施、公孙龙子、尹文子、邓析子)名实思想的相互联系,和以"意"(关联"历"和"指")、"物"(关联"形"和"实")及"名"(关联"谓"和"正")为基本框架的名家思想架构②,这一对名家的研究方法,也可以为我们研究墨家逻辑思想提供重要的方法借鉴。

总之,台湾学者对墨家逻辑思想特别是"同异生是非"论题的研究,对笔者从名辩思潮所处的思想史、哲学史处境出发,来揭示墨家辩学在同异观上与惠施、公孙龙为代表的名家和庄子为代表的道家之间的差异和相似等问题,具有借鉴意义。

此外,一些有代表性的中国哲学史著作也对墨家辩学所涵括的逻辑思想有所阐发。这些阐发的重点内容之一便是对墨家辩学同异观的研究。一般认为,墨家辩学所论的"同异"主要指的是实体、对象之间的关系,"是非"主要是就认识论而言,即将"辩"作为判定言辞真假的标准,合乎事实为真,不合乎事实为假,"同异不别"是"是非不分"的必要条件之一。③冯友兰曾指出,《墨经》所提出的辟、侔、援、推四种论式,在本质上就是以已知求未知的推理,但因物的同、异有不同的种类,这就要求在运用不同论式进行推论时,必须区分清楚"同物之同是何种同,异物之异属何种异"。如从《墨经》将"同"分为"重、体、合、类"四种"同"的立场出发,惠施的"合同异"、庄子的"齐同异"都可被判定为谬误。由"万物有以同"推出"天地一体",是误将"类同"看成了"体同"。④这里指出的"同异不别"是"是非不分"的必要条件,说明了墨家辩学的"同异观"与言辞的真假是非和论证言辞成立的正确与否都有着直接的影响作用,值得笔者借鉴。同时,中国哲学史和思想史著作对于墨家辩学的同异观的研究,能够从其与先秦的名家、道家之同异观相比较的角度进行阐发和分析,这也是笔者在推进相关主题的深化研究时,所需要借鉴和注意的地方。

二 海外汉学视域中的墨家逻辑思想研究

墨家逻辑思想是 20 世纪以降海外汉学把握中国古代逻辑思想、语言哲

---

① 参见孙长祥:《思维·语言·行动——现代学术视野中的墨辩》,台北:文津出版社,2005年版。
② 参见李贤中:《先秦名家"名实"思想探析》,台北:文史哲出版社,1992 年版。
③ 冯达文、郭齐勇主编:《新编中国哲学史》(上册),北京:人民出版社,2004 年版,第 163 页。
④ 参见冯友兰:《中国哲学史》(上),上海:华东师范大学出版社,2011 年版,第 153—155 页。

学、认识论、知识论等问题的一个重点内容。海外汉学视野中的中国语言哲学和逻辑思想的探讨主题，主要包括中国古代哲学家对使用自然语言以形成正确或有效推理论式形成了何种认识，及其对语言内容、功用等主题形成何种逻辑洞见等方面。①就此而言，《墨经》所包含的一些重要的逻辑思想中的概念的界定、推理论式的说明与例示等，就顺理成章地成为诠解此一主题的重中之重。围绕对《墨经》文本所涵括到的逻辑思想的学理诠释，以齐密莱乌斯基、成中英、葛瑞汉、何莫邪、陈汉生等为代表的汉学家群体，以文本翻译和分析为基始，或以现代逻辑的概念和技术进行重构式诠解，或以比较哲学的视野和理论进行反思与审度，形成了不同的观点见解和研究理路。

尽管海外汉学对中国文化与思想的兴趣由来已久，但真正开始对中国古代哲学所运用的推理模式加以研究则自 20 世纪始。具体说来，自 13 世纪后，以意大利商人马可·波罗等为代表的游历过中国的欧洲人将其见闻和游记在欧洲发表之后，特别是在以罗明坚（Michele Ruggieri，据传其曾将儒家的"四书"等翻译为拉丁语②）等为代表的耶稣会传教士，对汉语和中国文化的学习和译介之后，西方世界的一些学人开始对以儒家为主流的中国文化及其汉语产生兴趣并进行研究，其中就包括了如莱布尼茨这样蜚声中外的哲学家、数学家和逻辑学家，据传他曾对《易经》中的二进制产生过研究兴趣。尽管如此，西方人真正开始对中国古代哲学所运用的推理模式进行研究，则是发生在晚近的 20 世纪初叶。法国比较哲学家、汉学家马森·奥尔瑟（Paul Masson-Oursel）为了研究类比推理，特意进行了逻辑学、印度因明和中国古代逻辑的比较研究。法国汉学家马伯乐（Henri Maspero）在西方首次系统地解释了墨家逻辑思想，他认为墨家所提出的"效"等推理论式，实质上都只是墨家在论辩实践中总结出的具有范例性质的论证界定而已。③但马伯乐等人的墨家逻辑思想研究，只是一般的介绍性论述，也未能以相对系统的现代逻辑哲学知识来关照墨家逻辑思想的得失问题。在笔者看来，西方汉学家对墨家逻辑思想的真正研究，应从 20 世纪 60 年代左右开始。以下，笔者扼要介绍一些海外汉学家的相关研究：

---

① Marshall Willman, "Logic and Language in Early Chinese Philosophy", *The Stanford Encyclopedia of Philosophy*, https://plato.stanford.edu/entries/chinese-logic-language/.

② Christoph Harbsmeier, *Science and Civilization in China*, Volume 7, Part 1: Language and Logic, Cambridge: Cambridge University Press, 1998, p.9.

③ H. Maspero, "Notes sur la logique de Mo-tseu et de son école", *T'oung Pao* XXV, 1928, pp.10 - 18. 转引自 Janusz Chmielewski, "Notes on early Chinese logic(Ⅲ)", *Rocznik Orientalistyczny*, Vol.27, No.1(1963), pp.104 - 105.

（一）齐密莱乌斯基的中国古代逻辑思想研究

20世纪60年代，波兰逻辑学家和汉学家齐密莱乌斯基提出了"（研究者）是否了解西方形式逻辑，对研究中国逻辑思想具有至关重要性"和"研究中国古代逻辑思想，需研究隐含的逻辑和明晰的逻辑两种"等观点。这一观点为越来越多的研究中国逻辑史的汉学家们所接受，如成中英、葛瑞汉、何莫邪、陈汉生等，这些研究墨家逻辑思想和中国古代逻辑思想的主要汉学家多持此种立场，并将之作为他们研究墨家逻辑思想的基本方法论。相较此前研究墨家逻辑思想的汉学家，齐密莱乌斯基受过较为严格和系统的现代逻辑训练，试图用西方的逻辑概念和理论来分析和阐发墨家辩学为代表的中国古代逻辑思想。在1962到1969年间，他先后以《中国古代逻辑注解》（Notes on Early Chinese Logic）为题，发表了八篇重要的中国逻辑思想史研究论文。在这一系列论文的第七和第八两篇，他集中阐发了对中国古代同异问题的理解。

齐密莱乌斯基将同、异分别翻译为Similarity和Difference，并认为给"同"和"异"下一个清晰的逻辑定义（即指出两个事物是同或异的充要条件）是非常困难的。尽管如此，他还是在第七篇文章中区分了墨家辩学所说的两个事物之间的"同"有"同一关系"（即"重同"，Def: $(a＝b)＝\forall\varphi(\varphi a\equiv\varphi b)$）和"相似关系"（主要是"类同"，也包括"体同"和"合同"，Def: $(a\ sim\ b)＝\exists\varphi(\varphi a\wedge\varphi b)$），而表示相似关系的公式对于任何对象都是成立的，即任意两个对象物都会具有某种相似性；表示两类事物之间的同异关系则可借用集合论来诠解，即当说A类事物与B类事物之间具有类同关系，也就相当于说A中的元素x与B中的元素y之间具有同一关系，即可被定义为(A Sim B)＝$\exists x\exists y(x\in A\wedge y\in B\wedge x＝y)$，两类事物是相同的当且仅当属于其中 类的事物同时属于另 类，反之，说Λ类与B类相异，可被定义为(A Dif B)＝$\forall x\forall y(x\in A\wedge y\in B\wedge x\neq y)$。[1]他还在第八部分引用墨家的"狂举"之说来说明事物间"类同"和"不类之异"关系对判断之真假是非的影响，即用"若举牛有角马无角以是为类之不同也，是狂举"来指出，"牛不是马"这一命题的成立需要满足每一个牛类动物都要与每一个马类动物不同，且用以判定每一个牛区别于每一个马的属性应是一遍有一遍无有的。[2]此

① Janusz Chmielewski, "Notes on early Chinese logic(Ⅶ)", *Rocznik Orientalistyczny*, Vol. 31, No. 1(1968), pp. 117 - 136.

② Janusz Chmielewski, "Notes on early Chinese logic(Ⅷ)", *Rocznik Orientalistyczny*, Vol. 32, No. 2(1969), pp. 85 - 95.

外,齐密莱乌斯基还研究了墨家所提出的矛盾命题,即"辩胜,当也"和"辩无胜,必不当",并进而阐发说这里的"当"和"不当"就相当于"真"和"假",墨家辩学固然是求胜的,但所求之胜则必须是一种符合事物实际情形的"正当的胜"。

齐密莱乌斯基的上述论述,潜在地断定了墨家逻辑思想中包括有"真"和"命题"等逻辑学概念。①然其在诠释《小取》中所论的"效"时,则因循沿袭了胡适和詹剑锋等学者之旧说,指出"效"应当是一演绎论式,且"效"论式是一立足于经过大量归纳而形成的普遍命题为前提,进而演绎推论出其中的一个特殊命题为结论的演绎推理过程。但他同时还指出,作为演绎推理论式的"效",很少在墨家的推理实践中得以运用。齐密莱乌斯基对古汉语和中国古代逻辑思想的评价非常高,认为汉语特别是古代汉语,以其实际上没有变化的单音节字词,以及固有的未被语法结构所分化的、缺乏严格界定的语言形态,比任何印欧语系更适合逻辑思想的自然发生和发展,古汉语的言说与书写系统之间所存在的对应关系,与现代逻辑所运用的符号语言系统也更相类似。②这些对汉语与中国古代逻辑思想间的关系的论述,涉及了如何把握墨家逻辑思想的合法性,以及逻辑思想是否依存于某种特定的语言与文化类型等论题,而这些论题也刚好关涉到笔者对"同异生是非"论题的讨论。显然,齐密莱乌斯基的工作,虽在阐发《小取》中的"辟、侔、援、推"等论式方面还存在有些许不足,而将"效"诠解为一种以归纳为基础的演绎推理论式,也值得商榷;同时,他对墨家逻辑思想中的"真"概念的研究,也不是特别明晰,但他对墨家逻辑思想研究主题的普遍涉猎,以及对同异关系所作的符号逻辑定义,无疑可以对国内学界的相关研究有所补充和启发。

(二) 成中英的中国古代逻辑研究

约与齐密莱乌斯基同时运用现代逻辑观念来研究中国古代逻辑思想的另一重要人物是成中英。成中英除了在 1965 年发表了《中国古代逻辑探究》("Inquiries into Classical Chinese Logic")一文外,还先后还发表了《〈公孙龙子·指物论〉中的逻辑和本体论》("Logic and Ontology in the Chih Wu LUN of Kung-Sun Lung-Tzu")、《生成性的统一:汉语言与中国哲学》("A Generative Unity:Chinese Language and Chinese Philosophy")、《论

---

① Janusz Chmielewski, "Notes on early Chinese logic(Ⅵ)", *Rocznik Orientalistyczny*, Vol. 30, No. 1(1966), pp. 41 - 42.

② Janusz Chmielewski, "Notes on early Chinese logic(Ⅳ)", *Rocznik Orientalistyczny*, Vol. 28, No. 2(1965), pp. 107 - 108.

汉语语法和中国逻辑中的"则"与"故"》("On Implication(tse) and Inference(ku) in Chinese Grammar and Chinese Logic")等讨论中国古代逻辑思想史的论文。

就对墨家逻辑思想的研究而言,成中英首先是在《中国古代逻辑探究》一文中提出了研究中国古代逻辑思想的三层次说,并认为墨家在《小取》篇中业已明确表达出了一些有关推理和论证形式的逻辑理论。其次,成中英还总结了研究中国古代逻辑思想所会遇到的九大主要问题,其中的第一个就是如何理解和界定墨家所提出的事物之间的"同"(Identity)和"异"(Differences and Multiplicity)的关系;第三个则是讨论"形"与"名"的关系,成中英非常看重墨家逻辑思想对"名"所作的分类,即"达名""类名"和"私名";第六个则论及了包括墨家逻辑思想中的判断论内容在内的中国古代逻辑思想中的判断分类理论;第七个问题是墨家逻辑思想对充要条件的讨论;第八个是墨家所明确提出了的推理理论及其谬误;第九个是墨家逻辑思想中所涉及的间接推理问题。①尽管成中英提出了这一系列非常值得研究的重要问题,但他在中国逻辑思想方面的研究重点则主要集中于对《公孙龙子》和名家学派的研究上,对墨家逻辑思想并未进行较为详尽的阐发。

(三) 葛瑞汉的相关研究

20 世纪 60 至 70 年代研究墨家逻辑思想的另一个重要汉学家是葛瑞汉。就葛瑞汉对墨家逻辑思想所涉及的"同异生是非"论题的研究而言,主要文献包括《〈墨子·小取〉中的逻辑》("The Logic of the Mohist 'Hsiao-ch'ü'")等文,以及他的代表性著作《后期墨家的逻辑、伦理和科学》(*Later Mohist Logic, Ethics and Science*)等。

在《〈墨子·小取〉中的逻辑》一文中,葛瑞汉在翻译《小取》篇的基础上,系统用西方的逻辑学和哲学概念来解释《小取》中的一些关键术语,如将"或"诠解为特称量词 some,"尽"诠解为全称量词 all,"法"诠解为 model 和 standard,即判断真假、是非的基本标准。葛瑞汉还讨论了墨家所提及的"辟、侔、援、推"等论式的正确运用,如何需要以对事物和言辞间的"类同"、"不类之异"关系的正确认识作为基础。此外,该文也分析了"是而然""是而不然"等论证方式,并扼要讨论了古代汉语对《小取》逻辑思想进一步发展的

---

① Chung-Ying Cheng, "Inquiries into Classical Chinese Logic", *Philosophy East and West*, Vol.15, No.3/4(Jul.-Oct., 1965), pp.202-203.

制约。在《后期墨家的逻辑、伦理和科学》一书中,葛瑞汉在进一步翻译和疏解《墨经》全文的同时,还着重梳理和介绍了"谓"(*Wei*)、"仮"(*Fan*)、"名与实"(*Ming and shih*)、"辟"(*Pei*)、"当"(*Tang*)、"辞"(*Tz'ǔ*)等一些重要的墨家逻辑思想术语,并对墨家逻辑、伦理和科学思想出现的历史背景进行了阐述①。就与"同异生是非"论题相关的讨论而言,葛瑞汉特别指出了《大取》《小取》在构造论证时并不只是要考虑到事物之间的相似性,还重在考虑语句之间的相似性。②这也就是说,墨家逻辑思想所论的"类同"和"不类之异"关系,有事物和言辞两个层次,这也是笔者认识和把握墨家逻辑思想所需要特别注意的一点。另外,葛瑞汉对墨家的判断论也有所阐发,特别指出"以辞抒意"的本质就是用语句或命题来表达思想中所形成的对事物的认识,即"辞"相当于逻辑学中的作为真值承担者的命题。在后来的《论道者:中国古代的哲学论证》(*Disputers of the Tao: Philosophical Argument in Ancient China*)一书中,葛瑞汉再次阐发这一点说,尽管《墨经》和所谓的中国古代逻辑思想文献中所说的"辞",与拉丁语系等拼音语言所形成的"主谓"式命题有所差别,但也仍能被翻译为现代逻辑中的符号语言,也就是说,其也可以成为某个可以具有真值的语句。③葛瑞汉的这些论述,对笔者把握墨家逻辑思想中的"是""非"等逻辑概念,不乏启发。

概略地说,葛瑞汉对我们讨论墨家辩学"交同异"的同异观、"是非论"所涉及的"真"概念的辨析和事物间的同异关系对形成命题的影响等都有系统揭示。但须注意的是,这些相关研究未能从思想史视域下对名辩思潮中的同异之辩的发展脉络进行更系统和更深一步的分析,亦即未能详尽考察墨家辩学的"交同异"观对惠施"合同异"、公孙龙"离同异"和庄子"齐同异"等观点的继承和批判,还未能具体论析事物间的同异关系,是如何决定和影响到语句(命题)之是非真假的判定和论式运用的正确与否。如此一来,也就无法阐明墨家逻辑思想何以成为中国古代逻辑思想的最主要代表。此外,

---

① A. C. Graham, *Later Mohist Logic, Ethics and Science*, reprint edition, Hong Kong: The Chinese University Press, 2003. 对该书重点内容和学术特色的评议可参见 Derk Bodde, "Reviewed Work: Later Mohist Logic, Ethics and Science by A. C. Graham", *Journal of the American Oriental Society*, Vol.102, No.1(Jan.-Mar., 1982), pp.143 - 145。

② A. C. Graham, "The Logic of the Mohist Hsiao-ch'ü", *T'oung Pao*. Second Series, Vol. 51, Livr.1(1964), p.26.

③ A. C. Graham, *Disputers of the Tao: philosophical argument in ancient China*, La Salle, IL: Open Court, 1989, pp.394 - 395.

在对墨家逻辑思想中的"是非论"所关涉到的"真"概念的考察中,未能系统总结墨家辩学究竟用什么语词来标识"真",而只是简单以"当"来进行诠解而已。就西方汉学界对墨家逻辑思想中"同异生是非"论题的探讨而言,葛瑞汉与齐密莱乌斯基都有着较为系统的研究和讨论,并与成中英对中国逻辑思想史研究的三层次说及其九个主要问题的界定可互为补充,进而共同推动着海外汉学对墨家逻辑思想的当代研究。

(四) 陈汉生的相关研究

陈汉生进一步推动了对墨家逻辑思想乃至整个名辩学中的"真"概念的研究。陈汉生讨论墨家逻辑思想中的"同异生是非"论题的文献主要包括有论文《汉语、中国哲学与"真"》("Chinese Language, Chinese Philosophy, and 'Truth'"),及其著作《中国古代的语言和逻辑》(*Language and Logic in Ancient China*)。

陈汉生在《中国古代的语言和逻辑》一书中,重点讨论了处于中国思想背景的墨家逻辑思想并没有遭遇西方逻辑学乃至哲学中的"真假"或"意义"问题,墨家的"三表法"强调的是语言在评价社会行为规范方面所具有的语用功能,而不是描述或断定事物具有何种性质或事物之间具有何种关系的语义功能,故而其是一种强调语言使用效果的实用主义学说。①陈汉生极为看重墨家逻辑思想中的"类"概念,并认为墨家所论的"类同",主要指的是一种处于不同类中的事物之间所可能具有的相似性关系,而非处于同一个类中的事物之间所具有的相似性关系。所谓的"异类不比"中的"异类",则可以用一种"不符合日常语用习惯的比较"来给出解释说明,比如用木棍和夜晚进行长度的比较,就是一种不合日常语言习惯的用法,因而木棍和夜晚就属于"不类之异"的关系。同时,墨家在使用"类"概念时,很多时候都局限在其对道义行为或道义命题加以解释与说明的范围之内,这也就意味着,墨家所说的"类",跟逻辑学或逻辑哲学所使用的"Class"等概念有着根本上的不同。②

在《汉语、中国哲学与"真"》一文中,陈汉生更进一步发展了其对中国古代哲学未能形成"真"观念的论点的说明与论证,又由于"真"概念的缺失,如有效性、逻辑后承和可靠性等绝大多数的逻辑哲学概念,在墨家思想中都不

---

① ［美］陈汉生:《中国古代的语言和逻辑》,周云之等译,北京:社会科学文献出版社,1998 年版,第 105 页。
② ［美］陈汉生:《中国古代的语言和逻辑》,周云之等译,北京:社会科学文献出版社,1998 年版,第 140—144 页。

可能占有一席之地。①也正是囿于"真"概念的缺失,后期墨家在研究语句间所形成的推理关系时,最终就陷入了"是而然""是而不然""一是而一非"等混乱情形中,并最终走向了"作为发现道的工具,语言是无用的"的消极论观点。②

陈汉生还提出了其极具影响力的汉语中的"大名词(Mass-Noun)假设",用以进行中西方语言及其逻辑思想的比较研究。所谓"大名词",指的是那些与可数名词不同而没有复数形式,也不能加数词或不定冠词而组成名词短语的一些名词,如"水""草"等。我们在使用所谓的"大名词"时,可以通过增加某些表达式从而将大名词分割成一些可数的单元,比如,我们可以将"水"延伸为"一杯水"等;但这些可供增加的表达式并不唯一,如"水"还可被界定成"一滴水""一壶水"等。在陈汉生看来,古代汉语所使用的大名词说明,中国古代贤哲在认识事物时多采用的是一种"整体——部分"而非"实体——属性"的理解模式,这也就构成了古代汉语一时难以形成主谓式的陈述语句进而形成颇为抽象的"真"观念的语言学因素。

就笔者所讨论的墨家逻辑思想中的"同异生是非"论题而言,陈汉生首先将"类"局限于不同类中的事物之间所具有的相似性,从而否定了其对于研究墨家所形成的推理论式方面的积极意义。其次,他还否定了墨家所说的"是非"等术语可能含有语义意义上的"真"观念,而只是将之界定为某种道义行为或道义命题的可接受性。再次,他还将《小取》所论及的"辟""侔""援""推"等论式,解释为古汉语在反映语句间所可能存在的推理关系时所形成的混乱,并最终将所谓的墨家对语句间推理关系的考察,归结为某种对语言使用的混乱性。陈汉生的这些见解,受到了关心中国古代语言哲学与逻辑思想的很多学者们的批评乃至否定,也不见得全然在理,但他所提出的讨论中国古代逻辑思想和哲学时所应坚持的诠释原则,即"对中国古代哲学文本中的一段话的解释与一章的解释和一本书的解释,乃至与作者和作者所在的学派的哲学理论都要保持一致"③,对推进当代继续运用比较研究法来从事墨家逻辑思想研究的学人而言,可能会起到一种谨防过度诠释的警

---

① Chad Hansen, "Chinese Language, Chinese Philosophy, and 'Truth'", *The Journal of Asian Studies*, Vol.44, No.3(May, 1985), pp.491 – 492.

② [美]陈汉生:《中国古代的语言和逻辑》,周云之等译,北京:社会科学文献出版社,1998 年版,第 163 页。

③ [美]陈汉生:《中国古代的语言和逻辑》,周云之等译,北京:社会科学文献出版社,1998 年版,第 7 页。

惕效用。

（五）何莫邪的中国古代逻辑研究

20 世纪 90 年代以来西方汉学家研究中国古代逻辑思想的代表性著作，当首推由英国汉学家和中国科技史专家李约瑟主编的《中国科技文明》丛书第七卷的第一部分，即《语言和逻辑》（*Language and Logic*）一书。该书由当代知名的德国汉学家何莫邪所作，其在全面考察西方汉学界对于中国古代汉语和古代逻辑思想研究历史的基础上，以中国古代讨论语言问题与逻辑问题的经典文献为主要参考资料，以西方语言学理论和形式逻辑的基本观念为主要参照，一经问世就成为西方汉学界研究中国古代语言哲学和逻辑思想所绕不开的经典文献之一。

就其对中国逻辑思想史和墨家逻辑思想的研究而言，何莫邪立足于对希腊—拉丁语言的语形、语义与语用分析，重点比较了古汉语的语法、语义和语用问题，进而讨论了古汉语中的一些重要的逻辑概念。他提出，了解中国逻辑史的一个必要前提是具有逻辑学和分析哲学的基础知识。这主要是由于，尽管西方人在推理和论证中所运用的结构与中国人截然不同，西方语言与古代汉语也有较大差异，但都使用的是在本质上相同的逻辑思维工具，并遵循着共同的思维规律，前者如逻辑学所讲的诸如并非、合取、析取等命题联结词，后者如同一律、矛盾律、排中律等逻辑学所讲的思维规律。何莫邪还论说道，古代中国发展出了印欧语系以外的唯一的本土逻辑学知识体系，而以墨家逻辑思想为代表的中国古代逻辑思想确有其存。

其次，何莫邪还重点考察了中国古代逻辑思想中的一些重要概念：(1)"语句"及"命题"：尽管有的西方汉学家认为，古汉语中缺乏标点符号来断开不同的语句或命题，因而"辞"（语句或命题）只是"名"（语词或概念）的简单连接。但在他看来，古汉语主要是通过句末虚词和韵脚来断开不同的语句或命题，相关的虚词主要有"矣""乎""与""已""而已矣""也"等。他还认为，古汉语所说的"辞"（如墨家所明确提出的"以辞抒意"），实质上也就是可以判断真假值的语句（即命题），但遗憾的是，古汉语并未能对"辞"给出一个权威的，如"只有那些能够判断为或真或假的句子才是命题"这般的明确定义；(2)意义理论：何莫邪认为，古代汉语中不存在某个词、句的固定意义，要理解某一个词、某一句话的意义，就必须理解它所出现于其中的文本，也就是某个特定的使用者在某个特定的场合进行特定的交流时对其的具体使用情况。这也就是说，古代汉语的语用倾向要远大于语义倾向，汉语文献中某个词或句并不具有某种固定的客观意义，而多是使用该语句或语词的人所要表达出来的主观"意思"。何莫邪还分析说，先秦时期的古代汉语，表示意义的词主要有"谓""指"等。他还详细考察了中国古代解说文字的基本理论（即把汉字根据构造划分为指事、象形、形声、会意、转注、假借，象形字是用文字的形体表示具体的事物和概念，即"画成其物"；指事字即是用象征符号表示意义，如纯粹作为符号的一、二等，或在象形字基础上加符号，主要指抽象、概括的事物；会意字是用两个或两个以上的单字组成新字，如此等等)，从而试图诠释汉字的意义理论。实际上，古汉语没有把意义归属于句子，而是归属于句子的使用者。语句并未在本质上被视作其所表示之意义的表征，而是语句的使用者借以传达给听众的意义表达；(3)"真"：墨家提出"三表法"和"天志"作为判断言辞是非的标准，并用"当""然""是"和"可"等语词表达"真"观念，"辞"的"当"与"不当"可以相应于命题的"真"与"假"；(4)"必然性"：何莫邪论述说，中国古代的"必"字有必然性的涵义，但中国古代逻辑思想并没有充分讨论"命题间的必然逻辑关系"，如一个命题是从另一个命题必然地得出等问题；(5)"矛盾性"：何莫邪认为，如墨家逻辑思想就有对（不）矛盾律的认识，但在以儒家为主的文化传统影响下，中国古代思想家对作为思维基本规律的矛盾律的认识尚不深刻；(6)"类"：何莫邪指出，中国古代逻辑思想所说的"类"并不能简单等同于数学上所说的抽象的集合(Set)或类(Class)，而只是中国古代哲学中用以表示认识与论证模式的一个概念而已；(7)"属性"：何莫邪指出，中国古代逻辑思想侧重研究的是事物的类以及事物的类之间的同异关系，而很少研究事物所具有的抽象属性、数量等问题。在中国古代思想中，并没有形成可以媲美于柏拉图所论的实体那样的抽象事物，也没有形成类似"property"这样的可用以表示"属性"范畴的专门术语，其与讨论事物属性相关的语词主要有"性""情""貌""状""理"，它们都可用于表达事物所具有的某种属性，如"性"可以被理解为某一事物所具有的本质属性（如"人性"），"情"可以被理解成事物 x 之所以被命名为 x 所具有的哪些属性，"貌""状"可以被理解成事物所具有的可被感知到的一些属性，等等；(8)"包含关系"：何莫邪强调，中国古代思想家在认识事物间的包含关系时，主要还是将之理解成"整体与部分"，与之相应，其用于表示"包含"关系的语词主要是"属"；(9)知识与信念：何莫邪考察了墨家的知识论学说，即《经上》所描述的形成认识的过程，将知识分为"闻、说、亲"的知识理论，以及对反知主义的反对（"知无知，悖"）。他还指出，中国古代思想中的知识论，不仅要求形成对某一事物的知识，知道如何给予该事物正确的"命名"，也论及了先验知识的如何可能（如墨家所论之"名知"）。显然，对这些重要的逻辑概念的分析,也是一些其他的中国逻辑史著作中较少注意到的内容。以笔者浅见,把握何莫邪所总结的这些重要的中国古代逻辑概念,对分析和理解墨家逻辑思想中的一些关键术语有很大助益。比如,我们在后文部分讨论"类"和"真"概念时,就参照了何莫邪的很多说法。

具体到墨家逻辑思想研究,何莫邪重点考察了以《小取》篇为主的逻辑理论。在他看来,墨家将"辩"视作是对世界的摹略与描述,及其对概念所要进行的详尽的逻辑分析。他还比较说,如果亚里士多德的逻辑学主要处理的是概念之间的相容与不相容关系,那墨家逻辑思想的着眼点则在于从整体上来处理名实关系。他还阐释了墨家逻辑思想中的"故""辞""类"和"类比推理"等概念,强调墨经所作的关于名的达、类、私的分类理论具有一定的逻辑学价值。他还关注了墨家对"侔"论式的运用问题,并在分析《小取》中的"是而然""是而不然"等"侔"论式的运用情形后提出,墨家对代入规则的运用存在有很大局限,如"白马是马"为真,而"骑白马是骑马"也为真(即"是而然"的情形);"获的父母是人"是真,而"获侍奉其父母就是侍奉人"则不为真(这是"是而不然"的情形)。这其中就涉及了在何种情形下可以有效运用代入规则等问题。

何莫邪对墨家逻辑思想及其"同异生是非"论题的研究,呈现出的特点主要有:(1)以逻辑学中的一些重要概念为参照,讨论和阐发了研究墨家逻辑思想所应注意的九个重要的相关于逻辑思想的概念;(2)全面吸收了此前西方汉学界的中国逻辑思想史研究成果,从而可作为重要的研究导论;(3)在考察《小取》篇中的逻辑理论的同时,还归纳总结了《墨子》中所实际运用到的一些推理论证案例,并进行逻辑分析。其不足之处主要在于对国内墨家逻辑思想研究成果的注意不够,也未能将墨家逻辑思想所涉及的认识论、知识论(如对"三表法"的讨论等)与《大取》《小取》中的逻辑理论相互联系起来,加以阐发。

(六) 方可涛的墨家逻辑思想研究

承袭葛瑞汉、陈汉生和何莫邪等汉学家的墨家逻辑思想研究理路,方克涛[①]重点讨论了墨家逻辑思想研究所可能涉及的"真"(Truth)、"实在"(Reality)、"判断"(Judgment)等概念。就研究墨家逻辑思想中"同异生是非"论题而言,方克涛的研究主要体现在《墨家辩学中的"真"》("Truth in

① 方可涛还是斯坦福哲学百科中墨家(Mohism)、墨辩(Mohist Canons)和名家(School of Name)等词条的编纂者。

Mohist Dialectic")、《中国古代思想中的相异性、判断和推理》("Distinctions, Judgment, and Reasoning in Classical Chinese Thought")和《墨家的实在概念》("The Mohist Conception of Reality")等论文中。

在《墨家辩学中的"真"》一文中,方可涛主要反对了陈汉生的"墨家辩学没有形成抽象的'真'观念"的观点,并论述了墨家辩学为什么具有"真"观念。他认为,后期墨家用"谓""谓之"等语词作为判断的标识,表达了具有断定内容的某种思想,"谓 X 是(非)Y",实际上就是在表达命题"X 是(不是)Y"。《墨经》中的"辩"的定义是辩者围绕两个矛盾命题(如"这是牛"和"这不是牛")的真假问题进行辩驳,这两个命题涉及了辩论者围绕的矛盾命题中那个命题为真等问题。《墨经》中所用的"当""是""然"等语词与"真"概念也紧密相关,即"当"实际上是用以表示一个命题正确与否的标准,与符合论意义上的"真"相当。"当"在《墨经》文本中的使用兼有语用和语义两层涵义,"当"跟"真"一样,都能够用来表示对命题之真假值的谓述;除"当"之外,"然"和"是"在《墨经》中也部分承担了表示语义"真"概念的功能。《墨经》的逻辑思想中虽未在形式上以一个特殊的"真"语词以表达"真"概念,但这并不等于说《墨经》在事实上并不具有"真"概念,实际上,《墨经》是用"当"等多个语词表达了"真"概念。①

在《中国古代思想中的相异性、判断和推理》一文中,方可涛考察了"辩"字在古汉语中的三种用法,即指称将事物彼此区别开来的活动(辩同异之意)、论证和辩者三义。"辩"在先秦哲学和逻辑思想中的核心用法主要是第一种意义,而后两种用法是从第一种用法中延伸出来的。无论是《经上》和《经说上》对"辩"的定义,还是《小取》对"辩者,明同异之处"的界定,都说明了"辩"的这层意义。《小取》的"明是非之分"主要表述的是一种以辩来论定语句(命题)真假的语义学理论。因此,我们就必须将"辩"的"别同异"和"明是非"结合起来进行考察,而墨家辩学所区别出来的事物之间的同异关系主要表现为"四种同"和"四种异"。正是立足于对事物之间的同异关系的说明,古代汉语所表述的命题的真假值才能得到确认,如说"F, G 也",在古汉语中实际上表示的就是"F 与 G 的'同'关系",这种标示同异关系的表述在先秦哲学和逻辑思想的汉语文本中起着逻辑系词(be or be not)的作用。而人们在实践中用以区别言辞是非的标准正是立足于人们所形成的"法"

---

① Chris Fraser, "Truth in Mohist Dialectic", *Journal of Chinese Philosophy*, Vol. 39 (2012), pp. 351 - 368.

"理"的认识,所以方才有《小取》中的"中效,是也"和"不中效,非也"的论述。更进一步,墨家辩学所论的推理论证也立足于这种对事物的"类同""不类之异"关系的区分之上,推理也就可相应地被理解为一种将新事物归类为一个业已被区分开来的具有共同的"法"或"理"的事物之类中去,而这一"法"或"理"事实上就是一种人们在实践中形成的"类同""不类之异"关系的认识。①

在《墨家的实在概念》一文中,方可涛主要论述了墨家辩学对"实在"观念的认识,如从分析墨家对"闻知""说知"和"亲知"的论述出发,来探究墨家所形成的"实在"观念所具有的形上学特征。同时,把握墨家辩学所说的"法"概念,对理解墨家的伦理学、心理学、认识论和形上学以及逻辑思想都是极其重要的。②此外,方克涛也在斯坦福哲学百科中的 Mohist Canons 等词条中对上述见解有所阐述③,兹不赘述。方克涛对"是非"中所涉及的"真""假"概念问题进行了详尽和充分的论证,也指出了事物间的同异关系是形成言辞真假和推理正确与否的基本前提,但其对墨家辩学的同异观何以形成及其"类"(特别是"类同""不类之异")概念在形成命题真假中的具体作用,尚未能给出较为详细的说明。

(七) 其余相关研究

除了上述研究之外,还有一些其他论著也涉及了墨家逻辑思想研究。如罗马尼亚逻辑史学者杜密特里乌(Anton Dumitriu)在其《逻辑史(第 1卷)》(History of Logic(Vol.1))中,专辟一节用于简单介绍墨家逻辑思想的内容体系,认为墨家逻辑思想有着和古希腊哲学一样的真概念,即"是为是,不是为不是";墨家逻辑思想也区分了种、属概念,以及属概念间的同异关系,并对一些数学、伦理学、物理学等概念进行了定义。他还指出,在具体论证中,"效"对于断定推论的是否正确最为重要(有点类似于套公式之义)。④杜密特里乌对墨家逻辑思想的介绍,严格看来,只是对墨家逻辑思想中的一些重要哲学概念进行了字面的译介,而未能给出更进一步地比较分析。又如,卢卡斯(Thierry Lucas)在《后期墨家的逻辑、类、类属和类似》

---

① Chris Fraser, "Distinctions, Judgment, and Reasoning in Classical Chinese Thought", *History and Philosophy of Logic*, Vol.34, No.1(2013), pp.1 – 24.

② Chris Fraser, "The Mohist Conception of Reality", in Chenyang Li and Franklin Perkins (eds), *Chinese Metaphysics and Its Problems*, Cambridge: Cambridge University Press, 2015, pp.69 – 84.

③ Chris Fraser, "Mohist Canons", *The Stanford Encyclopedia of Philosophy*, http://plato. stanford.edu/archives/spr2011/entries/mohist-canons/.

④ Anton Dumitriu, *History of Logic*, Vol.1, Tunbridge: Abacus Press, 1977, pp.17 – 23.

("Later Mohist Logic, Lei, Classes, and Sorts")一文中重点考察了墨家逻辑思想中的"类"概念。他认为《墨经》所讲的"类"概念既不能等同于现代逻辑所讲的"类属、类别"意义上的"Classes",也不能界定为"类似、分类"意义上的"sorts",而是兼有这两种特点。①又如,冯耀明在《后期墨家的语言和逻辑导论》("Introduction: Language and Logic in Later Moism")一文中,辨析了葛瑞汉将"侔"论式理解为演绎推理,以及陈汉生将运用"侔"论式所产生的不同情形(如"是而然""事儿不然"等)理解为墨家为了通过展示"侔"式推理所具有的限制,从而否认此一论式具有普遍有效性等见解,重新借用一阶逻辑的符号推演方法来刻画《小取》所列举的"侔"式推理案例,终而提出"《小取》只是通过提供一些正例和反例来说明,侔式推理需要划界为正确的和不正确的,而这种划界则并不是基于句子的语法形式(语形层次)而做出,而主要是基于句子所表达的实质思想内容(语义和语用层次)而做出"等观点,并论定中国古代思想家并不对"形式的言说模式"(formal mode of speech)感兴趣,而主要是通过"实质的言说模式"(material mode of speech)去建立哲学思考中的语义与语用方面的识别力。②此外,由冯耀明主编的《中国逻辑哲学辞典》(Dao Compansion to Chinese Philosophy of Logic)一书,系统介绍了"名""辞""真""悖""辩""故""理""类""同""异"等重要的中国古代逻辑哲学概念,而这些概念中的绝大多数都与墨家逻辑思想研究直接相关,如关于"同"和"异"的分类问题,"故""理""类"的逻辑涵义,及其对"辟""侔""援""推"论式的介绍等。上述文献也或多或少地论及了墨家逻辑思想中的"同异生是非"论题,其中的主要论点与研究方法也值得重视。

总体而言,海外汉学对《墨经》逻辑思想的解读经历了一个由"建构"到"解构"再到新的"建构"的发展过程。这一发展过程同时也是海外汉学对如何把握《墨经》逻辑思想的逻辑学性质,及如何理解逻辑概念、规则与不同文化形态间的关系的逐步认识历程。以齐密莱乌斯基、葛瑞汉为代表的"建构论"者,强调对《墨经》逻辑思想的解读应基于对西方逻辑学尤其是现代逻辑的理解和把握之上,并以相关的逻辑学术语翻译、诠释了《墨经》的相关逻辑概念,对相应的论式及其例示进行了一些形式化分析,从而建构了《墨经》中

---

① Thierry Lucas, "Later Mohist Logic, Lei, Classes and Sorts", *Journal of Chinese Philosophy*, Vol. 32, No. 2, (Sep., 2005), pp. 361 - 362.

② Yiu-ming Fung, "Introduction: Language and Logic in Later Moism", *Journal of Chinese Philosophy*, Vol. 39, No. 3(Sep., 2012), pp. 327 - 350.

的辩学思想的逻辑学性质。然而,这一建构的过程,实难摆脱对中西思想所关切主题和思维特质之不同的体察,也就无法避免来自方法与史实上的质疑。由此,陈汉生持守中西语言与思维之异,试图通过论说《墨经》缺失"真"观念、未能形成"判断"或"命题",并以此为据来解构"建构论"者所主张的逻辑学性质判定。为了回应此种"解构"的相关批评,以何莫邪、方可涛等为代表的新的"建构论"者深入阐释了《墨经》所内蕴的一系列具有关键性的逻辑学概念,尤其是对"真""类""判断"等进行了新的分析和论证,从而辩护了《墨经》逻辑思想的正当与合理。同时,"建构论"者也吸收了"解构论"所主张的中西思维方法论根本相异的重要见解,注重从"同""异"两个角度比较诠解《墨经》辩学思想的逻辑学性质,逐步形成了"形式相异"与"原理相同"的两层界说,并重新厘定了《墨经》辩学思想的逻辑学性质。由此观之,海外汉学对《墨经》逻辑思想的认识,正是在秉持与逻辑学两相比较的"求同"与"察异"立场中,逐步达到了研究的深化,从而成为当代先秦逻辑史研究的有益补充和重要参照。

三　对以往墨家逻辑思想研究的一点思考

如上所述,近代以降的墨家逻辑思想研究都采用了逻辑学或比较哲学的重构性诠释研究进路,经历了一个不断深化的在"求同"与"察异"之间仔细审度的过程。具体来说,墨家逻辑思想研究首先是从对以《小取》为代表的逻辑理论的研究,逐步深化到援引传统逻辑学中关于判断、推理的知识体系,构建出一套包括概念论、判断论、推理论等内容在内的墨家形式逻辑学说,进而再反思其中所涉及的一些重要的逻辑哲学概念,如墨家所说的"类"是否具有逻辑学意义,墨家是否形成了"真"概念等。就研究方法而言,近代以来的墨家逻辑思想研究,大体经历了一个由比较研究法到立足墨家思想的中国文化底色进行分析的历史分析法的运用,最后再进入建构墨家辩学的逻辑思想体系以进行核心概念的中西比较哲学研究的发展过程。上述研究理路重在强调,要在把握《墨经》等经典文献的训诂和翻译的基础上,以西方文化、思想、学术的本位立场,综合运用逻辑学、诠释学的观念与技术,展开对先秦逻辑思想中的主要概念、论题、论式及其运用范例的分析,并对其所涉的学科名称、思想史定位、基本特质加以诠释。但这些研究最终却形成了不同的判定和评价。如有的研究者给予墨家逻辑思想较高评价,认为其所强调的"类"等概念与现代逻辑有一致性,对包括《墨经》在内的先秦名辩经典也能够使用逻辑学的观念与技术加以分析,从而肯定了墨家逻辑思想中的逻辑学性质。而有的研究者则强调先秦逻辑思想与古汉语及先秦政治、伦理思想之间的特殊关联,认为对《墨经》等先秦名辩经典的分析、诠释必须基于先秦思想的特殊时代背景,坚持整体研究理路,从而否定了包括墨家辩学在内的名辩学的逻辑学性质。整体而言,前辈学者的墨家逻辑思想研究,无论是文本疏解、翻译、训释的精细,还是学理梳理、分析、诠释上的熟稔,都以代际接续研究的方式极大地拓展着相关议题的深化与创新。笔者所作的工作,也正是立足于前辈学者所开拓的比较研究进路,试图扭住"同异生是非"论题作为墨家辩学和墨家逻辑思想的基源问题,从思想史角度梳理墨家名实观、同异观与惠施、公孙龙和庄子等其他名辩家之间的区别和联系,进而指出墨家辩学的"同异观"的最大特点是其提出的"类同""不类之异"的区分,并对"类"概念在中国古代逻辑思想中的重要性进行阐释;同时还试图以"是非"之辩所关联的"真"概念入手,总结历代学者在墨家辩学是否有"真"概念的争议,从符合论、融贯论等真理观的角度进行分析,揭示墨家辩学确乎存在一种"真"观念;进而试图系统分析:事物和言辞之间的"类同不类之异"如何影响到言辞的真假和推论的正确与否;以及《大取》中的因主观的认知或信念态度而导致的名实同异状况及其对墨家所主张的以"兼爱"为核心的道义命题与道德行为选取合理与否的思想影响;最后回应墨家逻辑思想研究所关涉到的逻辑与文化观问题。显然,在最广义上说,笔者对上述研究主题的粗浅讨论,实则都属于逻辑哲学的研究内容,这也正是笔者将此项研究工作的主题定位为一种对墨家逻辑思想的哲学研究的理据所在。

第二节 "同异生是非"何以是墨家逻辑思想的一个基源问题

一 "同异生是非"论题的提出

"同异生是非"论题首见于西晋学者鲁胜的《墨辩注叙》一文。在总结先秦时期的名辩思潮时,鲁胜总述说"同异生是非,是非生吉凶"(《墨辩注叙》)。显然,在鲁胜看来,以墨家逻辑思想为代表的中国古代名辩学说(或者说中国古代逻辑思想),强调通过分析事物和言辞之间所具有的同异关系,来论定一个言辞是否可以成立或者被共许,一个论证和反驳是否有效或者能否被接受;而对言辞和论证是否正确、可靠的分析,则会对治国理政产生重要作用。鲁胜的这一论述,前半句涉及的是墨家逻辑思想关于言辞的真假和推理论证的正确运用等理论问题;后半句则涉及了这些理论问题对天下治理所可能具有的现实社会意义。就其发生与发展过程而言,墨家逻辑思想重在对墨家的政治伦理主张进行论证(证成自家学说),并对批评墨家主张的其他学派和思想家加以反驳(否定别家学说)。而这也就关涉到对天下治乱等一系列社会现实问题的关注,故而《小取》界定"辩"的最重要目的之一是"审治乱之纪"和"处利害,决嫌疑"。以笔者浅见,这一点也可以类比为对逻辑与理性思维应具有的积极社会功能的认识,亦即通过理性分析来明确天下治乱的关键因素,并形成正确的知见。①可见,在中国先秦时期以探讨"务为治也"为主流的学术、思想传统中,墨家较为重视"辩"的价值,并将谈辩视作为从事"义"的一种主要方式②,希冀通过"辩"来帮助人们察明各种学说与言行所属之"类"与所以然之"故",以明了其中的利害,作出合理的判断。这一为现实和墨家政治伦理主张服务的特点,反过来也要求墨家逻辑思想呈现为一个旨在帮助人们明辨道义上的真假是非,重在研究中国古代哲学论辩所用到的各种论式的学说体系。从根本上说,以先秦诸子为代表的中国古代哲学家,虽没有形成一种能全面、清晰地反映其在思维与论辩中所用到的推理形式的理论自觉,从而也就无法发展出一种用以进行抽象推理的,以符号来代替命题或词项,进而反映推理或论证之形式结构的逻辑学说,但对于我们研究中国古代逻辑思想来说,却要尽最大可能地揭橥出蕴藏在相关文本中的逻辑哲学概念和思维方法,并辩察其与相关的政治、伦理主张,以及形而上学论说之间所存在的不同之处,进而尽可能地去阐明逻辑思想与政治、伦理、形而上学思想之间的关联。③如果说,"是非生吉凶"的判断重在解说墨家辩学所具有的政治学与伦理学价值("用"的维度),那"同异生是非"则重在界定墨家辩学所具有的逻辑思想价值("体"的维度)。

　　"名实""同异"和"是非"是墨家逻辑思想乃至先秦名辩学中最为重要的三对范畴。围绕这三对范畴,先秦诸子哲学也形成了名实之辩、同异之辩和是非之辩等相关论辩,从而构成名辩思潮的主要议题。显然,墨家逻辑思想中的"同异生是非"论题,实际上就是要将墨家在名实、同异和是非等问题上

---

①　比如,墨家在《兼爱》诸篇就通过分析天下治乱的缘由,从而提倡一种"兼相爱"的治道学说。

②　据《耕柱》所载,墨子在回答何以为"义"时说:"能谈辩者谈辩,能说书者说书,能从事者从事,然后义事成也。"

③　Chung-Ying Cheng, "Inquiries into Classical Chinese Logic", *Philosophy East and West*, Vol. 15, No. 3/4(Jul.－Oct., 1965), pp. 195－196.

的观点有机地联系与统一起来。在某种程度上说，准确认识事物及概念之间的"同""异"关系，是形成科学判断和进行有效推理的一个必要条件。无论是肇始于亚里士多德的西方逻辑学说，还是发轫于名辩思潮中的中国古代逻辑思想，都会论述事物及概念间的同异关系会如何影响到命题或判断的是非（真假）、推理论证的正确与不正确（有效与否或可靠与否）等问题。具体就墨家逻辑思想来说，实如《小取》所认为的，"辩"就是为了"明是非之分，……别同异之处"。因此，鲁胜所总结的"同异生是非"论题，实际上涉及的就是事物、概念间的同异关系，如何直接影响到言辞和论证的是非判定。因而，此一论题所引发的最核心问题，就在于对"同异"如何生"是非"的理论说明。

墨家逻辑思想是先秦名辩学的理论高峰，也是研究中国古代哲学在推理论证等认识论、知识论、方法论等方面的重点内容之一。笔者以为，"同异生是非"论题既研究了墨家对推理或论证方式的阐述，也研究了墨家的认识论和语义学，特别是其中的真理观等问题。正如罗马尼亚逻辑史家杜米特里乌所说，中国古代的墨家学派，着力研究的是定义、推理等与逻辑学相关的问题。①可见，墨家逻辑思想对事物同异关系的认识和对先秦同异之辩的总结，对"是""非"和"当"等概念所涉及的"真"观念的认识，对事物或言辞之间的"类同""不类之异"关系如何影响言辞真假和论式运用的正确与否的辨析，都有被进一步研究的必要。

"同异生是非"论题的提出，还立足于治中国逻辑史的学者对墨家辩学及其逻辑思想的历史总结。在中国哲学史和逻辑思想史上，"同异生是非"肯定了辩学和逻辑思想是研究政治与伦理思想的前提和工具，也界定了墨家辩学在根本上研究的是证明和反驳所运用到的各种论证方式。同时，"同异生是非"还将墨家辩学最为重要的"名实""同异""是非"三对范畴联系了起来，既直接研究了《小取》篇所总结的中国古代逻辑理论，也间接研究了墨家所持的真理论、认识论和语义学等逻辑哲学问题。

二 "同异生是非"论题的涵义及层次

讨论墨家逻辑思想所涉及的"同异生是非"论题，首要的是总结和探究先秦时期的名实之辩、同异之辩和是非之辩。较一般的看法是，同异问题是就事物及概念的同一和差别而言的，是非问题是就对事物认识的真假对错

----

① Anton Dumitriu, *History of Logic*, Vol. 1, Tunbridge: Abacus Press, 1977, pp. 17 - 23.

而言的。①查究先秦时期同异之辩的发生发展史,不难发现,自惠施之"合同异"主张开始,名(以《公孙龙子》为代表)、墨(以《墨经》为代表)、儒(以《荀子·正名》为代表)、道(以《庄子·齐物论》为代表)等诸家都对同异问题进行了阐述与解释。《墨经》关于"同"和"异"的分类,以及"同异交得"的主张,也可视作是对先秦时期同异之辩的一个相对全面的理论总结,因而也是极具代表性的理论高峰。事实上,在一些汉学家眼里,中国古代哲学思想对知识论、认识论,尤其是推理论证的研究很是薄弱,而墨家辩学所关注的知识和判断的可证实性,语言能否充分地反映世界,以及语言与思想、实在之间的关系等问题,则可以对这一薄弱环节有所补充。②至于是非之辩,情况则显得相对复杂些。从逻辑史的角度来说,当先秦名辩学家在使用"是""非"概念时,究竟是与何种语义概念相对应而言呢? 首先,我们能否认为,"是""非"具有在判定命题(或者说言辞)时所用及的"真""假"之含义? 一如何莫邪所指出的,尽管古汉语中缺少一个词项"真"以表示符合论意义上的"真"概念,但"是"与"当""然"等一道都可表示语义层次上的"真"概念。③其次,我们是否还可以认为,"是""非"除了表示言辞的真假外,还可以表示政治、伦理或道义行为意义上的对错,即道义上的"合理性"或"不合理性"。④要言之,"同异生是非"论题不仅涉及了发生在先秦逻辑史上的不同的"同异观",而且也涉及了"是非"有哪些层次,"同异"如何生发出"是非"等问题。

名辩家们持何种同异观,则会直接影响到他们关于"是非"问题的看法。如庄子"齐同异"的哲学主张很可能就是其"齐是非"的逻辑前提之一。在笔者看来,"同异生是非"论题也可以被简单还原为不同的同异观是判定言辞、行为之是非的逻辑前提,其或标准。如我们就可以在详细讨论《墨经》中的"同异交得"的同异观和对"同""异"不同类型分类的基础上,来分析墨家"兼爱""非攻"等政治、伦理主张和谈辩言辞的立论依据(是与非或对与错)。笔者以为,若单从较为宏阔的思想史、哲学史角度而言,此种理解应当是可以成立的,但其中的关键或许还在于,事物或言辞间的同、异,究竟是如何生发

①　参见孙中原:《中华先哲的思维艺术》,北京:北京大学出版社,2006 年版,第 175 页;亦参见刘培育主编:《中国古代哲学精华》,兰州:甘肃人民出版社,1992 年版,第 352 页。

②　参见[新]赖蕴慧:《剑桥中国哲学导论》,刘梁剑译,北京:世界图书出版公司,2013 年版,第 118 页。

③　Christoph Harbsmeier, *Science and Civilisation in China*, Volume 7, Part 1: Language and Logic, Cambridge: Cambridge University Press, 1998, p.201.

④　参见孙长祥:《思维·语言·行动:现代学术视野中的墨辩》,台北:文津出版社,2005 年版,第 47—50 页。

出"是非"。若单从先秦逻辑思想史的角度而言,此一问题或许还可进一步呈现为,事物之间的同异关系如何生发出"辞"(命题)的真假,尤其是道义命题或道德行动的合理与否,以及论辩中所使用的推理或论证方式是否正确、能否成立等问题。

因此,笔者所欲探讨的"同异生是非"论题,除了要探究清楚在先秦名辩思潮中较有代表性的几种"名实观""同异观"(如惠施"合同异"、庄子"齐同异"和《墨经》"交同异"等),及其先秦名辩学家所持的"是""非"观与"真"与"假"、"合理"与"不合理"、"有效"与"无效"等相关概念之间的关系之外,还要考察在由墨家所总结的、为名辩诸家所普遍使用的辩言正辞中,同异观又是如何直接影响到言辞的是非(真假)、行为的合理与否、论证的有效无效等。与此相应,笔者以为,"同异生是非"论题可具体展现为如下四个层次:

(1)考察先秦名实之辩、同异之辩的历史,墨家辩学如何提出了"以名举实"和"交同异"的理论主张,这一名实观、同异观有何样的特点,特别是"类同""不类之异"的正确提出是否深化了同异之辩所具有的逻辑思想史价值;(2)墨家辩学所论的是非,是否有一种相应于逻辑学所论的命题之真假值意义上的涵义。进而言之,墨家辩学是否形成了"真"观念,如何论证说墨家辩学具有一种近似逻辑学所论的"真"观念,以及这种"真"观念能否相应于西方逻辑哲学所讲的符合论、融贯论、实用论等真理观;(3)围绕《小取》《大取》,墨家辩学如何论述了事物或言辞之间的同异关系,对言辞(命题)之真与假、论证与反驳方式(即论式)运用的是否正确产生直接影响,即墨家辩学的"同异生是非"论能展现为那几种层次;(4)对于墨家辩学"同异生是非"论题的理论阐释,能否回答一些当前中国逻辑史研究领域中讨论的重要问题,诸如墨家逻辑思想产生的背景及其文化与逻辑间的关系,墨家逻辑思想的性质和特点,以及墨家逻辑思想为什么没能走向形式和形式化的原因等,尤其是墨家辩学对"同异生是非"论题所进行的理论阐释,与古希腊论辩术及由其所发展出来的逻辑学相比较,表现出的特征和价值又该如何看待?事实上,本书后面几章的结构编排,也分别相应于这四个主要问题。

三 "同异生是非"问题的思想史意义

从逻辑思想史的角度研究"同异生是非"论题,既可以对中国哲学史、思想史研究有所补充和推进,也可能会对我们分析日常生活所用及的类比推理有所助益。

众所周知,先秦以后的中国思想史和哲学史,由于名辩思潮的结束,儒学逐渐居于学术和思想传统的主流地位,学术讨论的重点也是以"内圣外王"为主的心性之学与政治伦理之学,甚少再讨论颇具认识论和知识论意味的论证与推理形式等问题,即使个别思想家对名实问题有所发挥和讨论,也多侧重于以"正名"为主的政治哲学或道德哲学层面。①但随着近代以来的中西文化交流、碰撞和冲突,中华传统文化重个人经验意义上的体悟论道而少哲理论证的思维方式,逐渐成为中华传统文化实现现代性转化的一个极大障碍。反省中华文化固有缺弊的一代代学人,在向西方学习而引入"德先生"(即民主)和"赛先生"(即科学)的同时,也引进了"逻先生"(即逻辑,包括传统逻辑和现代逻辑)。但单靠引进和借鉴西方逻辑学的知识体系,并不能帮助我们在根本上把握住中国古代哲学、思想所形成的说理论证之方式与法则,或许,我们还有必要在中国传统哲学思想的传承脉络中寻找到崇智重知的思想基础。正是在这个背景下,关心中华文化之前途的梁启超和胡适等先辈学人,将目光投向了先秦的名辩学和名辩思潮。他们在研究的过程中,重点关注了"以名为研究对象,以名实关系为基本问题"②的名学,以及以"谈辩"作为研究对象的辩学,并以此为基础来构建出所谓的先秦逻辑学说。而墨家辩学或者说墨家逻辑思想无疑成为此一研究的一个最重点内容。

此外,研究"同异生是非"论题对我们推进中西哲学比较研究的深入发展也具有一定的作用。中西哲学比较研究的重难点之一,就是比较和分析中西哲学之间的一些核心概念,其中必定会涉及一些重要的逻辑哲学概念,如"真""必然性"等。而对墨家辩学中的"同异生是非"论题的研究,涉及了墨家对事物及其概念间的"同异"关系,以及与"是非"观念相应的"真假"观念的研究。故此,深入探究墨家辩学所形成的"同异"观与传统逻辑关于概念分类的相似与相异,并以逻辑哲学中的真理理论(特别是以符合论真理观或融贯论等别的真理理论)比较分析墨家辩学关于言辞是非问题的阐述,又都可以构成我们推进中西哲学比较研究的一个重要问题域。因此,我们对墨家辩学"同异生是非"论题的研究,在根本上也就是在从事一项中西哲学

---

① 以儒学为主干的中国传统哲学所说之"知",主要指的是道德哲学或伦理学意义上的"良知"或"德性之知",而非"Knowing that"意义上的以求真为旨归的知识论。冯友兰曾评价知识论在中国传统哲学中的地位说:"在中国哲学里,知识论从来没有发展起来……中国哲学所用的语言,富于暗示而不很明晰……并不表示任何演绎推理中的概念。"(《冯友兰选集》,天津:天津人民出版社,1994年版,第364页)。而《墨经》对"知""虑""亲知""闻知""说知"等概念的讨论,则表明了墨家欲图建立知识论的努力。就此而言,探讨墨家辩学中的逻辑思想和知识论,对中国传统哲学中的知识论研究就有所裨益。

② 崔清田:《名学、辩学、名辩学析》,《哲学研究》,1998年增刊。

的比较研究。

　　由此观之,对"同异生是非"论题的研究,或许会对推动中国哲学史、思想史的研究具有一定的积极价值。实际上,周秦之际的哲学思想和诸子学说,几乎每一家都会谈"名",都欲将"名实问题"纳入各自探讨的主要问题之中。而讨论名实问题,自也离不开对名实之辩、同异之辩、是非之辩的系统探查。对名实关系、同异关系、是非关系的研究,完全可以也应该成为中国哲学史和思想史,特别是先秦诸子哲学研究的一个重点课题。故而,在笔者看来,以"同异生是非"论题为主线来展开对墨家逻辑思想的研究,完全可以在补充中国哲学史中关于心性、伦理和政治哲学思想的研究的同时,形成对中国哲学史中重视知识和逻辑方法的思想史拓展。

第二章 "名""实"与"指"

　　《小取》篇总述"辩"的功能与目的为"明是非之分,审治乱之纪,明同异之处,察名实之理,处利害,决嫌疑"①。其中,"察名实之理"主要涉及的是"名""实"指谓问题,即探究名实之理是名从于实,还是实从于名,名又当如何分类以及如何指谓实等问题。沈有鼎曾概括"名""实"指谓问题的重要性说,"'名'是认识的工具,是'辩'的构成元素,因此名实关系的理解是有助于认识现实事物、有助于辩论的顺利进行的"②。简略地说,名辩学所论之"名",主要指的是用以指谓事物的名称(name)或概念;"实"则主要指的是由"名"所指称的对象,既包括事物或事件,也包括事物所具有的属性、事物之间的关系等。从字形演变来看,"名"在甲骨文中写作𠃌(左夕右口),演化至金文则改左右结构为上下结构而写作𠱾(上夕下口)。故而按《说文解字》对"名"的解释:"名,自命也。从口,从夕。夕者,冥也。冥不相见,故以口自名"③,意即由于天黑人们看不见,故以口(声音)来指称不同的事物。从"名"字的造字本义来看,名具有指称和区别事物、交流思想的功能。这也就意味着,名实指谓问题可能会表现出相当程度的复杂性,如多名一实(如"狗""犬"皆谓之一实)、同名异实(如"璞"之指代璞玉与璞鼠)、有名无实(如"天陷")等,故而辨明名实也就成为讨论事物或言辞间同异关系以及辩论得以顺利进行的认识论基础。

---

① 王讚源主编:《墨经正读》,上海:上海科学技术文献出版社,2011 年版,第 196 页。学界诠解此段文字有"功用论""体用论"等范式。如沈有鼎等所主张的,此段文字皆在说"辩"的功用,包括有认识层面的"明是非"、对象层面的"别同异"、实践方面的"处利害,决嫌疑"和政治层面的"审治乱之纪",而"察名实之理"则有助于"别同异"和"明是非"。而莫绍奎则将"明是非之分"等视作为纯逻辑学内容,将"处利害"等视作是逻辑学的应用。学界诠解此段文字时的学术史梳理,参见王兆春、卢凤鹏、张仁明主编:《墨经汇释》,长春:吉林大学出版社,2016 年版,第 397 页。

② 沈有鼎:《墨经的逻辑学》,北京:中国社会科学出版社,1980 年版,第 16—17 页。

③ 见(东汉)许慎撰,(清)段玉裁注:《说文解字注》,上海:上海古籍出版社,1988 年版,第 56 页下。

从先秦诸子对"名"的论述来看,名实之辩包含有正名和名实等不同层次。如借助于西学东渐以来的知识分类,我们或许可以将先秦诸子所论之"名"分为逻辑学、知识论意义上的"名"与政治哲学和道德哲学意义上的"名"。当然,此一划分已为近年来治中国哲学史、思想史的学者所充分认识到。比如,伍非百就指出说,先秦诸子对"名"的讨论有所谓"名法派""名理派"与"名辩派"之别,"名法派"主要考察的是"刑名法术",以法家的商鞅、申不害为代表;"名理派"主要考察的是"极微要眇",以《庄子·天下》代表;"名辩派"主要考察的是与逻辑问题相关的"名辞说辩",以名家的惠施、公孙龙等为代表。① 又如白奚所指出的,先秦诸子论"名"有两大基本方向,其一是"将名家理论同当时的变法实践结合起来,以名论法,形成'名法派',或称'形名法术派',此一派学说见于《黄帝四经》《管子》《尹文子》等书中";另一是"从形式逻辑的角度发挥名家理论,形成'名辩派',此一派以惠施、公孙龙和后期墨家为代表"。② 高华平则将诸子所说的"名"划分为"名分之名"与"名理之名"两层含义,并认定前者是"政治、伦理、礼法"之"名",后者则属逻辑学之"名"。③ 曹峰则指出,先秦和秦汉之际诸子论"名"甚为流行,大致可分为"倾向于'价值判断、伦理意义上的、政治意义上的'名'",以及"倾向于'事实判断'的、逻辑意义上的、知识论意义上的'名'"。④

上述对先秦诸子所论之"名"的分类意见,既充分说明了"名"在先秦哲学史和思想史上的重要性与复杂性,也为我们把握墨家对名实指谓问题的讨论提供了较为充分的思想背景。但笔者还想斗胆提及的是,尽管作为后来研究者,可以基于现代的学科与知识分类,依据所针对问题的层次而对先秦诸子所论之"名"作出政治哲学与逻辑思想意义上的划分,但若回到诸子论"名"的实际来看,名分、名法和名实之"名"完全可以是相提并论的。比如,《尹文子》就从对象的角度划分"名"为"三科":"一曰命物之名,方圆白黑是也。二曰毁誉之名,善恶贵贱是也。三曰况谓之名,贤愚爱憎是也。"(《大道上》)与此相应,荀子则在《正名》中论述了后王在审定名实时,对"刑名""爵名""文名"与"散名"的审定要依据不同的原则,其中"刑名""爵名"和"文名"或要依从于前人(商人、周人)的创设,或要依据于礼仪的规定,而用于指代万物的"散名"则主要依据于习俗的通约。但无论是"命物之名",还是"散

---

① 伍非百:《中国古名家言》,北京:中国社会科学出版社,1983年版,第5—6页。
② 白奚:《稷下学研究》,北京:生活·读书·新知三联书店,1998年版,第203页。
③ 高华平:《先秦名家对诸子百家的学术批评》,《中国哲学史》,2021年第1期。
④ 曹峰:《中国古代名的政治思想研究》,上海:上海古籍出版社,2017年版,第7页。

名",都要和"毁誉""况谓"之名或者说"刑名""爵名""文名"一道,服务于以"正名"为施政之先的治道目标。就此而言,墨家"取实予名"和"以名举实"的名实观,最终也还是服务于墨家所追求的治道目标的,即建立一个"天下之人皆相爱,强不执弱,众不劫寡,富不侮贫,贵不敖贱,诈不欺愚"(《兼爱中》)的"兼相爱"之世。但不同的是,墨家还试图本之于"摹略万物之然,论求群言之比"(《小取》)的思维原则,试图对诸如"仁""义""礼""忠""孝""君""功""赏""罚""罪""法"等先秦诸子所论的最为重要的政治、伦理、法律概念,作出相对清晰的界说与例示,从而将讨论政治与礼法的"名"拉回到讨论知识与论辩层次上的"名",进而形成了极具特色的名实观念。

　　以笔者浅见,墨家讨论名实问题的缘起,或许也是承继孔子的"正名"学说而来。孔子针对诸如"八佾舞于庭"这样的"礼崩乐坏"之现实,提出了匡正天下礼乐秩序的"正名"学说。但孔子论"名",并未将"名""实"相提并论,以显明"名""实"作为专门的认识论范畴之意义。同时,孔子在论述以"君君臣臣,父父子子"(《论语·颜渊》)为根本内容的"正名"时,主要强调的是以名分来规范扮演着不同社会角色之人的行为,意即通过"正名"来"正实",使"实"如其"名"。而荀子所倡导的"制名以指实",韩非所强调的"循名以责实",也主要还都是从使用语言名词的规范性出发,强调以"名"来定"实"。与之相对,墨家试图从"知"的角度出发,以"实"来审定"名",并在正式将"名""实"作为一组认识范畴而提出的基础之上,形成了"取实予名"的名实观。《墨经》则进一步突破了简单从"知"的角度去看待名实关系的朴素认识,而更为一般和广泛地考察了"名"与"实"的复杂指谓关系,并形成了以讨论"名"的分类、"名""实"指谓为基本内容的"以名举实"的名实观,从而对先秦哲学中的名实问题进行了总结意义上的拓展。以下,笔者将主要讨论两个问题:其一是"取实予名"和"以名举实"的名实观,主要包括墨家对"名"这一术语的使用,以及《墨经》对"名"的界说与分类等内容;其二是"名""实"之间的指谓问题,主要包括《墨经》对"谓"这一术语的界定,"名"如何指谓"实",以及由之所带来的"名"与"名"、"实"与"实"、"名"与"实"之间的同异问题等。

第一节 "取实予名"与"以名举实"

　　近现代以来的中国逻辑思想史或名辩学研究,多从逻辑学的角度将

"名"诠释为"语词""概念",将"实"诠释对"实物""实体""实在"等。①但若考察《墨子》全书对"名""实"两个语词的使用,不难发现如下几个特点:

其一,"名"除了语词、概念等涵义外,还具有名誉、命名等涵义。兹略举几例如下:

> (1) 名不徒生,而誉不自长,功成名遂,名誉不可虚假,反之身者也。(《修身》)
> (2) 今若夫攻城野战,杀身为名,此天下百姓之所皆难也。(《兼爱中》)
> (3) 名之曰"圣人"名之曰"失王"。(《天志下》)

其中,语句(1)和(2)所用之"名"皆为名词,主要指的是"名誉",而语句(3)所用之"名"为动词,主要指的是"命名"。

其二,"实"除了"实物"等涵义外,还具有"务实""充实""忠实""现实"等诸多涵义。兹略举几例如下:

> (1) 以实官府,是以官府实而财不散。(《尚贤中》)
> (2) 于何原之? 下原察百姓耳目之实。(《非命上》)
> (3) 今天下之士君子,忠实欲天下之富而恶其贫。(《非命上》)
> (4) 君实欲天下之治而恶其乱也,当为宫室不可不节。(《辞过》)

其中,语句(1)所用之"实"主要为"充实"之义;语句(2)作为墨家所提的用以判定言辞是非的"三表法"之一,其所用之"实"则有"实际""现实"之义;语句(3)则重在描述墨家所推许的士君子的治世理想,其所用之"实"则与"忠"连用,表"忠实"之义;语句(4)所用之"实"则有"实际""务实"之义。

其三,如上述几条引文所表明的,除《墨经》之外的《墨论》《墨语》诸篇,几乎不怎么将"名""实"两个语词并提。这一点也与《墨经》多并提"名""实"的用法有所不同。②以笔者愚见,《墨论》诸篇不并提"名""实",也很少突出

---

① 见孙中原、邵长捷、杨文:《墨学大辞典》,北京:商务印书馆,2016 年版,第 5、114 页。
② 《墨经》虽也会单用"名"或"实",如"礼,贵者公,贱者名""所为不善名,行也。所为善名,巧也""实,荣也""实:其志气之见也,视人如己。不若金声"等,但也有多处还是并提"名""实"的,如《小取》的"以名举实",《大取》的"诸圣人所先,为人欲名实,名实不必名"等。

"名""实"所具有的辩学义涵,这或许也就表明,墨家对"名""实"问题的专门性探索,实是与其对"辩"的理论自觉与总结联系在一起的。或许,也正是为了通过"辩"来"决嫌疑",方才需要人们对相似之物及其合理的名称作出清晰的辩察,如《吕氏春秋·慎行论·疑似》所论:"使人大迷惑者,必物之相似也……疑似之迹,不可不察。"如墨家从其"兼相爱"的道义立场出发,对"攻"和"诛"这样的"疑似之迹",就作出了清晰的道义区分,并认为"攻"是不义的,因而也是需要被反对的,而"诛"则是对"义"的力行,因而也是需要得到支持的。

总言之,除《墨经》之外的《墨论》《墨语》诸篇尚未能形成对名实指谓问题的理论自觉。但缺少辩学意义上的对"名""实"语词的自觉使用和探索,却并不意味着《墨论》诸篇从未在实质上触碰到"名""实"之间的区分和关联。事实上,墨子和墨者在辩护自家所持的以"兼爱"为核心的政治与伦理主张时,也从"名知"与"实知"的角度形成了"取实予名"的观点。这也可以被视作为墨家对名实关系所作的一种自发性探索,而这种探索的进一步理论自觉,最终也就汇入了墨家辩学所持的"以名举实"的名实观之中。以下,笔者将在简要讨论"取实予名"的基础上,重点讨论《墨经》关于名的分类及其"以名举实"的具体涵义。

一 "取 实 予 名"

"取实予名"历来被视作是"对墨子名实思想的概括"。[①]此一哲学史研究意义上的定论,似乎肯定了墨子已明确认识到了"名""实"之间的对应,并真正提出了"名从于实,以实定名"的名实观念。如有的论者就曾指出说:"老子提出'道常无名',孔子主张为政'正名',但只是从墨子开始,'名实'才作为一对哲学概念,名实关系才真正成为哲学上的一个论题。"[②]虽说将墨子看成是中国逻辑思想史上第一个明确提出名实关系论题的先贤哲人,还需提供更为翔实的文本证据,但墨子及其后学重视对名实关系的讨论,则在《墨子》(除《墨经》外)中多有迹证。其中,历来被认定为诠释"取实予名"之义的最主要文本,当属《贵义》中的如下一段话:

> 子墨子曰:"今瞽曰:'钜者白也,黔者黑也。'虽明目者无以易之。

---

① 此一说法可见张岱年主编:《中国哲学大辞典》,上海:上海辞书出版社,2010年版,第145页;又可见冯契主编:《哲学大辞典》(下),上海:上海辞书出版社,2001年版,第1147页。
② 见刘文英主编:《中国哲学史》,天津:南开大学出版社,2012年版,第108页。

兼白黑，使瞽取焉，不能知也。故我曰瞽不知白黑者，非以其名也，以其取也。今天下之君子之名仁也，虽禹、汤无以易之。兼仁与不仁，而使天下之君子取焉，不能知也。故我曰天下之君子不知仁者，非以其名也，亦以其取也。"

其中，"非以其名也，亦以其取也"向来被视作是对"取实予名"的标准义解，并形成了一种"就客观存在的事物取其所以然之理而予（断定）之以名"的名实观诠释。①按此诠释，"实"乃是第一性的，是"名"得以成立的依据。然若回到此段所讨论的具体情景，不难发现，其试图要解释的是所谓士君子的"知仁"问题。与孔子以"爱人"释"仁"一样②，墨子也以"爱"释"仁"（《经上》说："仁，体爱也"），并推崇"仁爱"所具有的纯粹人道价值。《经说上》更进一步用"爱人"与"爱马"的不同来诠释"仁爱"理应具有的纯粹性，"仁，爱己非为用己也，不若爱马"（《经说上》）。同时，墨子亦站在"爱民"的价值立场上，从后果或效用主义的角度出发，指出为"仁"意义上的"爱民"不能只体现为某种诉诸于口耳或文字的言说主张，更要体现为节约民力、"利于民生"的"非攻""节用"等治道之"义"。故而，为了更好地辩明何谓"知仁"，墨子自觉使用了"辟"论式，以"盲人虽知黑白之名而难分黑白之物，故而不知黑白"为喻，论证士君子之"知仁"既要"取名"更要"取实"。尽管墨子在此处并未直接将"名""实"对举，但"以其取也"之"取"实则指向于与名相对的物、事或实，如"白"名之于白物，"仁"名之于仁事义行等。由此观之，作为对墨子"取实予名"之名实思想的内涵界说，"非以其名也，亦以其取也"蕴含的恰是一种从"知"的角度出发的对名实关系的认识。

如上所述，墨子所论的"非以其名也，亦以其取也"主要讨论的是一种认识事物或行为的方式。在认识论上，墨子强调"耳目闻见"等直接经验的重要性，并将"察百姓耳目之实"作为判断言辞是非的标准之一。这一注重从实际经验出发的认识方式，又可进一步表征为墨子对所谓"荡口"的批判：

> 言足以复行者，常之；不足以举行者，勿常。不足以举行而常之，是

---

① 如张岱年主编的《中国哲学大辞典》（第145页），冯契主编的《哲学大辞典》（第1147页）在解释"取实予名"条时都应用了这句以作为文本依据，进而给出了文中所述的诠释。
② 《论语》释"仁"条目较多。其中，最直接以"爱人"来解释"仁"的可见《论语·颜渊》中的"樊迟问仁"条："樊迟问'仁'，子曰：'爱人。'"

荡口也。(《耕柱》)①

正所谓"言由名致,行即为实"②。如同名对实的摹状与指谓,言也具有对行的描述或指谓功能。在墨子看来,一种理想的言行关系乃是"言行之合犹合符节""无言而不行也"(《兼爱下》)的言行合一观。然则从"名实相怨"的时代背景出发,名言与行之间既可能相符合,亦可能不相符合,若不相符合仍还强执于原有之名言,就造成了所谓"不可行而空言"进而"徒敝其口"③的"荡口"。墨子还在具体的谈辩情景中例示了何谓"荡口",即那些无所利于人而空言之的名言。④究其实质,墨子之所以反对"荡口",主要还是在于"荡口"之言只能示人以名而无法示人以实,从而无法形成对百姓生产与生活有用的知识。正如《公孟》所载的墨子对儒者"乐以为乐"的批评所显示的,名言必须发挥让人们通晓所指事物之具体功能的认识作用(如墨子界说"室"为"冬避寒焉,夏避暑焉,室以为男女之别也"(《公孟》))。据此观之,所谓墨子的"取实予名"之名实观,主要围绕"何以才是合理的知"这一问题,试图建构一种诉诸事物或行为本身(即"实")来框定名言具有的合理认识功能何在的学说。

《墨经》进一步从"知"的角度发展了"取实予名"的名实观,并提出了"名知""实知""合知"等不同类型的认知方式。墨家首先肯定了人的眼、耳、鼻、舌、身等感觉器官生来就具有对外物的认知能力["知,材也"(《经上》3条)],当其与外在的客观事物相接触时,便会形成能直接反映外物形貌的印象与直觉["知,接也"(《经上》5条)]。其次,墨家还肯定了作为认知统觉器官的"心"所具有的察、辩功能,如"心"能"循所闻而得其意"(即"心之察",见《经上》91条),即"心"能在闻知他人的言辞时而知其意;亦能"执所言而意得见"(即"心之辩",见《经上》93条),即"心"能使用合适的语言以阐明自身的意思。尽管如此,运用"心"官所具有的认知能力去求知(即"虑,求也"(《经上》)4条),却并不一定就能求得知识,唯有通过对那些反应外物形貌

---

① 墨子论"荡口"还可参见《贵义》:"言足以迁行者,常之。不足以迁行者,勿常。不足以迁行而常之,是荡口也。"此两处文字略小异。而《贵义》所论的两个"迁"字亦可解释为"复"(第一个"迁"字)和"举"(后两个"迁"之)。[参见(清)孙诒让:《墨子间诂》,北京:中华书局,2001年版,第442页。]合此两条言之,墨子所说的"言""行"关系实有以名言描述或指谓万物及其性状的义涵(详可见下文对"以名举实"的讨论)。

② 见苟东锋:《孔子正名思想研究》,上海:上海人民出版社,2016年版,第299页。

③ 见(清)孙诒让:《墨子间诂》,北京:中华书局,2001年版,第432页。

④ 具体可见《耕柱》篇所载的墨子与巫马子关于"兼爱"能否实行的谈辩。

的印象、感觉加以辩察，才能形成明确无误的理性认知[即"以其知论物，而其知之也著。"（《经说上》6 条）]。《经上》6 条使用了一个墨家独有的会意字"㣺"（上知下心），以表明由"心"官所形成的这种明确的理性认知。再次，《墨经》还围绕"知"的来源与层级对其进行了划分。从来源说，"知"有闻知、亲知和说知（由推理得来的间接知识）的区别。从形式说，"知"又有名知、实知、合知与为知的不同，其中，名知主要指的是知道一些名称、名相而不知其所指，实知主要指的是通过直接观察事物而形成的经验之知，合知主要是一种理想的追求名副其实的全面之知，为知又主要指的是经由行动而得来的实践之知。由此观之，墨子"取实予名"的名实观，还要表现为一种对名知而不实知、合知、为知的批评。一如墨子在批评其时的诸侯窃义之名而行攻伐之实，就只是知义之名而不实知、合知和为知"义"了。

总之，墨子主要从"知"的角度一般性地探察了名与实、言与行之间的关系，推崇言行相合、名实相符。但在如何达致名知与实知的相合时，墨子重百姓耳目闻见之实的朴素经验，主张据实以正名。墨子认为，判定士君子是否知仁知义的关键并不在于其能否言出仁义之名，还在于其能否用心官来辩察仁义之行（实）。真正的明确而合理的认知应当是既能知其名又能知其实的"合知"与"行知"，而非简单的"名知"。窃以为，所谓墨子"取实予名"的名实观，只是从"知"的角度作出的对名知之不足性的探索，而尚未真正触及名实之间的摹状与指谓问题，也未触及对"名"的分类等名实之辩的核心内容。相较而言，《墨经》所提出的"以名举实"观，则从更丰富的角度对名实问题作出了更为自觉的理论把握。

二 "以 名 举 实"

与《墨子》书中并未明确提出"取实予名"之论述不同，《小取》篇则明确提出了"以名举实"的说法。《小取》篇论述墨家逻辑思想中的"名""辞""说"等术语说："以名举实，以辞抒意，以说出故。"自梁启超以来的近现代中国逻辑思想史，多采用"以西释中"的研究理路，将此句中的"名""辞""说"诠解为普通逻辑学知识体系中的概念（语词）、判断（命题）和推理（论证）。因而，《墨经》对"名"的论述就构成了所谓的墨家逻辑思想中的概念论体系。例如，日本逻辑史家末木刚博就在介绍墨家逻辑学说时，列举了所谓"名（概念）的学说"，并明确断言说："所谓名，就是概念。"①除了以概念来界说"名"

---

① ［日］末木刚博：《东方合理性思想》，孙中原译，南昌：江西人民出版社，1990 年版，第 142 页。

之外,还可以用名词、名称等来解释"名"。①如此一来,《墨经》对"名"的讨论主要涉及的就是其逻辑学意涵。据此,"以名举实"就可以被直观地理解成是用名称或概念来反映事物及其性质、事件等对象。但若从学者对"以名举实"的注疏来说,辨析清楚"举"的涵义无疑是最为重要的。比如,詹剑锋就将"举"视作概念,进而形成"实是客观存在,举(概念)是反映一类事物的共相(本质属性),名是表达概念的语言形式"②之观点;而沈有鼎则从名实关系的角度出发,指出"'举'是'名'或出'名'的'言'与所摹拟的外界实物之间的关系"③。有鉴于此,为了更好地理解《小取》所说的"以名举实",我们就必须首先梳理《墨经》对于"举"的讨论,进而阐明名实之间所可能具有的复杂的指谓关系。

(一)《墨经》论"举"

从《墨经》对"举"的使用来说,"举"可被一般性地释读为对举、列举等。比如,《小取》在解释"辟"论式时就说:"举也物而以明之也",意即列举已明之事理来类推、理解未明之事理。又如,《经下》《经说下》还提出了所谓的"狂举"与"遍举","狂举"即"不可以知异"的胡乱列举,也就是列举一些不能清楚说明事物之异的性质,从而无法清楚区分这些事物之间是否是同类;"遍举"即穷尽一类事物的普遍列举,如"区不可遍举,宇"(《经说下》),即有限空间(部分)无法穷举无限宇宙(整体)。④显然,上述这些对"举"的使用,重在列举、例举或者说对举事物之间的同或不同,而非从探讨名与实间的关系的角度去讨论"举"之涵义。

从名实关系的角度论"举",除了《小取》所说的"以名举实"之外,还可见《经上》与《经说上》的第31条和第32条。前贤在诠解"以名举实"的涵义时,也大多援引此两条来进一步明确"以名举实"之"举"的究竟涵义。我们先将此两条目的原文⑤及校义誊录如下:

《经　上》31:"举,拟实也。"

---

① 见张岱年主编:《中国哲学大辞典》,上海:上海辞书出版社,2010年版,第145页。
② 詹剑峰:《墨子及墨家研究》,武汉:华中师范大学出版社,2007年版,第59页。
③ 沈有鼎:《墨经的逻辑学》,北京:中国社会科学出版社,1980年版,第20页。
④ 《墨经》关于"狂举""遍举"的论述可参考《经下》《经说下》第163、166条。对"狂举""遍举"的具体解释可见王讚源主编:《墨经正读》,上海:上海科学技术文献出版社,第141、144页。
⑤ 此段所引原文见明嘉靖年间的唐尧臣刻本。见任继愈主编:《墨子大全》(第三册),北京:北京图书馆出版社,2002年版,第347页(《经上》),第358页(《经说上》)。

《经说上》31:"举:告以文名,举彼实也故。"

《经　上》32:"言,出举也。"

《经说上》32:"故言也者,诸口能之,出民者也。民若画俍也。言也谓,言犹石致也"。

此两条经与经说主要讨论了名实关系,故而受到了研究墨家逻辑思想和注疏《墨经》文本之前贤的特别注意。总结孙诒让、梁启超、高亨、谭戒甫、王讚源、孙中原等先辈学人对此两条文字和所蕴义理的精益求精式的注疏和义解,此两条需要改定的字词主要有:《经说上》31 中的"文"字可从孙诒让之说,校正为用作代词的"之"字;其中的"故"字则从梁启超之说而删去;《经说上》32 条中的两个"民"字,高亨解释其与"名"字为"声近而误",故从孙诒让之说改为"名";其中的"俍"字则从毕沅之说,以其为"虎"之异字,故从而改之;其中的"言也谓"则如高亨所说,为"言谓也"的颠倒误写;其中的"石"字亦如高亨所说,乃是"名"字的"形近而误"。[①]由此,或可将原文较为合理地校释如下:

《经　上》31:"举,拟实也。"

《经说上》31:"举:告以之名,举彼实也。"

《经　上》32:"言,出举也。"

《经说上》32:"言也者,诸口能之出名者也。名若画虎也。言,谓也;言犹名致也。"

《经上》31 条可看作是对"举"的一种界说,即"举"就是"以名拟实",《经说上》31 条则是对此一界说的更进一步例示和说明,即"举"就是在谈辩或对话中给出某个"名",则要列举或指谓出与其所对应的"实"。《经上》与《经说上》32 条则阐明了"言"与"名"、"言"与"实"之间的关系,"言"是由"名"所组成的一种语言行为,亦是由作为发音器官的口所表达出的语句,即"声出口,俱有名"。作为"言"之组成单位的"名",其对"实"的拟举,就如同以虎之图画来描述、说明和指谓真实的老虎一般。同时,"言"可用于描述、例举和指

---

① 此两条经文的不同校释与疏解可参见:(1)高亨:《墨经校诠》,北京:中华书局,1962 年版,第 47—48 页;(2)谭戒甫:《墨辩发微》,北京:中华书局,1964 年版,第 107—112 页;(3)王讚源主编:《墨经正读》,上海:上海科学技术文献出版社,第 26—27 页;(4)王兆春、卢凤鹏、张仁明主编:《墨经汇释》,长春:吉林大学出版社,2016 年版,第 52—55 页。

谓外在的事物或事实,而言的"出举"就正是将"名"对"实"的描述、例举和指谓关系表述出来。显然,此处所说的"名""言"都是用来"称谓(叙说或报告)事物的",是"属于认知的语言"。①由此观之,"以名举实"之"举",实可以被理解成一种名与其所拟举的事物之间的对举关系。

《墨经》还从名实之"谓"的角度提出了"举谓"的说法。②《经说上》81 条在解释何为"名知"与"实知"时,提出了对"名"和"实"的如下界说:

> 所以谓,名也。所谓,实也。

"名"是能谓的语言符号,"实"是所谓的事物或性质、关系等。因此,"名""实"之间的关系也就转化成了能谓与所谓的关系。关于什么是"谓",《墨经》刻画了如下的三种不同形式:

> 《经　上》80:"谓,移、举、加。"
> 《经说上》80:"谓:狗、犬,命也。狗、犬,举也。叱狗,加也。"

依据《经说上》80 条的说法,或可将此条中的"移"校正为"命"。所谓"命",似包含有以名命实的涵义,或者说也可被理解成一种命名活动。因此,《墨经》所说的谓就有"命谓""举谓"和"加谓"的区别。"命谓"主要指的是"以名命实",是用某个特定的名称去称谓某个或某类特定的对象,如用名称"狗"去指谓一只狗或犬科动物。③"举谓"主要指的是"以名拟实",侧重于通过名来拟举事物及其特征,即在使用或知道某个名称时,也当能辨明此一名称要所拟举的事物与其性质,比如我们就可以使用"狗""犬"这样的名称去指称犬科动物及其特征。"加谓"主要指的是"以名加实",如果说"加"表示的是一种通过语言而作出的施予行为,那"以名加实"就指的是人们在具体的语

---

① 见王讚源主编:《墨经正读》,上海:上海科学技术文献出版社,第 26—27 页。
② 《说文解字》释"谓"字的本义为"报"。先秦时期对"谓"字的一般性用法表明,"谓"主要指的是人们在把握事对象之实情的基础上,使用恰当的名称来表达自己对对象的认识、指谓与评价等行为。《墨经》对"谓"使用仍不脱此本义,如《经说上》就有"无谓则无报"的说法。而《天志上》对"圣王"之名的使用,就精确例示了后文所说的三种"谓"的含义。见刘湘平:《论〈墨经〉中"谓"的含义》,《船山学刊》,2012 年第 2 期。
③ 在《墨子》中亦有"名"通于"命"的论述,而"命"又包括命令、传令之意。比如,《尚贤中》说:"乃名三后,恤功于民",《墨经间诂》就训释为:"名、命通。"故而,在笔者看来,"命谓"之说就正确指出了"名"对"实"指称的缘起,乃是由于人的命名活动,或可相当于荀子所说的"制名以指实"。

用情景中,使用某个名称或加诸于某种感情来引导所指对象(事物)作出某种行为,如人们对自己家中的狗大加呵斥,要求狗作出或坐或跑或卧等种种行为。要言之,与"命谓"从命名角度和"加谓"从语用角度的讨论不同,"举谓"主要讨论的是在某个言语交往活动中,如何使用某个特定名称去拟举相应的事物及其性质的指称行为。

对"举"的上述讨论或可表明,"以名举实"主要探讨的是如何使用特定的名去拟举与其所对应的实,而未及如何建立某名对某实的指称(命名活动),以及使用某个名称来表达某种感情或传递某种行动意志(语用行为)等内容。然则,名对事物及其性质的描述与指称,又并非是一种简单的一名一实的对应关系,比如对某个个体来说,我们既可以用"人"来指称它,也可以用专名"张三"来指代他。那么,一个可能的追问或许就是,在确定由名所拟举的实时,又该如何处理异名拟举同实等情况。如从名本身来说,无疑就会涉及如何认识名的分类等问题。

(二)《墨经》论"名"的分类

《墨经》论"名",极为看重对名的分类。同时,《墨经》对"名"之分类的论述,还受到了近代以来治墨家逻辑思想研究的学者的充分注意,并被创造性地诠释为可与传统逻辑学中的概念分类理论相媲美的逻辑思想。这也就使得讨论墨家"以名举实"的名实观,乃至整个墨家逻辑思想,就不得不对《墨经》中的名之分类学说加以简要说明。

从文本依据来说,《墨经》对名的分类的讨论,主要可见于《经上》与《经说上》的 79 条,以及《经下》和《大取》等篇。总观这些条目,笔者以为,《墨经》论"名"的分类,侧重从所指之实的涵摄范围大小、具体性质等来作出不同的划分。以下,笔者将围绕上述相关条目,来简要讨论《墨经》对名的分类。

1. 达名、类名和私名

《墨经》对"名"的分类,最受从事中国逻辑思想史研究的学者所注意和推崇的,是《经上》和《经说上》79 条,这里简引如下:

> 《经　上》79:"名:达、类、私。"
> 《经说上》79:"名:物,达也,有实必待之名也命之。马,类也,若实也者必以是名也命之。臧,私也,是名也止于是实也。声出口,俱有名,若姓字丽。"

《经上》79 条显然是对"名"的一种界说。但这种界说,主要是从"名"所可能涉及的不同种类而非名所具有的功用之角度来刻画"名"。①《墨经》认为,存在着三种不同种类的"名",即"达名""类名"和"私名"。《经说上》79 条则进一步解释且例示了这三种不同类型的"名"。

首先是对"达名"的界说。所谓"达",众多注疏者多采孙诒让之说,将其训释为"通"。故而"达名"也就被解释为"通名",如高亨就解释"达名"为"必综括多种物实"的"万物之通名";②《墨经正读》亦说:"达名即通名"③,等等。以笔者浅见,除了可以"通"释"达"外,似还可以参考《中庸》对"达德"("达德"即常行不变的智、仁、勇三德)的论述,以"常"来释"达"。故而"达名"也可说成是"常名",从而揭示出"达名"可被普遍性和经常性地用于指代所有事物的特质。《经说上》对"达名"的例示是"物",即所有的实都可以用名称"物"来对其加以命名和称谓。④在诠释"达名"的逻辑学意涵时,有论者将其类比为"范畴"(category),即外延最大的概念。⑤

其次是对"类名"的界说。"类名"指的是用于命名和指谓同类事物的名,如高亨解释类名为"同类事物之共名"。⑥《墨经》特别强调说,那些具有某些共同特征(属性)的实(即"若实")都必须用同一个类名来指谓它。《经说上》对类名的例示是"马",即所有那些有着四条腿、有尾巴、单蹄食草的大型哺乳动物等类似形相的事物,都可以而且必须用"马"这个类名来命名和指谓它们。故而,类名也多被解释为外延介于范畴概念和单独概念之间的"类概念"或"普遍概念"。⑦

最后是对"私名"的界说。"私名"指的是命名和指谓某个实的名,即"此一名仅加于此一实,不得他移"的"一物之专名"。⑧私名指谓且仅指谓、命名且只命名某个独一的实,而不能去命名或指谓除了此实之外的其

---

① 在笔者看来,《经上》对相关术语的界说主要有两种方式。其一是从说明或功用的角度所作出的界说,如前文所述的"举,拟实也"等;其二是从此术语所包含的不同种类之角度所作出的界说,如前文所述的"谓,移、举、加"等。若借助逻辑学中的概念理论来讲,前者似是从内涵角度论名,后者似是从外延角度论名。

②⑧ 高亨:《墨经校诠》,北京:中华书局,1962 年版,第 79—80 页。

③ 王讚源主编:《墨经正读》,上海:上海科学技术文献出版社,第 59 页。

④ 如詹剑锋先生所指出的,《墨经》只是将"物"作为达名的一个例子,并不等于说只有"物"才是达名。如《墨经》所说的"宇"("弥异所也",即空间)、"久"("弥异时也",即时间)也可视作达名。(转引自王讚源主编:《墨经正读》,上海:上海科学技术文献出版社,第 59 页。)故笔者将名称"物"视作是对达名的例示而非达名本身。

⑤⑦ 孙中原、邵长捷、杨文主编:《墨学大辞典》,北京:商务印书馆,2016 年版,第 11 页。

⑥ 高亨:《墨经校诠》,北京:中华书局,1962 年版,第 79 页。

他之实。《经说上》对私名的例示是指谓某一个体的专名"臧"。故而,私名也就被解释为逻辑学所说的"单独概念"或逻辑哲学所论的"专名"(proper names)了。①

综上所述,《墨经》主要根据"名"所要命名和指谓的实所涵括的范围之大小,即全部、一类和一个,而建构出了一套"名"的分类体系。若与普通逻辑学中的概念分类理论相比较,《墨经》关于"名"的分类,虽可与依照外延之大小所作的概念分类理论相类似,但其却未能明言这些不同种类的"名"之间究竟可以是何种关系,又是否能够被理解为种属关系,因此也就无法形成一种依据词项间的种属关系来进行演绎推理的理论模式了。在笔者看来,理解这一点,或许也有助于把握《小取》何以可以从"盗人,人也"推导出"杀盗人,非杀人也"的逻辑思想缘起。

《经说上》对"达名""类名"和"私名"的界说还表明,《墨经》是依据命名和指谓实的不同情况去谈论名的,也就是要"以实定名"。《大取》更明确地概括这一点说:"名,实名。实不必名。""名"一定是对"实"的命名和指谓,而"实"却未必一定会有"名"去指谓它。据此亦可看出,在《墨经》的名学理论体系中,相较于"名","实"则显得更为根本和基础。

2. 形貌之名与非形貌之名

除了《经上》与《经说上》79条所论的"名"之分类外,《大取》篇还从是否能通过知"名"必须要知"实"的角度,将"名"划分为"以形貌命者"之名与"不可以形貌命者"之名两大类型。为了方便讨论,先引述原文如下:

> 以形貌命者,必智是之某也,焉智某也。不可以形貌命者,唯不智是之某也,智某可也。诸以居运命者,苟入于其中者,皆是也,去之因非也。诸以居运命者,若乡里齐荆者,皆是。诸以形貌命者,若山、丘、室、庙者,皆是也。

此段中的"命"即"命名","智"通"知"。如此一来,所谓的"以形貌命者"之名,便指的是根据实(事物)的形状或相貌等特征来对其加以命名而形成的名称。从知"实"的角度说,只有知道此一"形貌之名"所描述或指谓的外在之实是什么,才能准确知道这一名称的涵义。《墨经》以"山""丘""室""庙"等例示了"形貌之名"。引申地说,对于名称"山"来说,我们唯有知道其所指

---

① 孙中原、邵长捷、杨文主编:《墨学大辞典》,北京:商务印书馆,2016年版,第11页。

的对象是否具有山的形貌,才能使用名称"山"去描述和指谓它。与"形貌之名"不同,"不可以形貌命者"之名主要指的是那些虽不知其所指之物但却知其是什么之名。《墨经》虽未对"非形貌之名"给出具体的例示,但结合上文语境,亦可推断而知。比如,将一块白色的石头砸成碎石,这些碎石的颜色还是那块白石的颜色("苟是石也白,败是石也,尽与白同")。如"白"这样的名便属于"非形貌之名",即不知其具体所指之物但仍可以通晓其涵义,因为白色并不必须要局限在白石之上,通过白色的碎石也可知晓名称"白"的涵义。"非形貌之名"中的一种特殊情况是所谓的"以居运命者"之名,即那些作为居住地或迁徙地的名称。《墨经》为此类名所给出的例示是"乡""里""齐""楚"等地名。①由此,《大取》就形成了一套与"达、类、私"完全不同的"名"的分类理论。

从使用名称的角度说,"形貌之名"与"非形貌之名"也有着极大的不同。合理使用"形貌之名"的必要前提是知名与知实相统一的合知,并要在语义上指向于那些有着具体形貌的客观之物。或许,《墨经》之所以要提出"形貌之名",也可能与其独特的观物方式有关。与其他先秦诸家不同,墨家本之于经验主义的基本立场,形成了一种"纯客观"意义上的能关注物之几何形状的物观,进而探讨了圆、方等几何概念以及运动、时间、空间、力等物理概念。②使用"非形貌之名"则并不一定要指向于有着具体形貌的事物,也可以是事物所具有的某些客观性质(如颜色)或某些事物之间的某种关系(如大小)。比如,名称"白"就可用于指谓和描述原有的大白石和砸碎后的白石块,而"大"就只能是相对而论。就此而言,《墨经》对"形貌之名"与"非形貌之名"的划分,颇类似于普通逻辑学对实体概念(具体概念)与性质或关系概念(抽象概念)的划分。③

《墨经》对"形貌之名"与"非形貌之名"的划分,既强调了"名"及其所指谓或描述之"实"的变动与固定之分,又指出了知形貌之名,即知其所指的"知",与知非形貌之名,即不一定要知其所指的"意"之间的不同。《大取》说:"智与意异。"从墨家的经验主义立场出发,"知"强调感觉与思维器官所

---

① 居运之名还可以理解成因人之居住地在此在彼而产生的名称,如齐人,荆人等要求"有人在其中之实"的名。"齐人"之名因该人居于齐国而有,而当其离开齐国去了楚国,则不能再被称为"齐人"而要改称为"荆人"。

② 参见杨立华:《〈墨辩〉中的物》,《北京大学学报(哲学社会科学版)》,2021年第6期。

③ 孙中原:《中国逻辑史》(先秦卷),北京:中国人民大学出版社,1987年版,第214页;亦可参见孙中原、邵长捷、杨文主编:《墨学大辞典》,北京:商务印书馆,2016年版,第12页。

具有的认识能力对外物的摹略,而"意"则是一种主观意义上的认知或信念状态。对"知"和"意"的区分,也可以成为我们讨论具体事物之间,以及个体所持的认知、信念内容之中的同异关系的一个参照要素。

3. 兼名和体名

除了上述两种"名"的分类理论外,《经下》还提及了一种兼名和体名的区分。如众所知,墨家最为重"兼",并将自家最为核心的政治与伦理主张总括为"所有人应爱所有人"的"兼相爱"。《经上》界说"兼"与"体"的关系是"体,分于兼也",从词义上说,"兼"表整体义,"体"表部分义。故《经下》据此而提出了"兼名"与"体名"的区分。《经下》:"牛马之非牛,与可之同。说在兼。"《经说下》进一步解释说:"牛不二,马不二,而牛马二。则牛不非牛,马不非马,而牛马非牛、非马。"显然,这里是以实例的方式来解释兼名与体名。何以说"牛马是牛"与"牛马非牛"皆不能成立? 就在于名称"牛马"是一个兼名(《经说下》:"数'牛马',则'牛马'一"),而名称"牛"或"马"是体名(《经说下》:"数'牛',数'马',则'牛''马'二")。故而从逻辑学的角度说,兼名相当于集合概念,而体名就相当于元素概念。①从指谓的角度说,兼名"牛马"所描述的可能是由牛、马两类动物组成的整体事物,其都具有四足、食草等性质,或可用集合{牛、马}来表示。而体名"牛"或"马"只能指谓牛类或马类动物。

4. 与《荀子·正名》中的名之分类理论的比较

荀子的名学思想历来被看成是中国古代概念理论的集大成者。如末木刚博将就荀子的"正名"解读成中国古代逻辑思想中"具有明确自觉和系统叙述"的关于概念的逻辑学,是"中国古代逻辑思想的集大成者"②。孙中原则认为《正名》是对先秦时期诸子百家之"正名"思想的系统总结,是有着鲜明儒学特色的"概念逻辑学"③。鉴于荀子名学思想在先秦名学史上所具有的上述独特地位,我们或许可以结合《正名》中的名之分类理论,来反观《墨经》中的名之分类思想的特色。

荀子论"名",既有"明贵贱"意义上的政治、法律与道德哲学维度,也有"别同异"意义上的认知或逻辑维度。这尤其体现为荀子将名划分为四个种类:刑名、爵名、文名与散名。刑名、爵名、文名都指向于特定的礼法制度之

---

① 参见杨武金:《墨经逻辑研究》,北京:中国社会科学出版社,2004 年版,第 38 页。

② [日]末木刚博:《东方合理性思想》,孙中原译,南昌:江西人民出版社,1990 年版,第 152—153 页。

③ 孙中原、邵长捷、杨文主编:《墨学大辞典》,北京:商务印书馆,2016 年版,第 10 页。

规范,而散名则要指向于对物或实的称谓与描述。因此,此四个种类的名就包括有自然事物之名(指称自然界中事物的名称,如"木""石"等)和价值规范之名(指称人类社会中的行为规范和价值观念的名称,如"君""臣"等)。若从"制名以指实"的角度说,刑名、爵名、文名的功能主要在于依据礼法制度来规范不同名分应具有的政治与伦理行为,而散名的功能主要在于辨明事物之间的同异关系(即"使异实者,莫不异名","同实者,莫不同名")。由此可见,《正名》对名的认识之全面,其在范围上几乎涵括了一切表示个体和类、实体和性质、具体和抽象以及事实和价值等方面的语词。①

荀子还从名的构成及其所指的方式与范围大小两个维度论述了名之分类。从名的构成上说,名可区分为单名和兼名。单名指的是由单一语词(文字)所构成的名,例如名称"牛""马"等。兼名指的是由单名之复合而构成的名,如"白马""斗鸡"等。荀子认为,制定和使用名的目的是为了更好地说明、解释或描述实,如果使用单名就足以说明其所指之实或所抒之意,那就只需使用单名;如果单名不足以说明其所指之实或所抒之意就需要用"兼名"。②这也就是所谓的"同则同之,异则异之,单足以喻则单,单不足以喻则兼;单与兼无所相避则共"的制名原则论。从名所指的方式与范围大小说,名可分为共名和别名。《正名》介绍共名和别名说:

> 万物虽众,有时而欲遍举之,故谓之物。物也者,大共名也。推而共之,共则有共,至于无共然后止。有时而欲偏举之,故谓之鸟、兽。鸟、兽也者,大别名也。推而别之,别则有别,至于无别然后止。

荀子首先区分了以名指实的两种不同方式,即遍举和偏举。遍举侧重从同的角度去概括性地指谓、描述或说明实,偏举则侧重从异的角度去限制性地指谓或说明实。由遍举而来的名是所谓的共名,其又可从所指之范围大小进一步具体区分为不同层级的共名("共则有共")。但共名具有不同层级,并不等于说共名的层级在数量上是无穷的。最高层级的共名是大共名,如可用于指谓所有事物的名称"物"。由偏举而来的名是所谓的别名,其亦可

---

① 参见陈波:《荀子的名称理论:诠释与比较》,《社会科学战线》,2008 年第 12 期。

② 需要特别指出的是,荀子的"兼名"和《墨经》的"兼名"有所不同。荀子所讲的"兼名"主要指的是语形上由两个或两个以上汉字组成的名;《墨经》所讲的"兼名"主要是集合名词或集合概念。例如,名称"白马"在荀子看来是"兼名",在《墨经》看来则不是"兼名"。《墨经》所给出的"兼名"例证则是"牛马"。

进一步区分为不同层级的别名（"别则有别"）。荀子所举的别名之例是"鸟""兽"这样的类名，并将这样的类名称之为大别名。"别名"中还存在着一些"无别然后止"的别名，类似于指称个体事物的私名或专名，如"墨子""荀子"等名称。将共名和别名统合起来看，荀子关于名之分类的论述，颇类似于普通逻辑所讲的从外延大小所作的概念分类理论。其中，外延最大的名是大共名，外延最小的是"无别的别名"（专名），居于二者之间的类名既可以是共名，也可以是别名。具体来说，某一名称若相对于外延更大的"名"时，则是别名；若相对于外延更小的名时，则是共名。比如，"鸟""兽"相对于"物"而言是"别名"，而相对于"鹏""雀"或"虎""马""耳鼠"来说，则是不同的共名。由此，荀子就形成了先秦逻辑思想史和哲学史中最为完备的名之分类理论。

与荀子的名之分类理论相比较，《墨经》关于名的分类既有不足也有特色。从不足的方面说，《墨经》所提出的达名、类名和私名之分，虽可与荀子所讲的大共名、共名与别名和"无别"之别名相为通约。比如，此二者都会举"物"为所指范围最大之名。但不同的是，荀子对共、别之名的讨论，已潜在地涉及了不同层级的名之间可能具有的包含（包含于）关系，而《墨经》则会一般性地将私名和达名之外的名统称为类名，也就无法说明不同层级的名之间可能具有何种关系。由此，荀子的名称理论就更切近逻辑学所讲的属种关系。以笔者愚见，也可能正是由于荀子认识到了名在所指范围上存在着不同层级的包含关系，故而才将墨家所持的"杀盗非杀人"命题称之为"用名以乱名"的诡辩。从特色的方面说，《墨经》虽从多个维度论述了对"名"的分类，但却始终坚持实在名先、以实论名的经验主义立场，并形成了一种强调名实相应的"正名"原则。《经说下》168条说：

> 正名者：彼此彼此可，彼彼止于彼，此此止于此。彼此不可彼且此也。彼此亦可，彼此止于彼此。[1]

"正名"的基本要求是为不同的实确立不同的名，即可以用单名"彼""此"或

---

[1] 学界对此条经说的句读与疏解存在不同意见。如孙中原主张，这里所论的"正名即把概念搞清楚"，"表达了同一律"，并区分了三种不同情况（见孙中原、邵长捷、杨文主编：《墨学大辞典》，北京：商务印书馆2016年版，第10—11页）；王讚源主编的《墨经正读》则明确反对此一说法，而主张"正名是使名符实，使名实相应"（见王讚源主编，《墨经正读》，上海：上海科学技术文献出版社，2011年版，第148页）。笔者参考了《墨经》关于"兼名"与"体名"的分类（见上文），认为此处所说的"正名"应主要从名实关系的角度来理解。

兼名"彼此"(如"牛""马""牛马")去分别指谓彼、此、彼此之实,而不能用"彼此"之名去指谓彼实或此实(如用"牛马"去指谓牛或马等)。《墨经》所论的"正名",重在强调一名不能指谓二实,以免无法区分开不同的事物或性质、关系等,从而造成名实关系上的混乱。

综上所述,墨家对名实关系的认识有"取实予名"和"以名举实"两个阶段。"取实予名"主要体现的是墨子对何谓"合理的知"的思考。墨子认为,"知"既要"以其名",亦要"以其取",从而形成名实合知和言行合一。在此基础上,《墨经》形成了一种对名实指谓问题的自觉的理论省察,并形成了"以名举实"的基本主张。《墨经》尤为看重名的分类问题,并依据不同的分类原则对名作出划分。从所指之实的范围看,名可区分为达名、类名和私名。从所指之实的形貌看,名可分为形貌之名与非形貌之名。从是否指谓两类(以上)事物之整体的角度看,名又可分为兼名和体名。但尽管对名作了不同标准的分类,"以名举实"还是强调在由名所构成的言语交际行为中,应当遵循以实定名、名实相合,使得名可以准确拟举与其所对应的实,而不会造成对不同之实的混同称谓,从而为在语言和思维层面把握实与实之间的同异关系奠定基础。

第二节　"指"与"同异"

"指"是包括墨家逻辑思想在内的先秦名辩学把握名实关系的一个关键术语。对"指"的理论诠解范型不同,往往也会使得研究者对墨家与名家等学派的名实观的理解出现某种差异。需要特别交代的是,尽管《墨经》交代"指"的条目较少,但这绝不意味着"指"对理解墨家逻辑思想中的"名实观"问题是不重要的。笔者以为,基于先秦名辩诸家之间的思想争锋与交流实际,墨家所论之"指"及其先秦经典对"指"的普遍使用,在词性上究竟应被理解成名词还是动词? 事实上,在《孟子》《荀子》《墨子》《庄子》等先秦文献中也用到了"指",其中有的作名词解:如《孟子·尽心下》中的"言近而指远也,善言也"(此处的"指"即"旨",表主旨之义)、《庄子·天下》中论述辩者时说到的"指不至,至不绝";作动词解也较为常见,如《荀子·正名》中的"制名以指实"、《经说下》中的"所知而弗能指"等。既然"指"普遍有此两种用法,那具体到《墨经》和《公孙孔子·指物论》中,如作名词解,"指"相应于现代所讲的何种概念? 作动词解,是否论述指物动作如何可能、有何形式,又如何与表示称谓的"谓"概念相互区分？这可能都需要我们进行进一步的分析与讨论。以下，笔者试图通过梳理《墨经》对"指"的论述，并将其与名辩学中论"指"的代表性文献——《公孙龙子·指物论》对"指"的阐述相比较，来简要讨论墨家逻辑思想中名实指谓问题的复杂性。

一 《墨经》说"指"

如上文所述，《墨经》通过"谓"来界说了"名"与"实"。即"名"是"所谓"，"实"是"所以谓"。《墨经》还提出了"谓"的三种类型，即"以名命实"的命谓，"以名举实"的举谓和"以名加实"的加谓。如果说命谓重在建立一种名与实之间的指称关系，那举谓就强调的是在语言交际行为中，对名的使用必须要能拟举出与之相符的实（"名实相符"），而不能一任己意地去指称别的实（"名实相离"）。《经下》72条就将那种单凭己意以名去指称实的行为称之为"惟吾谓"，并认定其非"正名"。《经说下》72条以名称"鹤"为例具体说明了这一点，如果我将一个被公认为不是鹤的动物称作为"鹤"，那就会使得"鹤"（名）与鹤（实）相分离而无法实现有效的语言交际了。由此引发的一个值得进一步思考的问题就是，如何确定某人使用某名所指谓的某实，就一定是名实相符的呢？墨家对此一问题的回应，主要体现为其对"指"概念的讨论。

从字义上说，"指"字的本义是用手指出某个或某些实物。比如，《说文解字》就解释"指"说："手指也"，段玉裁注解说："手非指不为用……恉、意也"。①《尔雅·释言》在解释"指"时，将其与"观"皆理解为"示"，其中"观"是以目示，而"指"是以手示。由此可见，"指"的原初含义是用手指出事物的一种具体行为，也可以说手的基本功能之一便是指出事物（即"指物"）。这一字义上的解释或许也能表明，在古人看来，用手直指事物是人们认识、把握客观事物、传递思想并进行交流的一个基本依据。同时，以手指物的直指方式也很可能是人们将外在事物作为语言认知对象并赋予其思想含义的一种主要途径，因此，"指"还可以引申出"恉、旨、意"等含义。

《墨经》论"指"仍保留了上述含义。这首先体现为其对"以名示人"与"以实示人"的区分，《经说下》153条说：

---

① 见（东汉）许慎撰，（清）段玉裁注：《说文解字注》，上海：上海古籍出版社，1988年版，第593页下。

> 或以名视人，或以实视人。举友富商也，是以名视人也。指是臛
> 也，是以实视人也。

显然，此处的"以实示人"就是直接用手将言说对象指出来，以使得他人形成对言说对象的"亲知"，而"以名示人"则是要通过合适的"名"来拟举出与之相对应的"实"，以使得他人形成对言说对象的"闻知"。《经说下》举例说明了"以实示人"和"以名示人"。比如，直接将臛指给那些不知"臛"名具体所指的人，便是"以实示人"；通过使用言语中所包含的名称"友""富商"等来描述、说明和指谓我的某个富商朋友，便是"以名示人"。如此一来，"以实示人"就要求所指对象必须在场，而"以名示人"应无此要求。正如与后人所说的"尧之义"相对应的尧之义事发生在古代社会，故后人就无法通过直接指出尧之义事来亲知何谓"尧之义"，而只能通过对"尧之义"的"举谓"来闻知其实了。总之，从如何知"实"以及建构名实相应关系的角度说，"指"是与"举"完全不同的一种方式。"举"侧重于使用"名"来一般性地抽象概括其所指之"实"，以使得即便是"实"不在场的情形下，也能通过"名"来使人辨明与其所相应的"实"；而"指"则不能脱离开当下的直观经验来辨明某个"名"所对应之"实"了。

相较于名对实的拟举，"指"要求能指（即指者）与所指（即被指的对象）的同时在场。但问题在于，人们对事物的指谓与识别，很多时候都是在所指缺场的情况下发生的，因此就必定会产生以名来拟举实。正如"名"字的本义所显示的，用名就是为了便利人们在黑夜等无法视物的情况下以声音来称谓和识别事物。由于无法视物也就意味着"指"的无法发生，故而以名来拟举实，也就可以摆脱时空的限制，使得人们可以在所指之实不在场的情况下用名来交流思想，如古时的圣王之事在当今时代已成为过去，但今人仍可以使用"古时圣王之事"来刻画和表述某些思想。因此，从"知"的角度说，知"名"并不意味着就一定能确指与其相应的"实"。《经下》139 条就集中描述了"所知而弗能指"的情况：

> 《经　下》139："所知而弗能指，说在春也、逃臣、狗犬、贵者。"
> 《经说下》139："春也，其执固不可指也。逃臣，不智其处。狗犬，不智其名。遗者，巧弗能两也。"[1]

---

[1] 前贤对此句的注解，除了"逃臣，不智其处"一句达到较为一致的意见外，其余各句注解各家不同。具体可参见王兆春、卢凤鹏、张仁明主编：《墨经汇释》，长春：吉林大学出版社，2016 年版，第247—248 页。

有论者指出说,此条经与经说乃是为反对《公孙龙子·指物论》中的"物莫非指"而立。①虽说此一看法是否可以成立的文本理据还需进一步考辨,不过也能大略旁证《墨经》作者与名家在论"指"问题上可能存在一定程度的关联。就诠解此条经与经说而言,按《经上》5条、6条的说法,"知"指的是对事物形成或经验或理性的认识与了解,并能辨明不同事物之间的差别。在墨家看来,诸如"久"这样的达名之"知",并不是通过感官与外物的相接,而是需要通过运用心智所具有的概括能力("知而不以五路,说在久")才能得出的。再依据《经说下》139条的解释,并参考张惠言、高亨等学者的注疏,笔者认为,可将此处的"贵者"勘正为"遗者"。故"所知而弗能指"就起码包括有如下两种情况:(1)有的事物在情形上本就不具有可指性。如人们往往可以感受到春天并形成相关的知识,但却无法直接指着某个对象说:"这是春天。"②(2)有的事物虽具有可指性但却因缺场而无法在当下被直接指出,如跑丢了的仆从因不知所终,从而也就无法在当下将其直接指出;又如那些遗失或损坏了的物品,即便是能工巧匠也无法作出同样之物,这也就使得其无法在当下被直接指出。总之,从"知"的角度去看"指",也就能更进一步说明"指"所具有的经验性特质及其时空限制条件了。

《墨经》还论述了对同一事物所具有的不同性质之"指"。这主要体现在其对"离坚白"之说的反驳之中:

> 《经 下》138:"有指于二,而不可逃。"
> 《经说下》138:"……若智之,则当指之智告我,则我智之,兼指之以二也。"③

一般以为,此条经与经说的目的在于反驳公孙龙等名家所持的"离坚白"之辩。④墨家主张"坚白相不外"(《经上》67),"不可偏去而二"(《经下》105),意

---

① 见王讚源主编:《墨经正读》,上海:上海科学技术文献出版社,2011年版,第119—120页。
② 有的论者将"春"解释为专名,因此"其执固不可指也"就被解释为一个名叫"春"的女仆病故后,就无法直接指出。参见孙中原、邵长捷、杨文主编:《墨学大辞典》,北京:商务印书馆,2016年版,第8页。
③ 王讚源主编:《墨经正读》,上海:上海科学技术文献出版社,2011年版,第117—118页。
④ 见王讚源主编:《墨经正读》,上海:上海科学技术文献出版社,2011年版,第119页。狭义《墨经》讨论"坚白石"除了此条之外,还有《经上》《经说上》66、67、68,《经下》与《经说下》104、105、115、116、137等条。综合这些条目来看,墨家坚持将坚白两种性质都归属于一石,并解释了之所以出现类似"离坚白"这样的诡辩的原因。

即对一块坚白石来说,坚的性质和白的性质是互相充盈而俱存于一体的
("石一也,坚白二也,而在石"(《经说下》137)),既不能离坚而说白,亦不能
离白而说坚。之所以能将由抚所得之坚与由视所得之白相离为二,乃是由
于没有注意到此两种性质始终处于同一时空之中,即"无久与宇"(《经下》
115)。从认识此两种性质的角度说,"有知焉,有不知焉"(《经下》115),但并
不能因为一时未感知到某一性质就认为其不存在。由此观之,这里所说的
"指于二"和"指之以二",要说明的是可以同时指出坚白石之坚、白两种性
质。按墨家在这里所作的假设,当二人同指一石时,一人说"坚",另一人说
"白",故而坚和白就俱在同一物上,因此知"兼指之以二"就是可能的。显
然,这里所说的"指",主要表示的还是一种具体的指示行为。但此一指示行
为之对象并不是如臛或石这样的事物,而是如白或坚这样的性质。又由于
某一事物可能具有多种性质,因此对这些性质的指谓就不可能是彼此相离
的"独指"。

从以上所述不难看出,《墨经》是从"知"的角度来论"指"的。"指"的本
义就是人们用手直接指出某一事物,以便他人能亲知到该事物及其性质的
名与实。就此而言,"指"往往需要与具体之"物"关联起来。但在先秦名辩
学家的视野之中,"物"兼有事物与事件二义。如果说"物"是附着有各种属
性的具体有形之物或具体的政治与道德事件,那与"物"相对而论的"指",就
是要阐明这些具体事物、事件是如何被人们加以指谓和识别。如此一来,要
进一步说明的问题也就是,"指"与"物"究竟可能呈现为那几种关系? 一方
面,"指"与"物"相合,物通过直指行为直接进入到人的语言意义系统之中,
并使得彼此间的交流成为可能(即"通意后对"(《经下》141));另一方面,
"指"本身又可进行抽象思维意义上的本体探究,即追问作为能指出具体事
物的"指"之本身,究竟是什么,有何种性质,又可以得到怎样的说明。我们
可以"白马"为例来略做一类比说明,如在日常生活中,人们可以通过直指某
一匹白马(即"指"与具体物相合),以使得这匹白马进入到我们的语言意义
系统之中,帮助人们形成一种对何谓白马的感性认知。然若追究这匹白马
之所以为"白"色"马"形,则会产生对"白"的不定其所白、"马"的不定其所形
之认知,这就会迫使人们进一步去思考"白"色、"马"形本身为何,从而进入
到对物、实本身的讨论之中。故而,对"指"的理解就需要注意到具体的有形
之物所具有的能被指谓之特征,还要去探究作为这种可以被指谓的"指"之
本身为何,是否也能如物一般被指谓出来。这就使得我们有必要从《公孙龙
子·指物论》和《墨经》论"指"的比较角度,来把握《墨经》中的"指"概念。

二 《指物论》释"指"

先秦名辩学中论"指"的代表性文献首推《指物论》。①②历代以来的注释家和研究者在诠释《指物论》之主旨——"物莫非指，而指非指"中阐发了各自对"指"的理解。以下，笔者拟在简要梳理"指"之诠释史的基础上，尝试说明"指"所具有的二层义涵。

（一）诠释"指"的两条理路

学者对"指"的诠释主要可区分为两条理路。第一条是传统训诂学的解释进路，如将"指"诠释为"是非""实"等；第二条则是借助近代西学东渐以来的相关哲学、逻辑学概念来进行比较诠释。相较而言，后一种诠释进路是当前诠释先秦名辩学文本（如《墨经》《公孙龙子》等）的普遍做法。

第一种理路的特点在于以文字的训诂疏解为依托，以儒、道所论之"是非"等观念为凭借，其对"指"概念的疏解注意到了该语词在其他文献中的使用状况，并对其所依存的思想史背景有所分析。例如，宋人谢希深以"是非"诠释"指"（"相指者，相是非也"）③；清人陈澧则从"指"的原初义——手指——入手，强调"指"为"人以手指指物，物皆是指，而手指非指"④。余樾则以"指目"解释"指"，即从名、实关系的角度解释清楚"物莫非指"（如以名称"牛"指称牛等），而"此名"与"彼名"究竟指谓何实则并非为一成不变（即

---

① 以钱穆为代表的部分思想家认为，惠施、公孙龙皆为墨学之徒属。惠施是中原墨派新哲学的重要代表之一，公孙龙则属"别墨"的代表人物之一。尽管我们不一定认同这一学派归属判断，但名家所论主旨与墨家逻辑思想的主体内容相暗应，当是无疑的事实。因此，若我们讨论墨家逻辑思想，名家思想自是绕不开的重要参考。这也是本部分在论述墨家逻辑思想中的"名""实"指谓问题时，不得不参照公孙龙的《指物论》与《名实论》来发挥墨家名实观思想底色的缘由之一。

② 《指物论》历来被认为是中国哲学史和思想史上最难诠解的文本之一。所以说《指物论》为最难诠解，理由有二。首先是历代学人对"指"的诠释很难达致同种意见。庞朴曾指出："《公孙龙子》一书是诸子书中最难读的一本，而《指物论》又是《公孙龙子》中最难度的一篇。"（《公孙龙子研究》）海外汉学家对《指物论》的解读亦是如此。葛瑞汉曾述道："没有两个注者对其（《指物论》）的解释达成一致。"（*Latter Mohist Logic, Ethic and Science*, reprint edition, Hong Kong: Chinese University Press, 2003, p.457.）而以中国传统逻辑思想作为主要研究域的波兰汉学家齐密莱乌斯基也说，对指物论的诠释尤其是对"指"概念的诠释很难在学者中获得共识。（"Notes on early Chinese logic(I)", *Rocznik Oriental-istyczny*, Vol.26, No.1(1962). p.17.)除此之外，对于《指物论》的文体究竟是主客问答体（如《白马论》），还是陈述论证体（如《名实论》），注疏者们也很难形成统一认识。

③ 王琯：《公孙龙子悬解》，北京：中华书局，1992年版，第48页。

④ 转引自陈鑫：《公孙龙〈指物论〉诠释与今译》，《海南师范大学学报（社会科学版）》，2015年第1期。

"指之非指",如"牛""马"乃是人对两类事物的分别命名),王琯亦沿袭此说①。章太炎则援引佛教说法,解释"指"为识,"物"为境②,实质上也是将"指"认作抽象观念。上述这些解释,构成了西学传入前后对"指"的传统诠释进路。

第二种理路的特点在于多以西方哲学和逻辑学中的有关概念(包括共相、观念、性质、类、指称行为等)来比较解释"指"概念。即便是有的论者未明确以西方知识体系中的相关术语来对"指"加以解释,但也免不得受此种以西释中的诠释进路影响。此进路大体可略分为如下几类:

(1) 以"共相""观念""性质"等解释"指"。如,冯友兰以西方哲学的"共相"(Universals)来解释"指";即"以指物对举,指即名之所指之共相也"。③胡适将"指"认作是事物所具有的形、色等性质。④伍非百运用符号学中的"能指"与"所指"概念来解释"指"与"物"。⑤吴毓江以事物能刺激人之感觉的种种属性为"指",并认定"《指物论》是一篇探究心物关系之作"。⑥杜国庠以"观念"来解释"指",并认为"实"从"指"来,"实"因此也是观念。⑦郭沫若认为"指"是所谓的"共相"或"观念",与"实"同一,是天地之上能产生天地及其万物的东西。⑧沈有鼎以"一般"与"个别"来解释《指物论》所讨论的主题,即"指"是如坚、白那样的属性,"物"即具体之事物。⑨曹峰则认为《指物论》是公孙龙认识论哲学的代表文本,讨论的是"思维与存在的关系问题"。⑩还有论者将"指"解释为事物所具有的一种能够被指出的特殊性质——可指性。⑪

(2) 将"指"解释为意义或者指称行为。如,庞朴释"物"为天地万物,并认为"指"有两种用法,分别是做名词用的"意义"以及做动词用的"指出"。⑫

① 王琯:《公孙龙子悬解》,北京:中华书局,1992年版,第48、49页。
② 章太炎:《齐物论释》,载刘凌、孔繁荣编校《章太炎学术论著》,杭州:浙江人民出版社,1998年版,第286页。
③ 冯友兰:《中国哲学史》(上),长春:长春出版社,2017年版,第156—157页。
④ 胡适:《中国哲学史大纲》,北京:中国和平出版社,2014年版,第237页。
⑤ 伍非百:《中国古名家言》(下),北京:中国社会科学出版社,1983年版,第524页。
⑥ 吴毓江:《公孙龙子校释》,上海:上海古籍出版社,2001年版,第17页。
⑦ 杜国庠:《杜国庠文集》,北京:人民出版社,1962年版,第103页。
⑧ 郭沫若:《十批判书》,北京:科学出版社,1956年版,第242页。
⑨ 沈有鼎:《〈指物论〉句解》,载《沈有鼎文集》,北京:人民出版社,1992年版,第479—480页。
⑩ 曹峰:《中国古代名的政治思想研究》,上海:上海古籍出版社,2017年版,第69页。
⑪ 李巍:《物的可指性——〈公孙龙子·指物论〉新解》,《哲学研究》,2016年第11期。
⑫ 庞朴:《公孙龙子译注》,上海:上海人民出版社,1974年版,第17页。

谭戒甫解释"指"有二义,分别是"谓指"(指称具体事物)与"名指"(指称具体事物之属性)。①牟宗三将《指物论》概括为"物莫非指""指与物指非指"和"指是指,物是物"。②成中英借助西方逻辑哲学中的指称理论将"指"解释为一种指称行为,将"物"区分为"具体事物"和"原初事物"两类,相对应"指"也有可见之指与不可见之指。③李贤中在考察对"指""物"两概念的代表性解释观点的基础上,提出公孙龙的"物"兼作先秦惯有的"物""事"二义解,第一是天地及其所生的具有客观形体、可以作为认识对象的形貌之物("具体之物",即"物也者,天下之所有也",即有形貌、能为人所认知之义),第二是"具体之事";相应地,从"指非指"可知公孙龙所论"指"亦有多义,具体为对认识活动中的某一阶段或某几个阶段的指称。第一个"指"是用以普遍指称事物的概念;第二个"指"则是作为认识对象的具体存在物。④

(3) 以"类"来解释"指"。如,劳思光认为《指物论》所论之"物"为"具体事物","指"应理解为"类",因此"指"与"物"的关系就成为"类"与"分子"的关系,即承认"类"与"分子"不同,且"类"具有实在性。⑤总之,这一以西方哲学和逻辑学中的相关概念来诠释"指"的做法,也成为自民国以降诠释"指"的主要进路。把握这一进路,有助于我们从逻辑思想角度阐明包括《指物论》在内的先秦名辩经典对"指"的论述。

此外,还有不少对中国古代哲学中的逻辑和知识论有研究兴趣的汉学家,对《指物论》也进行了分析和诠释。其中的主要代表有葛瑞汉、齐密莱乌斯基、卢卡茨等。葛瑞汉借用逻辑哲学中的"意义"与"物"来诠解《指物论》,即将"指"直接等同为意义(Meanings),从而将其与"事物"(Things)相对,这一点可从他对指物论的翻译 *Kung-Sun Lung's Eassy on Meaning and Things* 中可以直接看出。⑥齐密莱乌斯基借助对"指"惯常具有的三种涵义,即"手指——指出行为——被指出的对象",将"指"定义为被人所指出的事物之类(即物类,classes of things),"物"则是指特定的具体物(parti-

---

① 谭戒甫:《公孙龙子形名发微》,北京:中华书局,1963年版,第18页。
② 牟宗三:《名家与荀子》,台北:台湾学生书局,1994年版,序,第4页。
③ [美]成中英,[美]理查德·斯万:《公孙龙〈指物论〉中的逻辑和本体论》,胡星铭译,《浙江大学学报(人文社会科学版)》,2009年第3期。
④ 李贤中:《先秦名家"名实"思想探析》,台北:文史哲出版社,1992年版,第64页。
⑤ 劳思光:《新编中国哲学史》,桂林:广西师范大学出版社,2005年版,第290—292页。
⑥ A. C. Graham, "Kung-sun Lung's Essay on Meanings and Things", *Journal of Oriental Studies* 2.2(1955), pp.282-301.

cular things)。①齐氏还指出,公孙龙在《白马论》中关于白马非马的论证不应构造为三段论的形式,而主要是中国古代进行的一个强调"类"之间的非同一关系且不允许发生"类"混淆的逻辑演算。这也充分支持了"白马非马"论证乃是建立在"类同""不类之异"关系之上的。在他看来,这一区分"类"与"具体事物"相对而论的论证结构也贯穿《指物论》全篇。要言之,汉学家们对"指"的诠解与研究,承袭了上述的以西释中之诠释进路,甚至于还有的论者以现代逻辑学所讲的"类"概念比附解释"指"。尽管此一解释进路可能会受到跨文化沟通的语言文化及其背后的思维方式的制约,但都可为后人诠解《指物论》提供参照。

(二)"指"的二层义涵

诠释《指物论》首要是解释清楚"物莫非指"和"指非指"的涵义。这也就是说,既要讲清楚"物"为什么一定是"指"而非"非指",又要阐明"指"为什么是"非指",又是何种意义上的"非指"。从句形上分析,"物莫非指,而指非指"涉及八个字,包含了常项"莫非"和"非",以及变项"物"和"指"。按现代逻辑学或语言学的理解,"非"主要有四种含义,即不等于("≠"),元素与类(集合)之间的不属于("∉"),类与类之间的不包含或不包含于("⊄"),以及否定联项("¬",如对某种性质命题或关系命题的否定)。在公孙龙看来,说"A 非 B",就指的是 A 不等于 B,即"异 A 于 B",如持"白马非马"就相当于承认"白马不等于马"②,其实质含义也就是"异白马于所谓马"。因此,"指非指"应该表示的是"指"不等于被"指"。

对"物"的诠解又是准确诠解"指"的必要前提。考诸《公孙龙子》对"物"概念的界定,首推《名实论》中的"天地与其所产者,物也"。这可看作是公孙龙从外延角度作出的对"物"的把握,即"物"是包含天地在内的一切事物,这是公孙龙对于"物"最为明确的解说。对"物"的此种把握,也可从其他先秦文献中得到印证,比如"天地亦物也"(《列子·汤问》)。至于"天地之所产"究竟为何,具有什么特征,以往的注者却未详究。在笔者看来,考察天地之为物所具有的基本特征,可能在于其是有形和可指的,即"天地者形之大者

---

① Janusz Chmielewski, "Notes on early Chinese logic(Ⅰ)", *Rocznik Orientalistyczny*, Vol. 26, No. 1(1962), p. 18.

② 《迹府》所载公孙龙与孔穿的辩论中,公孙龙对孔穿进行反驳的一个重要论据,就是孔穿所代表的儒家可以持"异楚人于所谓人",因此那就不应该反对公孙龙所持的"异白马于所谓马"。公孙龙在此处所运用的论证方法是《小取》中所总结的"援"论式("援也者,曰:子然,我独不可以然也?")。此处论证中蕴藏着公孙龙对"白马非马"的含义说明,即"白马非马"等价于"异白马于所谓马"。因此,我们可以认定"A 非 B"的含义是"异 A 于 B"。

也"(《庄子·则阳》)。天地既为"有形"之"有",则天地及其所生之万物,也就都是有形且可被指的。

此外,若从《名实论》来看,公孙龙关于"物"的界定,很可能是其整个"唯乎其彼此"的正名说的初始起点。但有意思的是,公孙龙并未像界说"实""指"等概念一般,对"物"概念进行界说。据此,笔者推测,公孙龙对"物"的使用,当和与他同一时期的其他名辩家对"物"概念的使用,差别不大。若这一推测可以成立的话,我们或可引入《墨经》等对"物"的使用来对此加以讨论。《墨经》论"物",主要是将其作为"达名"的例示,即"物"是外延最大的范畴概念,能够用以遍指所有事物。而《荀子·正名》对"物"的使用,则与《墨经》大体相似,也是从遍举的角度将"物"界定为"大共名",即对万物的遍举之称谓。《庄子·达生》则更清楚地界定"物"说:"凡有貌象声色者皆物也。"《尹文子》更是以牛为例来界说"物",即"牛则物之定形"。参考这些文献对"物"的使用,并结合《名实论》中的相关论述,笔者以为,公孙龙论"物"或有两个重点:一是"物"可用以遍指包括天地在内的所有有形之物,物即是有,即下文所说"物也者,天下之所有也"(但并不能反推"有"即是"物")。二是具体有形之物附着有各种属性,且这些属性是物之所以能被指谓和认识的依据。《坚白论》云:"物白焉,不定其所白;物坚焉,不定其所坚。不定者,兼。恶乎其石。"此处,物和白、坚连用,含有两层意思:第一,物并不包含白、坚等属性,而主要指的是石、马等具体事物,白、坚之所以和物并不同一,在于其是不定其所坚、白的,即能附着于任何具体物而不独存于一物(即"兼");第二,白、坚之属性是通过人之视觉、触觉加以认识和把握的,质言之,公孙龙承认"坚石""白石"而否认"坚白石",是由于坚、白之所以成立,在于其依赖于人的官能,而人的官能所把握到的颜色、形状、硬度等都是彼此独立的,如白本身、坚本身。由此,公孙龙所论之物即是具体有形之物,物有坚、白等诸种性质,但坚白诸种性质却非物,而是有其能附着或遍布一切事物(兼)的独立存在。

既然"物"是附着有各种属性的具体有形之物,那与"物"相对而论的"指"概念就是要阐明这些具体物是如何被人们指谓和识别的。这一点也与上节所论的墨家逻辑思想对"指"的使用,相互呼应。从《指物论》看,如下三处都明确论及了"指"的特征,即"天下无指,物无可以谓物","指也者,天下之所无也",以及"指者,天下之所兼"。显然,第一句是从"指"与"物"的关系入手。物既为具体有形之物,也就意味着物能够被人以目指、手指等方式识别出来,但这种被识别出来的方式本身并不如"物"那般是具体有形的,因此是"天下之所无"。据此可知,名辩家所论之"无",乃与"有"相对,指的是无法为当下所识别出来的缺场状态。"指"所代表的无,应当属于"无之而无"①。同时,物之所以能被称谓识别出来,则在于有"指"的存在,若无"指"则物也无法被加以称谓和识别。至于"指者,天下之所兼"句,由"兼"与"体"相对、表整全之义可知,"指"为天下万物所共有而不独为某物所特有,充分说明了"指"具有一定的独立性和普遍性。因此,"指"表示的是人们对事物加以分别指谓的行为,也就是将以手指出事物的行为方式加以抽象化和普遍化。故而,就《指物论》而言,"物"需要与"指"相合以形成物指,从而组成人们把握事物(在场的直"指"与不在场的名"举")的一个中介环节。同时,公孙龙又将"指"本身视作是一种不依赖于具体物且被万物所兼有,又不具有自指性特征的独立存在。

由是观之,公孙龙论"指"包含有两个层次,第一个层次是对象层次的用以称谓具体事物的"物指",第二个层次是元层次的表独立存在的"指"之本身。"物指"的实现有赖于"指"的存在,或者说,元层次的"指"可以被用来论述对象层次的"物指",从而使得人们对万物的分别指谓和认知成为可能。据此,笔者以为,公孙龙所论的"物""指"二概念是相对的,"指"并非是从属于物的一种性质(即可指性),也并不全相应于"观念""意义""共相""属性"或者"类"等哲学概念。"指非指"只是强调和突出了元层次的"指"之本身不具有自指性。

相较《指物论》对"指"之二层义涵的揭示,《墨经》只是从指物的角度去论"指",而未深入到对"指"本身的讨论中去。但《墨经》论"指",尤为侧重于从"以实示人"的"实知"之经验角度去论述,并区分开了"所知而能指"与"所知而弗能指"两种状态。笔者以为,《墨经》突出"指"的经验性特质,并强调以"实"定"名",也有助于在语言交往中保证名实之间的相符。

三 "名""实"与"同""异"

在墨家、名家等先秦名辩家看来,"名""实"指谓问题不仅具有逻辑思想的意义,还具有政治哲学的意义。事实上,相较于以实示人的直指行为来

---

① 《墨经》的《经下》149 条解释"无"说"无不必待有,说在所谓",经说下更进一步解释"无"有两种状态,一种是"有之而后无",一种是"无之而无",前者是曾存在但现在不存在之事、之物(不在场),后者是不可能存在之物(如"天陷"就是一种物理不可能状态),因此在使用"无"概念时需要区分具体所指是那种状态。(高亨:《墨经校诠》,北京:中华书局,1962 年版,第 173 页。)

说,以名示人的名指可能会因各种复杂情况而引申出辩定名实,特别是解决由名实相乱而导致的政治与伦理纲常失序等问题的"正名"需求。这些情况大致包括:因时空变化导致的名称之涵义与指称的演变;命名活动的任意性;使用语言表达思想展开交际时可能出现的多义性、模糊性等。就此而言,孔子首先对"正名"作出了论述:"名不正,则言不顺;言不顺,则事不成;事不成,则礼乐不兴;礼乐不兴,则刑罚不中;刑罚不中,则民无所措手足。"(《论语·子路》)从孔子对正名必要性的说明中不难看出,正名主要还是作为一种治道诉求,而非知识需求。由孔子所建构的此一从治道角度把握正名问题的政治名学理路,应贯穿于整个名辩家对名实问题的讨论之中。比如,《荀子·正名》特别强调说:"所为有名"的原因是"上以明贵贱,下以辨同异。贵贱明,同异别。如是,则志无不喻之患,事无困废之祸。"在荀子看来,制名、用名的根本目的就在于辨明贵贱、同异,从而保障政事不陷于困废之祸。又如,《墨子·小取》也开宗明义地将"辩"的功能界说为:"将以明是非之分,审治乱之纪,明同异之处,察名实之理,处利害,决嫌疑。"此一界说,也特别突出了治乱、利害等治道诉求。无怪乎晋人鲁胜在《墨辩注叙》中将先秦诸子论名的主旨说成是:"名者,所以别同异,明是非,道义之门,政化之准绳也。"①"名"是道义之门、政化准绳,无疑仍还是在突出名所具有的伦理与治道意涵。故此,笔者以为,先秦名辩学讨论名实问题的一个主要特征,便是强调辩定名实的"正名"除了有认识和知识的价值,更有伦理与政治的价值,而这也是先秦名实之辩的最主要的文化特征。

但无论是从认识和知识的角度谈名实与正名,还是从伦理与政治的角度谈名实与正名,其所涉及的一个关键问题就是制名或正名的原则。就笔者所见,先秦名辩学对此一问题的独到论述,可见于《荀子·正名》篇对制名之根本原则的界说。荀子强调,制名的关键就在于谨守"同则同之""异则异之"的原则,做到"异实者莫不异名""同实者莫不同名"。荀子的此番说明,显然是将名实问题与同异问题关联了起来。在笔者看来,可以从制名和用名两个维度来把握名实与同异两大名辩学主题之间的联系。其一是制名或命名的维度。这一维度要求,依据"实"(包括事物、性质、关系等在内)之间的同异关系,来创设不同的名,从而使得"异实异名""同实同名"。其二是用名或以名示人的维度。这一维度要求,通过使用不同的名,就能够准确区分

---

① 参见(晋)鲁胜:《墨辩注叙》,见《缩印百衲本二十四史·晋书》,北京:商务印书馆,1958 年版,第 5468 页。

开不同的实。比如,《墨子·经下》166 条就指出说:"狂举不可以知异。"①
所谓"举",即以名拟实。这也就相当于说,胡乱用名就无法认识到事物或言
辞之类之间的差异。尤其是那些与道义问题相关的名,更应具有区分开不
同的道义行为之实的作用。如《非攻》诸篇所载,汤武之伐桀纣,与诸侯之间
的攻伐战争,本是两类不同的"实",故而也就应以"攻"和"诛"的不同名称来
指谓它们。反之,既然"攻"和"诛"是不同的名称,那用其所界说的战事便就
有了"不义"和"义"的差别,故而就应"非攻"而"不非诛"。因此,若将不同的
"实"相提并论甚至于混为一谈,那就不只会造成名实相乱,形成以名惑实或
以实惑名的乱象,还可能会带来言语交往行为的无效和政治伦常的失序。
故而,名实与同异就是紧密联系在一起的两大辩学主题。况且,名的一个基
本认识与政治功能,就是区分开不同的事物、性质与关系。以下,笔者分别
从公孙龙和《墨经》的名实观出发,对名实与同异之间的关系再略作说明。

　　从公孙龙的正名说来看,"名""实"指谓的主要目的,就在于解释清楚名
之同异与实之同异之间的对应关系,其核心方法则在于"察实以正名"。由
此,公孙龙所强调的"知此之非也,知此之不在此也,则不谓也;知彼之非彼
也,知彼之不在彼也,则不谓也"的根本正名原则,实则也就是要通过实之间
的同异关系来把握名之间的同异。《名实论》强调了一种"知实而正名"的方
法,即通过分别彼、此之实而正彼、此之名,从而使得异实异名、同实同名、一
实一名。公孙龙如是定义"名"和"实"说:"夫名,实谓也",而"实"即"物以物
其所物而不过"。②因此,"实"就可能指的是那些规范某一事物在现实世界
中成其自身的属性,而"名"的功能就在于称谓和识别"实",从而实现指物意
义上的"辨同异"。质言之,对同名或异名的界说与使用,就必须要建立在对
相同之实或相异之实的区分与认识之上。就此而言,"名"就既可称谓那些

---

① 高亨先生诠说了此条所包含的二层意思,其一是"狂举不可以知异物",另一是"狂举不可
以知异类"。参见高亨:《墨经校诠》,北京:中华书局,1962 年版,第 188 页。

② 笔者以为,分析此句的含义可从三要点加以说明。第一,此处共以三个"物"字来诠释
"实"。第一个"物"作名词讲,就是承袭上句所论的天地及其所产;第二个"物"作动词讲
(名词动用),表示规定物之为物的能动性;第三个"物"也作名词讲,递进表述出具体物之
所以为具体物的特征。第二,此句所用的"以……其所"句式也需要说明。因此,可以分析
出"物其所物"实质是一种让某物之成为某物的规定性,这种规定性能将该物和他物区别
看来,使得该物只成为该物。第三,"实"除了是"物其所物"之外,还要"不过"。"过"一般
与"不及"相对使用,即"过犹不及"。因此,如果说"物其所物"排除了某物之为某物所缺失
的"不及"(非饱和)状态,"不过"则强调某物之为某物是不能超出对其的规定。借助于
"物""物其所物""不过"三个概念,公孙龙界定了"实"。由此可知,公孙龙所论之"实",在
外延上是包含"物"在内的。

具体事物(如专名或者"私名"),也可称谓那些规定该物之成为该物的属性(如"坚""白"等)。①在此基础上,公孙龙还提出了"正名实"的基本原则,"唯乎其彼此",即彼彼当乎彼、此此当乎此和彼彼止于彼、此此止于此。从这一原则来看,"名"对"实"的恰当指谓,也就在于人们可以用彼、此之"名",来将与其对应的彼、此之"实"区分开来。要言之,《名实论》的主旨也就在于建立起了一种"'物'→'实'→'名'"之间的逻辑递进关系,其中,前一概念是后一概念的解释前提,后一概念又是对前一概念的扩充和说明。就最后的"名"而言,存在"正"与"不正"两种情况;而"正"又表现为一个"'物'→'实'→'位'→'正'"的逻辑递进链条。如此一来,公孙龙就试图通过建立起一种严格的"一名一实""一实一名"的名实符合论,来实现建构天下伦常秩序的治道目标,即"欲推是辩,以正名实,而化天下焉"(《迹府》)。因此,在公孙龙的名实观里,"正名"得以展开的概念起点,首要就在于其对"物"和"实"的说明;而相同或相异之物和实,又要恰当映射为相同或相异之名,从而建构起一套异名异实、同实同名、一名一实的语言与事物及其属性之间的符合或相应关系。这也就意味着,无论是"察实以正名",还是"唯乎其彼此",都是在将辨同异作为正名实的重要认识基础与语用目的。

与公孙龙的正名说不同,墨家逻辑思想主要从"取实予名"和"以名举实"等角度探究了名实与同异之间的关系。《大取》说:"名,实名。实不必名。"显然,"名"之所以存在的根本意义是用来反映和指谓"实",但"实"则不一定都为"名"所反映。与此同时,墨家还考虑了空名或者说"名不必实"的可能性。《经下》例证这一点说:"无不必待有,说在所谓",《经说下》进一步解释道:"无,若无焉,则有之而后无。无天陷,则无之而无",意即有的"名"不一定反映、指称"实",如兼名"天陷",尽管名称"天"和"陷"都是反映、指称"实"的,但名称"天陷"所指称的是神话或者虚拟时空中的事件,在现实空间中并无法断定其存在性,因此,兼名"天陷"就没有指谓任何"实"。墨家对名实关系的此番讨论完全可以表明,墨家逻辑思想已考虑到了逻辑哲学中的无指称名词或者说虚构名词的问题。此外,墨家依据外延大小所作的名之分类,也有助于说明名实指谓的复杂性。如前文所述,墨家将"名"分为达名、类名和私名,私名相当于我们现在所说的"专名",指称的对象往往是单一的、固定的,但达名、类名所指称的对象超出了一个单独事物,不能看作专

---

① "名""实"相对而言,"实"主要表现为语言之名的称谓对象,"名"则是有确定内涵和外延的对"实"的称谓名称。因此,"实"未必就一定是客观的、具体的形态物。参见曹峰:《中国古代名的政治思想研究》,上海:上海古籍出版社,2017年版,第69页。

门指称那一个事物。而类似集合概念的兼名,与类名、达名的指称一样,也并非是简单的与实际事物一一对应。故而,在墨家看来,"名"对"实"的拟举和指谓,并不表现为一个简单的一一对应关系,而是存在着"同实异名""同名异实"等各种复杂情况。这就要求在把握名实与同异两大主题间的关系时,除了要考虑到名之间的同异、实之间的同异状况,还要考虑到名在指谓实时所形成的同异状况。比如,《经上》将"同"划分为"重、体、合、类",《经说上》则界定重同为"二名而一实,重同也",《经下》又形成了"知狗,而自谓不知犬,过也。说在重"等说法。显然,这里已经涉及了"同实异名"的问题,并形成了类似概念间的全同关系的认识。①墨家举例说,名称"狗"和"犬"指同一种动物狗,但名称却存在差别;犹如我们每个人在家都有自己的昵称,在外都有自己的学名,尽管这两个名称不同,但所指称的都是我们自身,这都属于"异名同实"的情况。由此亦可以看出,墨家逻辑思想对名实问题的讨论,既要把握多个名称之间,以及不同的实之间的复杂同异关系,还要把握名在指谓实时所形成的诸如"重同"这样的同异关系。或许,这也就是墨家要以"辩"而非"名"作为"明是非""审治乱""别同异"的原因所在。

综上所述,"名实"指谓可以说是名辩学的一个重要主题,同时也是墨家逻辑思想中的一个基础问题。相较儒家和名家对"名""实"问题的相关论述来说,墨家从"知"的经验立场出发,形成了"取名予实"和"以名举实"的名实观念,并讨论了"以实示人"和"以名示人"之间的区别,其中,"以实示人"又延伸出了墨家对"指"的相关讨论。同时,墨家对名实之理的辩察,又与其对名之间、实之间和名在指谓实时所形成的复杂的同异状况紧密联系在一起。故而对墨家辩学中的名实观念之把握,还当回归于对墨家同异观的认识与分析。由此,笔者拟打算在下一章专题讨论墨家的"别同异"观念。

最后,笔者还想要额外略提的是,对《墨经》"以名举实"的名实指称理论的深入研究,或许还可以借助当代逻辑哲学中的指称理论,如摹状词理论(弗雷格、罗素等)和历史因果命名理论(克里普克)等来进行比较分析,考察其间的同异所在,寻求二者是否存在实质上的可通约性,从而为进一步探究和理解墨家逻辑思想乃至名辩学"名""实"指谓问题,开拓更新的研究问题域。但这显然已超出了本书的叙说主题,故也就只能暂时悬置,留待以后讨论。

---

① 笔者对墨家同异观的详细讨论,可参看第三章第二节。

第三章 "同""异"与"类"

同异之辩是先秦诸子对于事物或者名称之间"同""异"关系的主张和辩论,是先秦名辩思潮的主要论题之一。实际上,早自秦汉时期起,研究先秦名辩思潮的学者也多以"坚白同异之辩"来简单概括名辩学说的主要内容。如司马迁在《史记·孟子荀卿列传》中指出的,公孙龙的学说是"为坚白同异之辩"。又如,鲁胜曾将同异之辩与名实之辩等并列为先秦名辩思潮的主要议题,并简要地将其概括为"同而有异,异而有同,是之谓辩同异。至同无不同,至异无不异,是谓辩同辩异"①。

从"同""异"二字的字义来源说,"同"是"合會"之意,段玉裁解释"同"说:"口皆在所覆之下。是同之意也"②,即是说,"同"字本来指的是人之口皆在用竹子做成的饮器之覆盖下。早在《尚书·顾命》篇中就有"太保受同"之说,而"同"后来多被引申为同一、统一、齐一等意。"异"的繁体字"異",则是"分也"之义,段玉裁进一步解释"異"说:"分之则有彼此之异。"③同时,现代汉语所说之"异",则是"举也"之义④,段玉裁解释"异"与"異"的字义关系说:"异为異之假借也。"⑤因此,"异"主要指的是区分彼此之义。若《说文解字》及其段玉裁的注解是无差的话,那或可大致地说,"同"指向的是不同名称或事物之间所具有的相似性或同一性,而"异"乃是对"同"的否定,指向于不同事物的彼此相分和差异性。

就先秦诸子对"同""异"二字的使用来看,孔子最先从美德角度提出了"和"与"同"的区分,从而在某种程度上触及了同异问题。《论语·子路》有

---

① 《缩印百衲本二十四史·晋书》,北京:商务印书馆,1958年版,第5468页。

② (东汉)许慎撰,(清)段玉裁注:《说文解字注》,上海:上海古籍出版社,1988年版,第353页下。

③ (东汉)许慎撰,(清)段玉裁注:《说文解字注》,上海:上海古籍出版社,1988年版,第105页上。

④⑤ (东汉)许慎撰,(清)段玉裁注:《说文解字注》,上海:上海古籍出版社,1988年版,第104页上。

言:"君子和而不同,小人同而不和。"这也就是以"和"作为君子的善品之一,以"同"作为小人不仁不义的言行标志。以笔者的浅陋之见,"和"与"同"之间的最大差异就在于,"和"必须以承认乃至肯定自我和他人之间的差异性作为必要前提,而"同"则以消弭人我之别作为旨归。因此,"和"与"同"的区分就涉及了如何看待人伦日用中出现的同异问题。但孔子对"和""同"的区分,主要还是局限于将人区分为君子、小人两类的伦理范畴,而未能旁涉到知识论或逻辑思想史的范围之内。若更为一般地从中国古代思想的语境出发,"别同异"实包含着丰富的诠释维度。诚如王中江所总结的,中国古代哲学中的"同异论"主要有四重维度:其一是对人或物所具有的"同"的阐明,如儒学就从"心同"与"理同"等角度,以期在人或物的杂多与差异中建构起某种共同的人性或物性;其二是对"异"所具有的创造力的呈现;其三是对"同异关系"需要相互依存和成就的认识;其四还可表现为人虽各有其偏好,但亦能形成某种"共识"。①其中,《墨经》提出的"别同异""交同异"论,就是第三个维度的代表性观点。

　　一般认为,先秦思想史视域下的名辩学中的同异之辩,主要包括有惠施所形成的"历物十事"主张中所包含的"合同异"之说,以及庄子通过对惠子"合同异"观的批判和超越而形成的"齐同异"之说,和公孙龙子《白马论》和《通变论》中所形成的"离同异"观,等等。其中,最为重要的则是《墨经》经由对先秦名辩思潮中的同异之辩的批判与总结,而形成的先秦名辩学中最具特色的对"同""异"分类理论以及"交同异"之说。②事实上,对同异之辩的总结与讨论,在《墨经》等墨家逻辑思想文献中极为重要。这一点也已为胡适等学者正确指出。胡适认为,墨家辩学对辩论法式的研究尽管不够发达,但对推理、论证所需要的基本概念,如"故""法""类""辩"等,都已经有了准确的界说;墨家学派对"同异之辩"的讨论,也是立足于对"推"的归纳法理解之上的,故而也就在世界逻辑史上具有重要地位。③冯耀明也指出,就先秦诸子对同、异主题的讨论而言,后期墨家因其对包括类同、不类之异(the sameness and difference of classes or the similarity

---

① 王中江:《中国古典语境中的差异性、多样性和共同性话语》,《哲学动态》,2018 年第 9 期。

② 参见刘学智:《先秦同异之辩的历史考察》,《陕西师范大学学报(哲学社会科学版)》,1988 年第 4 期,第 85—91 页。

③ 参见胡适:《中国哲学史大纲》,北京:团结出版社,2005 年版,第 198—199 页。

and dissimilarity of kinds)在内的不同意涵的"同""异"之区分,要比其他中国古代思想家的同异观显得更为精巧和复杂。①

故此,笔者拟在本章简要讨论如下几个主题:(1)对先秦诸子或名辩学家视域中的同异之辩的主要代表性观点进行思想史梳理与考察;(2)探究墨家逻辑思想所形成的"别同异""交同异"观,重点分析《墨经》有关"同""异"的定义、分类,以及墨家提出的"同异交得"论题;(3)考察《墨经》如何批判和总结了先秦名辩思潮中同异之辩的议题,这种批判与总结在内容和形式上有何特点,特别是其对"类同""不类之异"思想的揭橥,对先秦逻辑思想史的贡献何在。

第一节 "合同异""离同异"与"齐同异"

先秦名辩学在同异之辩议题上形成了惠施之"合同异"观、公孙龙之"离同异"观、庄子之"齐同异"观和墨家辩学的"别同异""交同异"等主张。这些不同的同异观,往往也代表着各自学派对事物或言辞间同异关系的不同哲学考量。相较而言,墨家的"别同异""交同异"观对其他三种同异观有所批判与超越,故而内容也显得要更为丰富,辩证思维色彩也更为浓厚。为了更清晰地认识墨家"别同异""交同异"观的思想内容与特色,笔者拟先简单交代其他三种典型的同异观,以为进一步讨论的参考。

一 惠施的"合同异"观

惠施关于事物间同异关系的认识,主要体现为一种"合同异"思想。②因惠施著作已散轶难寻,学界今多以《庄子·天下》篇所记述的"历物十事"作为了解惠施哲学思想的基本材料。《天下》篇共列举了十个论题,以描述惠施最为基本的哲学主张:

---

① Yiu-ming Fung, Sameness(*Tong* 同)and Difference(*Yi* 异), in Yiu-ming Fung(ed.), *Dao Companion to Chinese Philosophy of Logic*, Switzerland:Springer Nature Switzerland AG, 2020:213.

② "合同异"语出《庄子·秋水》篇,原是对公孙龙思想的概括。冯友兰以"合同异"来概括惠施的哲学思想,学界今多遵循冯氏之说:"辩者之中,当分二派:一派为'合同异';一派为'离坚白'。前者以惠施为首领;后者以公孙龙为首领。"参见冯友兰:《中国哲学史》(上),上海:华东师范大学出版社,2011年版,第126页。

(1) 至大无外,谓之大一;至小无内,谓之小一。

(2) 无厚,不可积也,其大千里。

(3) 天与地卑,山与泽平。

(4) 日方中方睨,物方生方死。

(5) 大同而与小同异,此之谓小同异;万物毕同毕异,此之谓大同异。

(6) 南方无穷而有穷。

(7) 今日适越而昔来。

(8) 连环可解也。

(9) 我知天下之中央,燕之北,越之南是也。

(10) 泛爱万物,天地一体也。①

显然,这十条论题都带有一定的辩难色彩,而惠施对这些论题的解释与说明、论证与证明,已不为后人所知。因此,笔者也只能结合名辩思潮的思想史背景,从这十条论题的大致涵义出发,来粗略解读惠施在同异问题上的基本观点。

这十条论题旨在说明万物所具有的时空差异并非实在,形色性质的同异皆属相对,以"方生方死"所反映的事物相异的性质,皆可"合同于"一物而存在等观点。在笔者看来,这十条论题,几乎每一条都与同异问题相关,其中最重要的则是1、5、10这三条。其中,第1条提出了"大一""小一"的"离形而言名"的抽象概念,以作为其他论题的认识论基础。第5条则可视作"历物十事"在同异问题上的根本结论,即肯定经验性的、世俗性的分别事物差异的认识为相对的"小同异",而在"万物一体"视角下的合万物同异的认识,则是绝对的"大同异"。第10条则旨在说明惠施"历物"论在政治哲学与道德哲学方面的宗旨,即将一切反映事物之差异、对立的"小同异",转化为"大同异"视角下的相对性的统一,从而在认识上最终实现"天地一体"和"泛爱万物"的哲学关怀。②

从惠施对"大一""小一"的界说来看,其以"至大"与"至小"相对,"无外"与"无内"相对,"大一"与"小一"相对。显然,这三组语词都是脱离广延的逻

---

① 《中国逻辑史资料选》(先秦卷),兰州:甘肃人民出版社,1985年版,第58—59页。

② 惠施的这一点,与庄子的"天地与我并生,万物与我同一"的观点可相为呼应。详见本文关于庄子"齐同异"思想的说明。参见陈癸淼:《名家与名学——先秦诡辩学派研究》,台北:台湾学生书局,2010年版,第87—88页。

辑推论式的抽象概念。其中,惠施以无外、无内来界说"大一""小一",即不是要以物体所占据的空间之间的包含或包含于关系来界定相对性的大、小概念,如根据"人居于屋内"的空间关系去界定"人"小于"屋"、"屋"大于"人",以及依据"人居于屋内,屋居于城内"的空间分布状况,而将"屋"说成是同时具有大、小两种相反性质。惠施认为,应当通过摒弃"内、外"关系来界说绝对之至大物和至小物。显然,"大一"与"小一"所指的"一",应是一具有广延的独立之存在物。遗憾的是,"历物十事"并没有指出惠施所说的"大一""小一"具体所指是什么,而只是给出了这种思维推演意义上的划界。汪奠基曾从概念论的角度解释"大一"和"小一"说:"'大一'无论在概念的外延或内涵上,都只能是无限性或无穷性的数量大小之同一性的抽象对象;'小一'则可能指单一内涵的抽象概念"。①但若从惠施"泛爱万物、天地一体"的"历物"主旨来说,"至大""至小"或许也只是试图为大、小创设一个绝对标准,从而用以驳斥人们习以为常的以"天地为至大、秋毫为至小"的观念。

同时,在惠施看来,事物性质之间的同一和差异,如事物及事物具有的生死、高低、有穷无穷等杂多属性之间的同一和差异,和事物所属的大类(属同)与小类(种同)之间的同一和差异,都属于所谓的"小同异"。"小同异"指的是"大同"与"小同"之间的差异,是相对的同异。如人与人之间的"同"和人与物之间的"异",都是相对而言的"小同异"。当从"大一"或整体的角度观察万物,万物之间无疑都具有同一性,如它们都可以用名称"物"来称呼;当从"小一"或具体事物出发,万物也都是各个不同、互相差异的。而事物之间的这种"毕同毕异",也就是所谓的"大同异",即绝对的同异。②显然,惠施的"小同异"承认了事物之间具有形式上的同一和差别;但他对"大同异"的

---

① 汪奠基:《中国逻辑思想史》,武汉:武汉大学出版社,2012年版,第73页。
② 本条解释参考了牟宗三的说法,牟氏将同异分为大同异和小同异两大类,大同、小同、毕同、毕异四小类。大同与小同分别就事物之间同一性或相似性的程度高低而言,承认事物之间如大同则小异,如小同则大异,同异具有相对性;毕异则指的是不存在完全相同的两个事物,毕同则并非指事物之间完全相同,而是就事物之间皆分有一普遍性而具有"合同"的性质。参见牟宗三:《惠施与辩者之徒之怪说》,转引自陈癸淼:《名家与名学——先秦诡辩学派研究》,台北:台湾学生书局,2010年版,第81—82页。此外,也参考了以下论点:"小同异"肯定的是具体事物之间相对确定的同异关系,属于形式逻辑思维;"大同异"则强调了事物"同中有异"和"异中有同",为同一性和差异性的统一体,属于朴素的辩证法思维。参见李匡武主编:《中国逻辑史》(先秦卷),兰州:甘肃人民出版社,1989年版,第122—123页。

看法,则表明他将事物之间的同、异关系看成是互相独立和绝对分离的,并否定了同、异之间互为否定的关系。要言之,从以上的分析不难看出,惠施对"大一""小一"的界定及其对"小同异"和"大同异"的区分,主要涉及的还是对"名"的定义及其分类等逻辑问题。

综上所述,不难发现,惠施把握同异主题的一个基本特征就是"离形而言名"①。无论是惠施对"至大"和"至小"、"大一"和"小一"的定义,还是惠施对"大同异"和"小同异"的划分,都主要是从指称具体事物的"名"(即名称和概念)出发进行抽象概括。荀子评价惠施的学说是"蔽于辞而不知实"(《荀子·解蔽第二十一》),也强调了惠施之同异观所具有的"离形而言名"特点。正是立足于这一特点,惠施的同异观才可将相对之"小同异"与绝对之"大同异"合于一体,得以形成将具体外在差异总合成抽象之同一的"合同异"的观点。惠施颠覆常识的"天与地卑、山与渊平""日方中方睨,物方生方死"等论题也才能够得到解释。以"山与渊平"为例,如从"小同异"的角度言之,山高于渊,是山与渊的根本差异;而以"大同异"观之,则作为物之山、渊,相比"大一"则无显著之高低差异,均是"平"了。如此一来,惠施"离形而言名"的合同异观,很可能会在抽象思维的领域内证成一些与常识相悖的论题。

惠施"离形而言名"的"合同异"观,试图将事物或名称之间的具体同异关系合而形成抽象的绝对同异关系,混淆了后来《墨经》所说的类同、体同、合同等各种不同的"同""异"之间的区别。惠施对"大同异""小同异"的定义和区分,虽已体现出了对语言名称或事物之间同异关系复杂性的自觉,但却并未对这种复杂情况给以清晰的界说,和合理的分析与论证。如此一来,惠施"合同异"观的一个理论后果,便是容易造成一些挑战经验常识而造成是非难定的诡辩式论题。

二 公孙龙的"离同异"观

公孙龙对于事物之间的同异关系的认识,主要体现为一种主张同一实体的不同属性彼此独立的"离同异"观。比如,公孙龙在论证其最广为人知的"白马非马"和"坚白石二"等论题时,就涉及了其"离同异"主张。公孙龙对"离同异"主张的讨论,诚如不少学者所已指出的,集中体现在《公孙龙

---

① "离形而言名"是汪奠基先生对惠施"合同异"思想特征的一个概括。参见汪奠基:《中国逻辑思想史》,武汉:武汉大学出版社,2012年版,第74页。

子·通变论》一章。①此外，我们还可以结合《白马论》和《坚白论》等篇中的相关论证，来对公孙龙的"离同异"主张加以辨析和把握。

在《通变论》一文中，公孙龙实际上已经讨论到了《墨经》所描述的"类同""不类之异"等同异观。但笔者首先要说明的是，公孙龙所论的"类"，主要指的还是由日常语言所约定俗成的自然事物之类，如"牛类""马类"等。其次，公孙龙还用自然语言一般性地论及了自然事物之类的划分原则，即：

> 两个或两个以上的物类 A、物类 B、物类 C 等类之间，即使存在自然属性上的差异，但并不能因此就认定它们都不属于同一类；即使这些物类之间存在有相同的自然属性，但也不能认定它们就是同一类。如果要说明这些物类之间的不类之异关系，则首先需要找出"一物类遍有而他物类遍无"的自然属性。②

公孙龙以牛羊为例说明了这一点。他首先说："羊与牛唯异，羊有齿，牛无齿；而牛之非羊也、羊之非牛也，未可。是不俱有，而或类焉。"③这里的"非"字，既可作"不等于（≠）"也可作"不包含于"解（按，公孙龙从未清楚地区分"非"的这两种不同层面的涵义）。相应地，这里的"牛之非羊"就存在两种不同解释，即"说牛不是羊和羊不是牛是不可以的"，及"说牛与羊不同属一类和羊与牛不同属一类是不可以的"。显然，第二种解释更符合常识，自然也更贴近公孙龙在这里所要表述的意思。这也就是说，因羊有下齿、牛无下齿，牛羊存在自然属性上的不同，而必然断定牛羊不能属于同一类，则不能成立。因我们可从牛、羊都是胎生的而断定它们都属于"胎生动物类"。其次，"羊有角，牛有角；牛之而羊也、羊之而牛也，未可。是俱有而类之不同也"④。同理，不能因为牛、羊两类动物都共有"有角"这一自然属性，而断定

---

① 《通变论》为《公孙龙子》讨论同异问题的主要篇章，这一点已为有些学者指出。如有的论者指出，《公孙龙子》讨论同异问题的主要文献是《通变论》，主要讨论到了"一""类"等概念之间的逻辑关系，重点论证了"类同"与"不类之异"之间的关系，参见崔清田主编：《名学与辩学》，太原：山西教育出版社，1997 年版，第 166—167 页；谭业谦：《公孙龙子译注》，北京：中华书局，1997 年版，第 35 页；还有论者认为，《通变论》讨论了部分与整体之间的关系，论及了分类的原则，参见周云之：《公孙龙子正名学说研究》，北京：社会科学文献出版社，1994 年版，第 66 页。

② 本处参照了刘福增的观点。参见刘福增：《公孙龙子新论》，台北：台湾文津出版，2002 年版，第 136 页。

③④ 王琯：《公孙龙子悬解》，北京：中华书局，1992 年版，第 62 页。

牛类动物是羊类动物,因我们对牛类动物和羊类动物的自然形象和功能用途的认识,存在着根本性的差异。再次,立足于这一划分物类的原则,公孙龙提出了《通变论》的主要论题"羊合牛非马"和"牛合羊非鸡"。公孙龙说:"羊牛有角,马无角;马有尾,羊牛无尾。故曰:'羊合牛非马也。'"①这句属于公孙龙所说的"正举"(可以成立的论述)。从"类同""不类之异"的角度来说,当我们说牛类和羊类的合类(牛羊类)与马类不同时(无论从"非"的那种涵义上讲),都需要看到牛羊类有角而马类无角、马类有长尾而牛羊类无长尾的属性差异。反之,"牛羊有毛,鸡有羽。谓鸡足一,数足二;二而一,故三。谓牛羊足一,数足四;四而一,故五。羊牛足五,鸡足三,故曰:'牛合羊非鸡'"②。这句是"狂举"(不可成立之意)。何以"羊牛类的合类与鸡类不同"不能成立?概因当我们说"羊合牛非鸡",除了注意到牛羊有毛无羽而鸡有羽无毛的属性差异之外,还援引鸡的足数"三"和羊牛的足数"五"的不同,而鸡足数与牛羊足数皆是"数足"和"谓足"相加而成,它们的"谓足"都是"一",存在属性相同之处。③这充分说明,要断定两种(或两种以上)自然物类的差异,必须要找出"一物类遍有而另一物类遍无"的属性以作为划分类的依据。

综上所述,公孙龙既讨论了自然物类之间类同、不类之异的关系,也一般地论及了划分自然物物类的原则。公孙龙的"类同""不类之异"的同异观,尽管在论说中存在名家所惯常用的与常识相悖的"博眼球"的"怪论"(如"鸡足三""牛羊足五""白马非马"等),但仍还是具有一定合理性的主张。

与惠施一样,公孙龙也坚持了事物之间的"同""异"关系的独立与绝对,而未看到事物间同异关系相交而得、相辅而成的复杂性,这一点实质上也与其"一名一实"的一一相应的名实观是相互契合的。这一点很可能也使得公孙龙所说的划分物类的原则,具有某种程度上的不一致性,即坚持"一物俱有而另一物俱无的"自然属性可用以划分事物是否属于同一类,但同时也不能只由两个物类 A 与物类 B 之间各自具有他物类所无有的属性,就认定它们不属于同类。究其根本,就在于公孙龙将"同""异"关系视作是独立的和绝对的。公孙龙除了在《通变论》中论说"类同""不类之异"的同异思想外,在他对"白马非马""坚白石三"等所作的论证中,也涉及了类同、不类之异、体同等问题。略述之如下。

---

① 王琯:《公孙龙子悬解》,北京:中华书局,1992 年版,第 62 页。
② 王琯:《公孙龙子悬解》,北京:中华书局,1992 年版,第 64 页。
③ 参见伍非百:《中国古名家言》,北京:中国社会科学出版社,1983 年版,第 540—541 页。

尽管公孙龙在《白马论》中主要讨论的是命题"白马非马"的真假问题，而非物类白马（或名称"白马"）与物类马（或名称"马"）之间的同异关系。但显而易见的是，要判断命题"白马非马"为真还是为假，除了理解这里的"非"指的是何种涵义之外（按，对此处所论之"非"的合理解释，即是不相等之义）①，还须辨别复合名称（或者说"兼名"）"白马"与单名"马"之间的"类同"和"不类之异"之关系②。公孙龙对"白马非马"所进行的5组论证中（分别为形色论证、求马论证、马与白非马论证、异黄马与马论证和不定所白论证），分别从名称"白马"与"马"的指称不同和名称"白""白马""马"的意义不同的角度加以论证。依据公孙龙"唯乎其彼此"（《公孙龙子·名实论》）的一名一实对应的正名原则，复合名称"白马"和单名"马"的意义和指称不同，即"白马类"和"马类"不存在相等关系，所以"白马非马"为真。实际上，公孙龙"一名一实"的"一"，并不单是常说的个别的、整体的"一"，也包括了差异中有所同的"一"，如"白马"作为一个单独的"名"（复合名或者说"兼名"），至少应涵括了"命色"与"命形"的差异，因此其所指称的白马之实，也就是有所同的"一"。③显然，"白马论证"运用了公孙龙对"类同""不类之异"所作的划分。④

此外，公孙龙在论证"坚白石二"时，主要是从不同的感觉器官（眼的视觉和手的触觉）具有不同的认识功能并会产生不同的认识观念出发，来论定石的"坚"属性（由触觉而来）和"白"属性（由视觉而来）是相离为二的。⑤同时，他对命题"坚白石二"的论证，也主要是为了反映具体事物的多个属性是相离为二的，故而与该具体事物及其属性相对应的名称（或概念）之间也存

---

① 先秦文献中使用系词"非"有四种不同含义，第一种是对事物性质的否定，第二种是表示属于关系的否定，第三种是表示包含或包含于关系的否定，第四种是表示不相等。参见陈癸森：《名家与名学——先秦诡辩学派研究》，台北：台湾学生书局，2010年版，第111—112页；亦参见李贤中：《先秦名家"名实"思想探析》，台北：文史哲出版社，1992年版，第67—68页。

② 公孙龙所讲的"兼名"主要是属性名（如"白"等）＋实体名（如"马"等），而非两个实体名的相加（如"牛马"等）。

③ 参见李贤中：《先秦名家"名实"思想探析》，台北：文史哲出版社，1992年版，第201—202页。

④ 波兰汉学家齐密莱乌斯基认为，公孙龙在《白马论》中关于白马非马的论证不应构造为三段论的形式，而主要是中国古代进行的一个强调"类"之间的非同一关系且不允许发生"类"混淆的逻辑演算。这也充分支持了"白马非马"论证是建立在"类同""不类之异"关系上的论证。参见 Janusz Chmielewski, "Notes on early Chinese logic（Ⅰ）", *Rocznik Orientalistyczny*, Vol.26, No.1(1962), pp.9-16。

⑤ 参见李匡武主编：《中国逻辑史》（先秦卷），兰州：甘肃人民出版社，1989年版，第156—158页。

在着认识论意义上的差异。事实上,公孙龙对"坚白石二"的论证,也就是将附着于某一具体事物之上的多种属性之间的同异关系,予以绝对地分离。故而,"离坚白"在根本上来说就是"离同异"。如参照《墨经》关于"同""异"的分类理论,不难发现,公孙龙从认识论角度所作的对同一事物同时具有不同属性的否定,实质上也就是忽略了物的不同属性之间所可能具有的"体同"或"类同"关系。

公孙龙对"类同""不类之异"的划分,及其"离坚白"所折射出来的"离同异"观念,与惠施的"合同异"观有着显著不同。比如,在惠施看来,白马为小同,马为大同,白马与马之间的类同或不类之异,只不过是他所执的"小同异",如从"大同异"观之,白马与马之间的同一与差异也就自然消解了。此外,如果说惠施的"合同异"论述了"合同"与"不合之异",那公孙龙的"同异观"则论及了"类同"与"不类之异",以及"坚白石二"潜在地蕴藏着的"体同"与"类同"等问题。如此一来,一个可取的研究思路便是将名家的同异思想与墨家逻辑思想中的同异分类理论加以比照,从而把握其特质和存在的不足。

三 庄子的"齐同异"观

在先秦名辩思潮的大背景下,庄子也讨论了名实之辩、言意之辨等一系列名辩学论题。[1]庄子试图以"齐物之论,是非两行"作为其哲学和逻辑思想的旨归,并力图消解认识和知识的绝对确定性,从而阐发一种带有相对色彩的"逍遥游"式的诗化哲学思想。庄子关于同异问题所形成的"齐同异"观主要体现在《齐物论》篇,同时,该篇也被视作是庄子对其余诸子之名辩思想的批评。[2]此外,《则阳》《知北游》等篇也谈及了庄子学派在同异问题上的一些看法。因此,笔者对庄子及其学派的"齐同异"观的简要探讨,主要依据于《齐物论》《知北游》等篇。

庄子"齐同异"的同异观,首先预设了一个自身具有绝对同一性而缺失差异性、万物所从之而生的"道"。一方面,万物皆依存"道"而生生不灭;另一方面,"道"又流溢于万物之中而无所不在。依此立场,庄子认为,事物大

---

① 参见杨国荣:《〈庄子〉哲学中的名与言》,《中国社会科学》,2006 年第 4 期,第 38—49 页。

② 学界多将《庄子》一书的"内七篇"视作庄子所自著,"外篇"和"杂篇"为庄子后学所追及。因此,本文论及庄子的"同异观",主要以《齐物论》为主进行讨论。实际上,近代以来的名辩学者也多将《齐物论》视作先秦名辩学的经典文本之一。如伍非百就认为,庄子对先秦名辩学有很大贡献。具体见伍非百:《中国古名家言·齐物论新义》,北京:中国社会科学出版社,1983 年版,第 631—632 页。

小、贵贱等差异性都属于人的主观赋予,而非物所自有。庄子进而立足于所谓的"道"而指出万物及其诸名之间的关系是"是亦彼也,彼亦是也"(《庄子·齐物论》)。据上所述,不难看出,尽管庄子承认事物之间会具有一定的差异性,但却认为这种差异缺少固定的绝对的分界线,故而事物及其名称或概念之间的同异关系,是由论辩者任意加以规定而无客观之理据的。正是在这个意义上,庄子说:"自其异者视之,肝胆楚越也;自其同者视之,万物皆一也。"(《庄子·德充符》)的确,庄子认可事物之间的相对性差异,但庄子更看重的则是事物之间的绝对性同一。庄子的这一观点,的确与其辩友惠施所说的"大同异"可以相呼应,只不过庄子是以主观的我为中心来论断万物的同一,而惠施则是以客观的物为中心来论断天地的一体。若从墨家"别同异"的立场来看,惠、庄的同异观,实都可视作《墨经》所说的"合同"和"不合之异"之同异观的延伸。这种看重"万物皆一"的观点,就构成了庄子"齐同异"观的第一个诠解维度。

庄子还指出,事物之间是无法绝对和清楚地划分为具有确定性的"类",言辞之间亦是如此。庄子解释此中缘由说,这主要是因为,事物间的同异关系多是以论辩者的主观断定为基础的。如庄子就将天地视作"一指",万物视作"一马",进而倡导一种"天地与我并生,而万物与我为一"(《庄子·齐物论》)的否定事物之间所具有的类之差别的言论,终而提出"类与不类,相与为类"(《庄子·齐物论》)的"类"观念。以笔者的粗浅理解,若庄子要完成其齐万物、齐生死、齐是非等一系列主题的哲学论证,就必须要否定事物之间所存在的客观的"类同""不类之异"关系,或者说将事物或言辞之间存在的"类同""不类之异"关系消解为某种主观意见。故此,在笔者看来,对"类同""不类之异"的否定则构成了庄子"齐同异"观的又一讨论维度。

同时,《庄子》外杂篇中还论及了一些"异名同实"的问题。如《知北游》在论述指谓"道"的名称时说:"周、遍、咸三者,异名同实,其指一也"(《庄子·知北游》),意即"周""遍""咸"这三个名称,都指称的是同一个存在物——"道"。显然,这里对"异名同实"问题之揭示,实际上已经约等于《墨经》对"重同"的界说了。还有的研究者也指出说,《庄子》一书往往在论到"不知""芒芴""固存""天均""因是"等名称或概念时,都是异名同指的。[1]当然,《庄子》对这种异名同实的"重同"观的揭示,主要用于对"道"的多个名称(或概念)之间的描述,故而只能被视作是对"重同"的一个特殊例示。此外,

---

[1]　邱棨鐊:《庄子哲学体系论》,台北:文津出版社,1999 年版,第 37 页。

在《则阳》篇中,庄子学派还提及一种"合异以为同,散同以为异"的观点,并为之给出了诸如"丘山积卑而为高,江河合水而为大,大人合并而为公"(《庄子·则阳》)等例证。在如何理解这里所说的"同"和"异"时,有的论者指出,这里所说的"同"相当于整体事物,"异"则相当于组成该事物的部分,因此庄子学派就认识到了事物的整体与部分之间的对立统一关系。①

综合考察上文所述及的惠施之"合同异"观,公孙龙之"离同异"观,和庄子之"齐同异"观,不难发现,这些观点的一个共同特征是消解事物或言辞之间的同异关系的复杂性,要么将"同"视作绝对,以消解事物以及言辞之间存在的复杂的或具体的差异性(如惠施、庄子等),要么将"异"视作绝对,以消解具体属性(如坚、白等)同时存在于客观存在物的可能性(公孙龙子)。若立足于《墨经》对于"同""异"观念的四种分类来看,这三种同异观各有其合理的地方,也都有其不足。比如,尽管惠施的"合同异"观正确论及了"合同"和"不合之异"等问题,公孙龙的同异思想正确论述了"类同"与"不类之异"问等题,而庄子及其后学的同异思想,也一般性地论及了"合同",并且对"重同"也有所揭示。但与此同时,上述意见都未能从经验主义的角度,来把握事物或言辞之间所存在的纷繁复杂的同异关系,也都属于执"一"而去"三"的不同意见,而未能作出对同异主张的全面阐述。故此,我们或可以合情地推测,《墨经》的作者也正是在与其他学派的辩论中,综合了各家同异主张的要点,从而立足于"别同异"和"交同异"观念,来展开墨家对于事物和言辞之间的同异关系的全面论述。

第二节　墨家辩学的"别同异"观

作为先秦名辩思潮的重要参与者和推动者,墨家辩学形成了以"别同异"为认识目的、以"同异交得"的辩证思维为特征的同异观念。在某种程度上说,墨家逻辑思想讨论的最主要议题之一,就是所谓的"坚白同异"问题。一如冯耀明所指出的,墨家提出了"别同异"和"盈坚白"两大主张,用以分析那些用于指谓经验世界中的事物或对象的词项(terms)。②又如笔者前文所

---

① 参见孙中原:《中国逻辑史》(先秦卷),北京:中国人民大学出版社,1987 年版,第 114 页。

② Yiu-ming Fung, Sameness(*Tong* 同) and Difference(*Yi* 异), in Yiu-ming Fung(ed.), *Dao Companion to Chinese Philosophy of Logic*, Switzerland: Springer Nature Switzerland AG, 2020, p.213.

多次引及的《小取》篇开篇所提及的："夫辩者,将以明是非之分,审治乱之纪,明同异之处,察名实之理,处利害,决嫌疑。"显然,墨家逻辑思想的重要目的和作用之一,就是要辨明言辞或事物彼此之间的同异关系。①

从文本依据看,狭义《墨经》中专门论及同异问题的条目大致有 10 多处。这些条目具体论述了对何谓"同"的界说、对"同""异"的分类,对"同异交得"主张的阐释等内容,可以说对"别同异"主张进行了全面而充分的讨论,且具有较强的逻辑方法论意义。比如,《经说下》135 条就指出:"辩"能够成功进行的必要前提之一,就是两个相异命题中的谓词所指谓的对象不能是不同的,如"或谓'之牛'"和"或谓'之马'",若其所指谓的对象是不同的,那也就会使得"辩"无法成功进行。②

一般地说,学界多将墨家所讨论的同异观简要概括为"别同异"。笔者则因循此一说法,并围绕墨家关于"同""异"的界说,对"同""异"的分类及其"同异交得"思想的阐释三个方面,展开对墨家逻辑思想中的"别同异"主张的分析讨论。笔者以为,墨家"别同异"主张中最具理论特质的部分,当首推其对"同""异"的界说与分类,以下略为分说。

一　对"同""异"的界说

《墨经》强调"同"为"异中之同",并通过"异"来定义了"同"。《经上》39条说:"同,异而俱于之一也。"③"同"即是互相差异的两个或多个存在物,共同分有某一种相同的属性,或共同表现出了某种相同的行为。比如,梁启超就曾举例解释这一条说:"孔子、墨子,异也;而俱为人,一也。坚、白,二也;而俱为石性所含,一也。"④《经说上》39 条则更进一步界说了何谓"同":

---

① 亦有论者试图援引政治哲学所讲的"正当性"概念,将《墨经》所说的"明同异"解读为一种"正当性"思想,即"通过辨别语言和行为的同异、对错、是非、善恶等,希望重建伦理与社会的正当秩序"。作为"正当性"思想的"明同异",融摄了辨名实的一致、评判言论主张的是非、判决利害与审查治乱等内容在内。可参见姚裕瑞:《为什么〈墨经〉的"明同异"是"正当性"思想》,《哲学研究》,2022 年第 2 期。

② 《经说下》第 135 条:"所谓非同也,则异也。同则或谓之狗,其或谓之犬也;异则或谓之牛,其或谓之马也。俱无胜,是不辩也。"这一条的诠释可参见高亨:《墨经校诠》,北京:中华书局,1962 年版,第 152—154 页。本文所引《经》《经说》的条目编次主要以高亨《墨经校诠》本为基准,旁以王讚源主编的《墨经正读》为辅。

③ 孙诒让指出,"同""侗"互通,为同音假借字。见(清)孙诒让:《墨子间诂》,中华书局 2001年版,第 316 页。高亨则指出"侗""同"有所区别,"侗"主事言,"同"主物言,"侗"主要指的是不同的人或相异的事物具有某一共同的行为。见高亨:《墨经校诠》,北京:中华书局,1962 年版,第 52 页。

④ 梁启超:《墨经校释》,《饮冰室合集》(第八册),北京:中华书局,1989 年版,第 119 页。

"侗:二人而俱见是楹也,若事君。"①此处"侗"当为"同"的别字。因此,完全可以直观地说,"同"就是两个人 A、B,共同看见某一根柱子,或者说共同侍奉某一位君主。从这一点推而言之,若多人共处一室,两物共有一个属性(如白马、白羽皆有白之属性),两个部分共同属于一个整体(如人之手、足皆属于人身),两个名称或两个概念具有共同的指称对象(如"孔夫子"和"仲尼"共同指称孔子),两个事物具有共同的来源或引发共同的结果,等等,就都可以用"同"来描述。由此可见,《墨经》所讲的"同",主要指的还是两个相对独立的存在物之间所具有的相同或相似之处。②

显然,《墨经》关于"同"的定义是建立在对"异"的认识之基础上的。然而,《墨经》却并没有如"同"一般,对"异"作出一个类似的界说。尽管胡适曾补充《墨经》对于"异"的界说为"同而俱于是二也"(仿照《经上》39 条衍变而来)③,但这一补充性的界说却是紧紧和他将"异"简单理解为"求异法"联系在一起的(胡适曾将"同""异"比附为穆勒五法中的"求同法""求异法"),故而也就并未能真正涵括《墨经》关于"异"的认识和理解。实际上,在《墨经》看来,任何两个事物之间都必然是相异的,即存在着"二必异"的"相异律"。这一点已为有的研究者所正确指出,即《墨经》所说的"二必异"命题与 17 至18 世纪的哲学家和逻辑学家莱布尼兹的"世界上没有两个完全相同的事物"命题,都在存在和思维两个层面表达了"相异律"的基本规律。④其中,《墨经》所说的"必",就是不可怀疑、不得不如此的意思(如《经说上》就有"必也者可勿疑"的说法),如某个事实可以被设想为既可以是这样,也可以不是这样,则就不是"必",而是"必"的否定"不必"。如此一来,《墨经》就是将两个独立事物之间的相异关系看作是必然的和自明的。质言之,当《墨经》在论及两个独立存在物之间的同异关系时,相较于"同"来说,"异"更是一个具有自明性的基础概念,故而就不需要再作更进一步的界说、解释或概念还原。

综上所述,《墨经》以"二必异"的"相异律"命题表达了墨家学派对"异"的认识,即承认独立存在物之间的相异为必然。在这一对"异"的合理认识之基础上,《墨经》通过"异"界说了"同"。在《墨经》所作的"同"是"异而俱于

① 高亨:《墨经校诠》,北京:中华书局,1962 年版,第 51—52 页。
② 参见杨俊光:《墨经研究》,南京:南京大学出版社,2002 年版,第 295 页。
③ 参见胡适:《中国哲学史大纲》,上海:上海三联书店,2014 年版,第 220 页。
④ 参见孙中原:《略论〈墨经〉中关于同和异的辩证思维》,《甘肃社会科学》,1981 年第 4 期,第 26—31 页。

一"之界说中,有机地将"同""异"这对对立范畴联系起来而非割裂开来进行阐述。比如,《墨经》关于宇、宙两个概念的界说,就运用到了其对"同""异"的正确定义《经上》40、41 两条说"久,弥异时也;守,弥异所也"①,"久"即现在所常说的"宙",为时间的统称,涵盖了古今朝暮等,古、今是不同的时间段,但都可作为"宙"而存在;"守"多被校为"宇",是空间的统称,涵盖了东西南北,东、西是不同的空间位置,但都可作为"宇"而存在,故而"宇""宙"就分别是异时、异所之同。此一对"久""宇"两个概念的界说,也侧证了《墨经》完全是在"二必异"之相异律的基础上,对"同"进行认识论意义上的界说的。

二 对"同""异"的分类

自近代墨学复兴以来,《经上》和《经说上》87、88 条所作的对"同""异"概念的四种分类,曾受到了研究墨家逻辑思想和中国逻辑史,乃至中国哲学史的学者的重视。比如,冯友兰就曾指出,只有区分清楚事物之间的同异关系究竟是何种层次(或何种意义)上的同或异,才能进行有效地推论,也方能避免诡辩的出现。②而波兰汉学家齐密莱乌斯基则认为,《墨经》中的同异分类思想,是墨家逻辑学说中的重要方法论,《墨经》中所说的"同",有相同(Identity)和相似(Similarity)两种含义,并试图运用符号逻辑来刻画出《墨经》关于"同""异"概念分类的一般形式。首先,"同"所涵括的相同和相似关系,可以被一般地刻画为如下两种形式:

(1) 相同(同一)关系:$Def:(a=b)=\forall \varphi(\varphi a \equiv \varphi b)$。[相当于重同]
(2) 相似关系:$Def:(a\ sim\ b)=\exists \varphi(\varphi a \wedge \varphi b)$。[相当于体同、合同和类同]

其次,依据于(1)和(2)的刻画,可以进一步将"同"概念定义为:

(3) 同:$Def:(a\ 同\ b)=[(a=b) \vee \exists \varphi(\varphi a \wedge \varphi b)]$。

最后,依据于对"同"概念的形式刻画,"异"也可被最终定义为:

---

① 高亨:《墨经校诠》,北京:中华书局,1962 年版,第 52 页。
② 参见冯友兰:《中国哲学史》(上),上海:华东师范大学出版社,2011 年版,第 155 页。

(4) 异：Def：(a 异 b)＝[(a≠b)∨∃φ¬(φa∧φb)]。[1]

实际上,就研究墨家逻辑思想而言,对《墨经》所述的"同""异"概念的分类进行详尽的分析讨论,是十分重要的。这是因为,只有能正确区分开具体事物之间的同异关系,才能保证所立之辞(命题)的正确性。[2]

考察《墨经》论述"同""异"概念分类的条目,主要可见于《经上》和《经说上》中的 87、88 两条：

《经　上》87："同,重、体、合、类。"

《经说上》87："同,二名一实,重同也。不外于兼,体同也。俱处于室,合同也。有以同,类同也。"[3]

《经　上》88："异,二、不体、不合、不类。"

《经说上》88："异：二必异,二也。不连属,不体也。不同所,不合也。不有同,不类也。"[4]

以下略释《墨经》所说的四种"同"与四种"异"：

第一种"同"是二名一实的"重同"。《经说上》81 条解释名实关系说："所以谓,名也；所谓,实也。""名"即名称或概念,"实"即"名"所具体指称的对象物。"重同"即是两个相异的名称(所以谓),指称一个共同的对象(所谓),或者说重同是两个(或多个)异名俱于同一个"所谓"。如名称"墨子"与"墨翟"都指的是墨家学派的创立者这个"实",名称"狗"与"犬"都指的是那个有四肢、有毛发、能够用来看门的犬科哺乳动物等。

① Chmielewski Janusz, "Notes on early Chinese logic(VII)", *Rocznik Orientalistyczny*, Vol. 31, No.1(1968), pp.118－128. Chmielewski 将"重同"视作同一关系,直译为 Identity,体同、合同、类同视为两个对象具有某种性质上的相似(相同),"体同"被译为 the similarity of being parts of one body,"合同"被译为 the similarity of being together,"类同"被译为 the similarity of being of one class,并认为体同、合同分别为两种不同的性质 φ1、φ2。冯耀明对《墨经》中"同""异"概念的英译则有所不同。他在介绍中国古代逻辑思想中的"同""异"概念时,认为"同"的英译主要有"sameness, similarity, Unity"；与此相应,关于"异"的英译主要有"difference, dissimilarity, disunity"。参见 Yiu-ming Fung, Sameness (*Tong* 同)and Difference(*Yi* 异), in Yiu-ming Fung(ed.), *Dao Companion to Chinese Philosophy of Logic*, Switzerland: Springer Nature Switzerland AG, 2020, p.213。
② 参见杨武金：《墨家逻辑的科学地位和当代价值》,《武汉大学学报(人文科学版)》,2013 年第 5 期,第 35—40 页。
③ 高亨：《墨经校诠》,北京：中华书局,1962 年版,第 86 页。
④ 高亨：《墨经校诠》,北京：中华书局,1962 年版,第 87 页。

与"重同"相应的是"二之异"。如上文所述,《墨经》认为"二必异",即不存在彼此完全相同的两个事物。因此,两个名称如不指称同一事物,则这两个名称就是彼此相异不可混而为一的"二",即"不重"。①如"牛"之名指称牛之实,"马"之名指称马之实,"牛""马"两个名称之间就是"二之异"。显然,"重同"与"二之异"皆是就名实关系所言的"名"之间的同异。

第二种"同"是"不外于兼"的"体同",相对应的"异"为"不体之异"。墨家哲学常将兼、体相对,十分推崇"兼相爱"和"兼爱"的治道与人伦价值。《经上》论述"兼"与"体"的关系说:"体,分于兼也。"②兼即整体意,体即部分意。"不体"是"不连属",也就是"外于兼",即不属于同一个整体的多个部分。反之,"体"为"不外于兼",也就是"相连属"。对"兼"字的理解可从字形与字义两个方面来把握。从字形来说,《说文解字》解释"兼"为"持二禾",与"手持一禾"的"秉"相对;从字义来说,"兼"与"并""同""容""包""怀""和"等字同义,表示一种对普遍性、整体性的思维追求。③墨家对"兼"的使用,既有与"名"相关的语言哲学意涵,也有与"爱"相关的政治和道德哲学意涵。前者如作为集合概念"牛马"这样的"兼名",后者则可与"爱""士""君""道"等联用,用以表示整体、全部和穷尽等意涵,并与表示部分的"别""体"等术语相对。④比如,墨家最为推崇的伦理与治道理念"兼爱",就强调的是一种所有人应当爱利所有人的应然之爱、整体之爱,并将儒家所讲的"仁"解释为"体爱",即有差等地爱利自己的亲朋进而再推及他人的部分之爱。由对"兼"和"体"概念的上述把握可知,此处所论的"体同",也就是作为组成某个事物的不同部分之间所具有的"同",如某人之手、脚之间所具有的相同关系。与之相应,"不体之异"也就是不属于作为整体的某一事物之组成部分的某些事物彼此之间所具有的差异关系。举例来说,如甲人为一整体存在物,甲的手和足均相连属于甲之身,则甲的手和足间所具有的此种同的关系便是"体同";又如甲乙两人为两个整体存在物,甲之手、乙之足分别为甲、乙之一部分,则甲之手、乙之足之间的关系可能就是"不体之异"。显然,"体同"与"不体之异"是就两个事物是否属于同一整体而言的同异。

与"不外于兼"的"体同"相应,《墨经》还区分了概念论中的"兼名"和"体

---

① 参见蔡仁厚:《墨家哲学》,台北:东大图书公司,1993 年版,第 133 页。

② 高亨:《墨经校诠》,北京:中华书局,1962 年版,第 86 页。

③ 参见李建中:《兼性思维与文化基因》,《光明日报》,2020 年 12 月 16 日 15 版。

④ 从《兼爱》《天志》等篇对"兼"的使用来说,墨子在政治与伦理上提倡的是"兼之为道""兼王之道",肯定的是能行"兼相爱、交相利"之事的"执兼之士""执兼之君"等。

名"。实际上,"兼名"相当于整体集合概念,"体名"则相当于该集合中的元素概念。①《经下》第 167 条说:"牛马之非牛,与可之同,说在兼。"《经说下》又解释这一条说:"牛不非牛,马不非马,而牛马非牛非马。"②这里所说的名称"牛马"即是兼名,指称的对象是集合{{牛},{马}},"牛""马"则是"体名",指称的对象是集合{{牛},{马}}中的元素{牛}、{马}。"牛""马"作为体名,所指称的分别为集合{牛}、集合{马},基数可记为 1,且只有牛或马一个元素,而不兼有牛和马两个元素。"牛马"作为兼名,指称的集合{{牛},{马}}的基数为 2,兼有牛和马两个元素。所以说,"牛马"非"牛"非"马"了。显然,墨家逻辑思想已经认识到,在立辞、推理和论证中,兼名、体名的清楚区分是避免诸如辩者所持的"鸡足三"等怪论的必要前提。

第三种"同"是"俱处于室"的"合同",与之相对应的"异"就是"不合之异"。两个事物共同处于同一个空间之中,比如说两人同处一间屋子之内,此一意义上的"同"就是"合同"。反之,两个事物不处于同一空间,比如两人不在同一间屋子之内,这种"异"也就是"不合之异"。由此,区分"合同"与"体同"的关键之处就在于:"体同"是就组成一相连属的整体事物的不同部分之间所具有的同属此一整体而言的"同";而"合同"则主要是就不相连属的两个事物所共处于同一空间场所而言的"同"。

第四种"同"是"类同",与之相对应的"异"就是"不类之异"。墨家学派自墨子始,在辩论中就尤为注重"类"。在《墨子》一书中,可常见"不知类""未察吾言之类"等说法。一般认为,在《墨子》一书中,"类"概念是最基础和最根本的逻辑概念,并在此基础上形成了"类推"或"推类"等逻辑方法。因此,事物之间所形成的"类同"和"不类之异"关系,也就是事物之间最为重要的同异关系,也是最具有逻辑思维方法论意涵的同异关系。比如,《经上》79条曾将"名"依外延大小而分为"达名""类名"和"私名",其中,"类名"的成立就须建立在对事物之间所具有的"类同"关系的正确认识之上。又比如,《大取》认为,"辞"以"类行",这也就是说,形成判断和进行推理及论证,都必须要遵守"同类相推,异类不比"的根本原则。还比如,《小取》提出了"以类取,以类予"的推类原则,用以指出无论是证成、证明,还是反驳、批判,都必须建立在"类同"的原则之上。就此而言,区分清楚事物或言辞之间所具有的"类同"和"不类之异"的同异关系,对于把握墨家辩学尤其是《墨经》中的逻辑思

① 参见杨武金:《墨经逻辑研究》,北京:中国社会科学出版社,2004 年版,第 24 页。
② 高亨:《墨经校诠》,北京:中华书局,1962 年版,第 188—189 页。

想,就显得尤为重要和根本。一如沈有鼎所指出的,《小取》所说的"明同异",主要指的是对"类同"和"不类之异"的明辨。①

《墨经》分别用"有以同"和"不有同"来界说"类同"和"不类之异"。所谓"有以同",或许可以直观地理解为,若两个或两组(两类)事物之间具有某种属性或条件上的相似性,则就可以认定这两个或两组事物之间就具有类同关系。比如,牛和羊都是有角的,则可认为牛和羊之间具有类同关系,进而可将其看作是同一类事物,即"有角类"动物。《经下》165 条则进一步解释"类同"说:"一法者之相与也尽类,若方之相召也。说在方。"②结合《经说下》165 条的解释,可以略微阐释该条经义如下,即具有共同的法则、标准的事物都可以被视作同一类事物,就像方木、方石、方桶等虽是实质不同的事物,但却都由于俱有方形的属性而属于同一类,即方类。质言之,事物之间具有类同关系的前提就是事物彼此之间要具有相同的属性。与之相对,"不有同"也就可以被直观地理解为,若两个或两组事物之间没有任何相似性,则二者之间就不具有类同关系,故也就不能进一步将二者视为同一类事物。比如,《经说下》107 条在例示"异类不比"时所说:"木与夜孰长?智与粟孰多?"显然,木与夜、智与粟之间就是不类之异的关系。而《经下》166 条更进一步以"狂举不可以知异,说在有不可"③来诠释了所谓的"不类之异",意即界定事物之间的"不类之异"关系,需要遵循"一遍有一遍无有"的基本原则。《经说下》166 条例示解释了"不类之异",如用"牛有齿、马有尾"来区分牛与马是不同类的动物,就是不正确的"狂举",因为牛马皆有齿有尾,不符合"一方皆有,另一方皆无"的原则;同时,用牛有角、马无角作为区分牛与马不为同类的根据,也属于"狂举",因为牛、马是俱有"一法"的同类动物,如可以说是四足兽类动物等。显然,牛、马的这一差异只是同类事物之间的个别所具有的差异而已,如{牛,马}集合中的元素牛、马所具有的差异而已。合而言之,事物之间的类同或不类之异的同异关系,无疑是就事物是否具有相同或相似的属性而言的。

实际上,早在墨子的《非攻下》等篇目里,墨家就已经清楚区分了"攻"和"诛",并以之为不同类的道义事件,从而非攻而不非诛。墨子将大禹征有苗、汤伐夏桀和武王伐纣等"革命"之事,视作为征伐有罪之君的"诛",是符合天下和万民"众""富""治"等公利的"义事""义政";又将其时频仍的诸侯

---

① 参见沈有鼎:《墨经的逻辑学》,北京:中国社会科学出版社,1982 年版,第 31 页。
②③ 高亨:《墨经校诠》,北京:中华书局,1962 年版,第 187 页。

征伐战争界说为"攻",是造成天下万民"寡""贫""乱"的不义之举。因"诛"和"攻"之间一为有义,一为无义,故而它们之间就属于"不有同"的不类之异,是不同类的道义与政治行为。也正是因为对"攻"和"诛"之间的不类之异关系的把握,墨家才肯定有义之"诛"而否定无义之"攻",即"非攻而不非诛"。①显然,墨子对"攻"和"诛"的区分,就应该遵循的是"一遍有一遍无有"的分类原则,即凡属于"攻"的行为都是无义的,而属于"诛"的行为则都是有义的,所以"攻"和"诛"是不同类的,故而应当非攻而不非诛。

基于对"同""异"关系的上述不同分类,《经上》《经说上》89 条紧接着提出了墨家最为人知的"同异交得"主张:

> 《经　上》89:"同异交得,放有无。"②
>
> 《经说上》89:"同异交得:于富家良恕,有无也。比度,多少也。免蚓还园,去就也。鸟折用桐,坚柔也。剑尤早,生死也。处室子、子母,长少也。两绝胜,白黑也。中,央旁也。论行、行行、学实,是非也。难宿,成未也。兄弟,俱适也。身处志往,存亡也。霍为姓,故也。贾宜,贵贱也。"③

按,此处的"放"通"仿"。从注疏的角度说,本条经的经说因错简字甚多,故对其具体和详细解释历来众说纷纭。但经过历代注疏者、研究者的接续解读,本条经与经说所表达的思想内容大体可明。粗略地说,本条经与经说意在表明,"同异交得"重点讨论的是某一事物可能会具有两种看似为对立的属性,如有无、多少、去就、坚柔、生死、长少、黑白、是非等。因此,"同异交得"之"异",指的就是那些相异甚至相对立的属性;"同"则指的是处于运动变化中的作为具体存在物的某一实体;"交得"就是这些互异甚至相对立的属性存在于同一实体。在解释"同异交得"时,胡适和梁启超将其诠释为穆

---

① 参见(清)孙诒让:《墨子间诂》,北京:中华书局,2001 版,第 145—153 页。

② 高亨:《墨经校诠》,北京:中华书局,1962 年版,第 87 页。

③ 本条《经说》主要参考了:(清)孙诒让:《墨子间诂》,北京:中华书局,2001 年版,第 352—354 页;高亨:《墨经校诠》,北京:中华书局,1962 年版,第 87　93 页;伍非百:《中国古名家言》,北京:中国社会科学出版社,1983 年版,第 90 页;谭戒甫:《墨辩发微》,北京:中华书局,1964 年版,第 180—181 页;王讚源主编:《墨经正读》,上海:上海科学技术文献出版社,2011 年版,第 68—70 页;孙中原:《中国逻辑史》(先秦卷),北京:中国人民大学出版社,1987 年版,第 291—293 页。因本文侧重分析该条"经说"所涵括的"同异交得"之思想,不需要进行逐字逐句之解释,欲深入理解该条具体所说,可参见上述著作。

勒归纳五法的"求同求异法"①，这一诠释明显是一种用归纳法比附墨家逻辑思想的过度诠释。相较而言，高亨解释"同异交得"为"事物之矛盾对立现象"；解释该条"经说"为"共举例十几项以证明同异交得之理"②，则显得更为贴切合理。在笔者看来，《墨经》提出同异交得主张的原因之一，就在于有针对性地批评诸如公孙龙等为代表的辩者所持的琦辞怪说，如石所具有的坚、白两种性质是相分离的"离坚白"等命题。与之相反，《墨经》则针锋相对地提出了"坚白相盈"的命题，即"石，一也；坚白，二也，而在石。故有智焉有不智焉"（《经说下》137 条）。尽管一块白石所具有的坚、白两种性质是通过目、手等不同感觉器官而得以被认知的，但这并不等于它们是彼此独立存在的属性，恰恰相反，它们同时存在于某块白石之中，只不过存在着是否感知到的差别。质言之，《墨经》"同异交得"的同异观已经正确地看到了事物属性间所可能存在的对立统一现象，故而具有一定的辩证思维特质。正如有的研究者所指出的，《墨经》中存在着一些诸如"一少于二而多于五"这样的具有"同异交得"性质的辩证命题。③而正确把握由此类命题所反映的同异观念，也有助于深化对墨家"别同异""交同异"的同异观的认识与理解。

三 《大取》论"同""异"分类

除了《经上》所述的"同""异"四种分类理论外，《大取》篇也述及了另外一种"同""异"分类观念。先将《大取》中的相关条目录之如下：

> 智与意异。重同，具同，连同，同类之同，同名之同，丘同，鲋同，是之同，然之同，同根之同。有非之异，有不然之异，有其异也，为其同也，为其同也异。一曰乃是而然；二曰乃是而不然；三曰迁；四曰强。④

显然，《大取》强调人们对事物或言辞间同异关系的认识上，不仅需要注意到两个事物、两个名称之间的同异关系，还须注意到人们主观上对事物的"知"与所理解的"意"之间的同异关系。因此，《大取》在论及同异关系时，还涉及

---

① 详可参见胡适：《中国哲学史大纲》，上海：上海三联书店，2014 版，第 220 页；梁启超：《墨经校释》，上海：商务印书馆，1922 年版，第 83—84 页。

② 高亨：《墨经校诠》，北京：中华书局，1962 年版，第 88 页。

③ 孙中原认为，《墨经》中的"同异交得"辩证命题有"勇，志之所以敢也""害之中取小也，非取害也，取利也"和"一少于二而多于五"。参见孙中原：《中国逻辑史》（先秦卷），北京：中国人民大学出版社，1987 年版，第 295—299 页。

④ （清）孙诒让：《墨子间诂》，北京：中华书局，2001 年版，第 410 页。

了因对"名"的理解的差异而引发的对"辞"(这里的"辞",主要指的是需要以墨家辩学得以证成的代表墨家政治伦理主张的政治、道义命题)之是非的影响。

显然,《大取》所说的十种"同"中的前四种"同",相当于《经上》87条所说的"重、体、合、类"之同。其中,此两处对"重同"的界说应是完全一致的,而这一点显然是毋庸置疑的。就"具同"而言,"具"一般通"俱",表示两个事物皆处于同一空间场所之内,意即"俱处于室"的"合同"之意。"连"则表示"连属"之意,即两个部分连属于同一整体,从而形成相连属的"体同"关系。"同类之同"则是就同类事物之间所具有的本质上的相同处而言的,这也就相当于《经上》所说的"有以同"之"类同"。笔者认为,上述十种"同"中前四种"同",与《经上》《经说上》87条关于"同"的分类一样,都重点讨论的是两个具体事物或名称与事物之间的关系,而《大取》所述的剩余的六种同,则主要是就立论者在使用言辞时(特别是墨家所主张的道义命题时)所持的认知与信念态度之差异,及其产生出的名实之间的同异状况而言的。以下对之略加说明:

首先是"同名之同"。其主要指的是当论者在具体使用某一名称(语词)时,往往会以自己固有的认知经验来比附地把握未知事物,从而可能遭遇到的同名异实情况。比如,郑人和周人在使用名称"璞"时,郑人指的是璞玉,周人则指的是未腊之鼠肉,论者在使用"璞"这一语词时,可能会因认知不同而产生误解。①

其次是"丘同"。"丘同"中的"丘"与"区"同,丘同即"同区域而处"②,即是论者出于某一目的将本来相异的事物在某一空间范围内合为一同,如墨家在《大取》中区分墨学兼爱与儒学仁爱时,强调兼爱是穷尽一切时空存在之人的爱。这些存在着的具体个人虽是各各相异的,然将其纳入同一时空从而方便以兼爱之"同"来对其加以把握,则可将之称呼为"丘同"。还比如,《大取》所提到的"居运之名",其所指谓的那些具体存在物因同处某一空间而形成的"同"也可视作"丘同"。

① 据《尹文子·大道》:"郑人谓玉未理者为璞,周人谓鼠未腊者为璞,周人怀璞谓郑贾曰:'欲买璞乎?'郑贾曰:'欲之。'出其璞,视之,乃鼠也。因谢不取。"又据《战国策·秦策三》:"郑人谓玉未理者璞。周人谓鼠未腊者璞。周人怀璞过郑贾曰:'欲买璞乎?'郑贾曰:'欲之。'出其璞视之,乃鼠也。因谢不取。"即论者在使用语词时,因对名的认知上的不同会产生所形成判断的差异。

② (清)孙诒让:《墨子间诂》,北京:中华书局,2001年版,第410页。

再次是"鮒同"。"鮒同"之"鮒"可通"附",为依附、附属之意。故"鮒同"主要指的是论者将两个相异之事物经常相依附出现的关系视为"鮒同",一如侔式推论所强调的"比辞而俱行"一般。

再次是"同根之同"。"同根之同"指的是不同事物具有同一起源之"同",如豆与豆萁、兄与弟都可被视为"同根"。"同根之同"意在强调,论者在提出论题时,应当注意到事物在起源上的相似性,如"明鬼"与"节葬"二事虽然都是异,但其皆本于墨家的"义",故都是可以成立的。

最后是"是之同"与"然之同"。对此两种"同"的论述,可以说是《大取》论同异问题最为要紧的地方。曾有论者指出说,"是之同"与"非之异"分别表示命题的真与假,"然之同"与"不然之异"分别表示表示命题的肯定与否定。①若就《墨经》文本对"是"与"然"的使用而言,这种诠释无疑是恰当的。由此,或可将"是之同"诠释为,立论者认识到的两个言辞之间在真值上是相同的;将"然之同"诠释为,立论者认识到的两个事物同为存在之同。

除了这十种同之外,《大取》还提到了四种异,即"非之异、不然之异、其异也为其同也、为其同也异"。这四种异与《经上》88条所说的"二、不体、不合、不类"相比,在于后者是从"重、体、合、类"四同的否定之角度来界说异,侧重点在具体事物或名称与事物间的关系;前者则主要是从《大取》所述的后六种同,特别是"是之同、然之同"的否定之角度来界说异,侧重点在论者所持的认知、信念内容中的名、实之异。显然,"非之异"是对"是之同"的否定,表示言辞或命题的假;"不然之异"是对"然之同"的否定,表示事物可被设想为不如此存在而引发的异。要言之,这四种"异"中的"非之异",表示的是论者认识到两个命题在真值上的相异,"不然之异"表示的是论者认识到两个事物所存在的性质上的相异。

"其异也为其同也"和"为其同也异"则揭橥了事物之间同异关系的复杂。前者表示事物之间虽异,但同时也有同,即"异中有同"。后者表示事物之间虽同,但同时也有异,即"同中有异"。而这两种"异",也可通过《大取》所说的"长人之与短人也同,其貌同者也,故同。人之指也与人之首也异。人之体非一貌者,故异"之例来加以把握。所谓长人与短人之异,在于长短,但却都具有人之貌,都属于人类,所以为同;手指与头部尽管都属于人的身体,具有体同的关系,但从形貌来看却完全是"异"。这里的"为其同也异",实质上并不是从"同"来定义"异",而重在指出事物之间存在的"同而有异"现

---

① 参见沈有鼎:《墨经的逻辑学》,北京:中国社会科学出版社,1982年版,第31页。

象而已。在笔者看来,"其异也为其同也"和"为其同也异",重在强调论者在立论时,要认识到事物之间的同异关系的复杂性,既可能是"同而有异",也可能是"异而有同",故需要通过权衡利害才能把握。要而言之,这四种异实际上也涉及了立论者在证成墨家所主张的道义命题时,需要考虑到言辞所涉及的具体时空情景的复杂状态,以及立论者本身所具有的认知与信念前设。

总之,上述的"同名之同"等六种同与前述的四种同一起,构成了墨家在设立道德判断和选择道德行为时的认识论基础,即墨家所设立的道义命题之是非,须建立在包含事物关系之同异(前四种同)和论者之认知及信念内容的事物之同异(后六种同和《大取》四异)基础上。正是建立在十种同、四种异的基础上,墨家认为,立论者在进行推论时会出现如下四种情况,即"是而然""是而不然""迁"和"强"。"是而然"表示前提肯定结论肯定,"是而不然"表示前提肯定而结论为否定,对这两种情况的详细讨论,可参见第五章第二节。至于"迁"和"强",因《墨经》未对之作出能有所补充的进一步说明,因此笔者也只能就《大取》所讨论的道义命题的情况,而略加引申。一般而言,"迁"表示迁移、迁徙、变动不居之意,主要相应于事物、言辞的"是之同"和"非之异"的同异情况,用以表示因客观情况的然或不然之变化,而导致同一命题真假值所产生的变动。质言之,"迁"表示一个可真可假命题之真假值的条件。如《大取》说:"昔者之虑也,非今日之虑也。昔者之爱人也,非今之爱人也。"因私心私爱私利而去爱人,则会使得爱利他人的理由,会随着情景的不同而有所不同,如此一来,随着情况的改变,"爱利"的涵义也就随之发生了改变。故而,立论者所确立的"爱人"的道义命题,其真假值或者说可以被接受的程度也会随之发生变化。至于"强",则主要表示一种"强以为"之意,相应于上段所说的"然之同"和"不然之异",主要用以表示立论者主观上将客观之然视为不然的信念态度。在墨家看来,立论者的主观认知或信念态度,会对其所立的道义命题能否反映经验之实产生影响,《大取》说:"正夫辞恶者,人有以其请得焉。诸所遭执而欲恶生者,人不必以其请得焉。"意即,对那些言辞不加修饰的普通人,人们往往可以从其处得到实情;而那些抱有偏见且很固执的人,则由于感情的好恶,人们从其处得到的情况就不一定是实情。由此可见,墨家辩学在讨论道义命题的立论及其推论时,非常注重客观之具体情状的变化和立论者个人的认知、信念偏好状况所产生的影响。

综合上述《墨经》关于同、异的分类思想,不难发现,墨家逻辑思想中关于同、异的界说及其分类,实质上坚持的还是"同而有异""异而有同"的经验主义立场。无论是《墨经》对"同"所作的定义,还是对"二必异"的相异律的说明,都试图将事物之间的同异关系联系起来,而非割裂开来。同时,《墨经》对同、异范畴所作的分类充分说明了事物及名称概念之间同异关系的复杂性,而正确区分事物(或名称、概念)之间究竟属于何种同异关系,是互相进行辩论所要首先进行的"通意后对"式的工作,也是进行有效推论和合理辩论的必要前提。在这之中,正确把握事物之间的"类同"和"不类之异"关系,是人们在求"说知"(即从已知的前提经推理论证而获得未知的结论)的过程中,避免发生"异类不比"错误的基本依据。而《墨经》所提出的"同异交得"观,则更进一步说明了某一独立存在物可以具有相异的甚至相矛盾的两种属性,正所谓"有其异也,为其同也异"。要言之,《墨经》由"异"定义了"同",又进而指出,"同"也包含有"异",同异交得而非相离,从而形成了墨家逻辑思想中的"别同异"和"交同异"观念。

第三节 "别同异"与"类"概念的发展

立足于墨家逻辑思想中的"别同异""交同异"的同异观,审度惠施"合同异"、庄子"齐同异"和公孙龙"离同异"等主张,不难发现,《墨经》所形成的"交同异"观,是对其他几种同异思想的扬弃式总结。这一点也可从墨家学派创作《墨经》的缘由中得到佐证。墨家学派创作《墨经》的主要原因之一,是为了在先秦百家争鸣的大背景下,寻求一套基本的论辩理据,以期能够在和其他诸家的思想论战中获取胜利。①质言之,《墨经》关于"同""异"概念的定义,对"同""异"概念所作的不同分类,以及对"同异交得"思想的阐明,如被放置于先秦时期同异之辩的大背景下加以观察,不难发现,其目的之一就是为了回应惠施、庄周、公孙龙及其他辩者玄思式的割裂事物或名称之间的"同""异"关系,执"同""异"为绝对的主张,进而提出符合墨家"原之百姓耳目之实"的经验主义的"别同异"与"交同异"主张,从而使墨家学派在同异之辩中占优势地位。

一 对惠施、庄子和公孙龙同异主张的批判

既然《墨经》的"别同异""交同异"观是在与名家、庄子等其他先秦思想

---

① 参见高亨:《墨经校诠》,北京:中华书局,1962 年版,第 1 页。

家所持的同异主张的交锋辩论中得以建立并发展的,那么,《墨经》势必会对惠施、庄子和公孙龙的同异主张有所批判和回应,并在批判和回应的基础上形成了墨家的"交同异"主张。

惠施的同异观,是在对"大一""小一"进行界说的基础上,区分开了"大同异"与"小同异"。尽管惠施的"小同异"说承认了事物之间具有相对的同一、相似和差别、相异,但其更为重要的"大同异"说,则承认了同异关系的互相独立和绝对分离。以笔者浅见,或许是由于惠施看到了表达事物同异关系的命题——如"A与B是相同的"中的"相同"所具有的语义含混性和指称的不确定性(即究竟在何种含义上的"同"),他才采取了一条否定的进路,即通过消解"小同异"说所包含的语义含混,来澄清只有毕同、毕异的"大同异"方才具有思想、概念上的明确性。与之不同,《墨经》则是在用"异"来定义"同"的基础上,批判了惠施将事物或名称之间的同、异视作绝对分离的观点,并进而在提出同、异的四种分类时,以类同、不类之异和同异交得的方式肯定了惠施所持的"小同异"说,并可以"合同"和"二毕异"的说法,诠解惠施所说的"万物毕同毕异"的"大同异"说。

公孙龙论及了事物自然类之间的"类同"和"不类之异"的分类原则,即"一类遍有而另一类遍无"的自然属性。但在断定事物之间的类同、不类之异关系时,公孙龙认为,并不能简单地只通过某一种自然属性,就去简单断定事物之间形成了类同关系。同时,公孙龙所论的"类同"与"不类之异",是以"同""异"为各自绝对和彼此独立的观念,从而与惠施的同异观具有一定的相似性。此外,公孙龙对"离坚白"和"白马非马"等论题的论证也表明,他是将某一具体存在物所具有的属性看作是彼此分离的独立存在,并否定它们之间可能所具有的"体同"关系。而《墨经》则在"同异交得"说的基础上,完善了断定事物是否属于同类的划分原则,即" 物遍有另 物遍无",进而形成了以"有以同"和"不有同"为内容的"类同"和"不类之异"观,并通过发展"体同"和"盈坚白"等观念,来反对公孙龙的"离坚白"主张。

庄子以追求绝对逍遥(无待于物)的自由为思想的根本宗旨,立足于"道"而否定事物之间具有的相对的同异关系,从而也就将事物之间的同异关系看成是一绝对观念。若从《墨经》所论的"同""异"分类说观之,庄子虽肯定了万物所可能具有的合同关系,但却否定了事物之间所可能具有的类同关系。同时,庄子学派对"异名同实"的"重同"关系也有所发现。而《墨经》同样在肯定事物是"异中有同"的基础上,立足于"类同"以反对庄子的"类与不类,相与为类"观念,并用"重同""合同"等术语,对庄子及其后学所持的"异名同实"和"万物一体"等观念作出界说。

与惠施、庄子和公孙龙的同异主张相较,《墨经》的交同异主张以承认两个事物或名称之间必然存在差异(二必异),以及将"同"视作相异事物或名称所具有的一致之处和共通之处("同,异而俱于一也")这样的经验之知为基础,批判甚至反对了将事物间的同异关系相离而形成的"合同异""齐同异"和"离同异"等主张,辩护和维系了"同而有异,异而有同"的辩证思维意义上的同异观念。尤其是《墨经》的同异交得论题,更指出了一个处于运动变化中的独立存在物,可能会在不同时间段,或相较于不同的事物而具有相异甚至相反对的属性或关系(如某一位女士 A 同时可能是其母亲的女儿和其女儿的母亲,即"子"和"母"两种关系可同时存在于 A 身上)。故而,《墨经》的"交同异"主张,也就在实际上反对和否定了公孙龙等人所坚持的,以"坚""白"两种属性不能同时存在于某一实体"石"之中的"离坚白"观(依《墨经》中的理解),而主张一种"盈坚白"说。

同时,《墨经》还将事物或言辞之间的"同"划分为重同、体同、合同、类同四类。此一对"同"的分类,更是批判总结了其他名辩学家对"同"的认识,其中关于"异名同实"的"重同"的认识总结了如庄子用诸多名称(如"周""遍""咸"等)指称同一实体(道)的思想;《墨经》认为,体同是两个部分从属于同一整体或两个属性属于同一实体之间的这种"同",这一体同观可用以反对公孙龙将"坚""白""相离"而不"相盈"的观念;《墨经》所说的"合同"总结了庄子的"齐同异"、惠施的"合同异"观,即共处于同一空间之中的两个事物,就其所共处的空间而言,它们之间具有的是一种合同关系(《墨经》用"俱处于室"来界说了"合同");《墨经》的"有以同"的类同观则反对了庄子否定"类同"存在的观念,并批判地发展了公孙龙对自然事物分类原则的认识。

从《墨经》的"同而有异、异而有同"的交同异观来审视惠施、庄子和公孙龙的同异思想,不难发现,《墨经》对事物或言辞之间的同异关系的考虑,更为全面也更为充分。《墨经》在批判名家、道家同异思想的同时,也总结、推进和深化了同异之辩的逻辑史主题。就内容而言,《墨经》以"同而有异、异而有同"的同异之间的互相联系,反对了执同、异为互相独立的观念,并完整地提出了"同""异"范畴的四种分类主张,形成了先秦思想史或者说先秦哲学史上关于同异之辩的最高程度的理论自觉(尽管后来的荀子时用"同则同之,异则异之"来概括地阐述"制名原则",但却只是对"同""异"概念的自发使用,而未能对"同""异"进行更为自觉的理论界说)。就形式而言,《墨经》所提出的"别同异""交同异"主张,要显得更为系统和完备,其既包含了从

"异"的自明性出发的对"同"的界说,以及对"同""异"概念的不同分类等内容,也包含了对相异乃至相反、相矛盾的属性、关系,共存于某一事物之上的"同异交得"观念。就此而言,《墨经》所提出和论述的同异主张,要远比惠施、庄子和公孙龙等其他名辩家所提出的相关同异观论题,更富体系和更为完备。从先秦逻辑思想史的发展来说,《墨经》"交同异"主张的最大贡献,就在于其对"类"概念的逻辑史拓展。

二 "别同异"观对"类"概念的逻辑史拓展

尽管先秦同异之辩首先是作为思想史事件而发生的,但由于事物或言辞之间的同异关系(特别是类同和不类之异关系)是形成言辞之是非,乃至论式运用的正确与否的基础,因此其可能就具有一定的逻辑思想价值。从中国古代哲学所使用的主要推理形式,及其所进行的道义推理实践来说,推类可谓是先秦诸子哲学中最具主导地位的推理类型,而推类的正确进行,就必须要以正确区分事物或言辞之间的类同、不类之异关系作为基础。[1]与此相应,推类所必须遵守的基本原则,就是所谓的"同类相推,异类不比"和"以类取、以类予"。就此而言,正确区分事物或言辞之间的"类同""不类之异"关系,就应当是先秦诸子使用"推类"这一主导推理类型进行论证,以期能从可被接受的合理前提得到可靠结论的必要条件之一。

从现代逻辑的视角来说,"类"(Class)或"集合"有着举足轻重的地位。例如,一阶谓词逻辑就可以被看作是一种关于"类"或"集合"的理论。[2]先秦诸子所用的推类实践,特别是《墨子·小取》篇所总结的"辟""侔""援""推"等论式,也都紧紧围绕着"类"概念来展开论述。故而,准确辨别事物、概念(名)之间的"类同""不类之异"关系,也就自然成为进行正确的逻辑推理的关键环节。那么,中国古代先秦时期的诸子所讲的"类"能否等同于现代数理逻辑意义上的"类"观念呢?

这一问题引起了 20 世纪 60 年代以来研究中国古代逻辑思想的汉学家们的热议。他们对这一问题的回答,也可谓是仁者见仁、智者见智。具体来说,海外汉学家们对先秦时期诸子哲学所讲的"类",能否等同于现代逻辑学

---

[1] 参见崔清田:《推类,中国逻辑的主导推理类型》,《中州学刊》,2004 年第 3 期,第 136—141 页。

[2] 此处参考了 Harbsmeier 的观点。见 Christoph Harbsmeier, *Science and Civilization in China*, Volume 7, Part 1: Language and Logic, Cambridge: Cambridge University Press, 1998, p. 218。

所讲上的"Class"这一问题,形成了肯定与否定两种不同意见。其中,齐密莱乌斯基在《中国古代逻辑注解》("Notes on early Chinese logic")中提出,中国先秦诸子(特别是公孙龙子和《墨经》中)所讲的"类",实际上就是现代逻辑所讲的"Class",这二者之间在本质上是一致的。①葛瑞汉则认为这两个概念全然不能等同,现代逻辑所讲的"类"概念表示的是一种"类属"意义上的实在论概念,而中国先秦诸子哲学中所讲的"类"概念则更多的是表示一种"类似""肖似"意义上的唯名论概念。②何莫邪则在详细考察中国古代"类"概念的发生和发展史的基础上,认为中国古代逻辑所说的"类"并不能简单等同于数学上或数理逻辑所讲的抽象集合或类(Class),而只是一种中国先哲探讨认识与论证模型的"文化"概念而已。③卢卡斯认为,《墨经》所讲的"类"概念既不能等同于现代逻辑所讲的"类属、类别"意义上的"Classes",也不能界定为"类似、分类"意义上的"sorts",而是兼有这两种特点在内。④他的这一说法,实已注意到了先秦诸子所讲的"类",兼具政治伦理意义与逻辑意义。要言之,考察诸子所讲的"类"与现代逻辑所讲的"类"(Class)之间的同异关系,目的也主要是为了说明中国古代哲学是否形成了一定的逻辑思想,以及这一逻辑思想又该如何从现代逻辑的视角加以理解等问题。

实际上,"类"概念之于中国古代逻辑思想的意义,主要就表现为抽象的"类"概念是中国古代逻辑思想得以产生和赖以发展的认识论基础之一。⑤考察中国逻辑思想发展史上"类"概念的萌芽、产生与发展,也须建立在对古

---

① 参见 Janusz Chmielewski, "Notes on early Chinese logic(I)", *Rocznik Orientalistyczny*, Vol. 26, No. 1(1962), pp. 7 - 22. 实际上,在齐密莱乌斯基写于 1962 到 1969 年的《中国古代逻辑注解(1—8)》("Notes on early Chinese logic(I—VIII)")整组论文中,"类"都被翻译为"Class",即略相当于现代逻辑所讲的"类"。

② 参见 A. C. Graham, *Later Mohist Logic, Ethics and Science*, Hong Kong: Chinese University Press, 2003, p. 336. 此外,陈汉生也持类似之观点。

③ 在汉学家的翻译中,"类"多被翻译为"kind""class"或"sort"。可参见 Christoph Harbsmeier, *Science and Civilisation in China*, Volume 7, Part 1: Language and Logic, Cambridge: Cambridge University Press, 1998, pp. 218 - 229. 又如冯耀明将"类"翻译为"Class"或"Kind",参见 Yiu-ming Fung, Sameness(*Tong* 同) and Difference(*Yi* 异), in Yiu-ming Fung(ed.), *Dao Compansion to Chinese Philosophy of Logic*, Switzerland: Springer Nature Switzerland AG, 2020, p. 216.

④ 参见 Thierry Lucas, "Later Mohist Logic, Lei, Classes and Sorts", *Journal of Chinese Philosophy*, Vol. 32, No. 2, (Sep., 2005), pp. 361 - 362.

⑤ 参见吴建国:《中国逻辑思想史上类概念的产生、发展与逻辑科学的形成》,《中国社会科学》,1980 年第 2 期,第 51—75 页。

汉语"类"字的字义解释，以及对中国古代思想史上的前逻辑意义上的"类"概念的使用来讨论。据《说文解字》的解释，"类"为"种类相侣，唯犬为甚。……从犬，类声"①。从字面上说，所谓"类"，主要指的是同一类的事物都具有相似的属性，如犬类动物所表现出来的那样。若从文化人类学的角度来考察"类"观念在中国思想史上的产生，或可发现，"类"首先是一个出现在古人祭祀活动中的专有名词，兼具有道德意义和祭祀意义，亦包含有种族等涵义，如"非我族类，其心必异"等所言及的源自同一祖宗的种族之意。此外，"类"还可引申为"同类"和"类似、相似、肖似"，这主要指的是同一家族成员共有家族之名的意思。②从先秦诸子对"类"字的使用来说，"类"可以被简单区分为生物学意义上的自然类（如公孙龙所言的"牛之非马"所说的牛马不是同类动物等），伦理道德意义上的类（如儒家"君子小人之辩"所说的君子之类与小人之类。就道德意义上的"类"来说，某人或某事物属于什么类，就决定了他该具备何种礼仪规范和道义行为，如某人属于君子之类，这也就规定了他必须要有与君子这个名称所相应的道义言行，等等），以及形上学意义上的类（如"五行"所讲的金木水火土等，往往代表的都是一些具有类似于"家族相似"特性的一类事物，等等）。再则，若考察先秦儒、墨、道、名、法等诸子所构建的哲学论证，尤其是彼此之间的思想批评，也不难发现，他们都将"知类""明类""察类"作为基本的理性思维基准。比如，孟子尽管批评墨家所持的"兼爱"等政治伦理主张，但在要求"知类""明类"这一点上则是共通和一致的。或许，在他们看来，人们若要清楚了解某一事物，就必须了解该事物所属的"类"，也就是要了解清楚同类事物之间所具有的相似性究竟何在，并能立足于两个或两组事物之间的类同关系，从一个事物、事件的性质来推断和把握另一个事物、事件所具有的类似性质。

要言之，所谓的先秦诸子逻辑思想或先秦逻辑史所讲的"类"，重点强调的是一种对事物、言辞或行为的划分。此一划分既可以是约定俗成的传统给定或自然划分，也可以是由某个圣王、政治家或思想家所建立的政治与道义言行之划分。③通过对事物、言辞、行为所属之类的划分，人们就可以建立起一套以已知推求未知的理性思维模式，进而再以物类、事类之间的同与不

---

① （东汉）许慎撰，（清）段玉裁注：《说文解字注》，上海：上海古籍出版社，1988年版，第476页。

② 参见吴建国：《中国逻辑思想史上类概念的产生和发展》，载于《中国逻辑思想论文选（1949—1979）》，北京：生活·读书·新知三联书店，1981年第1版，第64—84页。

③ 《荀子·君道篇第十二》中的"类不能自行"等说法，或可旁证"类"可由人来建立或划分的认识。

同,来展开语言交际中的论证和反驳活动("辩")。这也就是说,尽管中国古代逻辑思想所强调的"类"不能等同于数学意义上的集合,但"类"确实是中国古人从事推理论证活动的重要概念,对类同和不类之异的正确认识也就成为传统的"类比推理"论式的客观前提。①就此而言,"类"也就的确具有了一定的逻辑学意涵。

同时,抽象的具有逻辑学意涵的"类"概念,在实质上也就表现为事物、言辞之间的"类同"与"不类之异"关系。在考察事物、言辞间的类同关系的先秦诸子中,惠施、庄子看到了事物或言辞之间的"类"的同异关系的相对性和复杂性,由此而去追求一种万物一体的"合同"观,而解构乃至否定事物之间的"类同"关系的重要性;公孙龙和《墨经》则主要讨论了"类同"问题,从而在先秦逻辑思想的发展中占据有主要地位。公孙龙立足于"离同异"的基本思想,试图将事物之间的"类"同关系视作绝对,并严格按照"一名一实"的正名原则,以区分开事物所具有的自然意义上的类。这也是公孙龙作出诸如"白马非马"之类的琦辞的重要思想前提。此外,公孙龙在认识事物之间的类同关系时,还将同一个存在物所具有的不同属性之间的同异关系视作为"不类之异"。而《墨经》则立足于"同而有异、异而有同"的辩证思维原则,指出了"异"的绝对性,并立足于"异"而定义了"同",进而将同、异作了四种分类,并最终阐发了"同异交得"的主张。

最后,若就同异关系的四种分类来说,日常语言在讨论立足于事物同异关系上的判断时,就很可能会出现某些语义上的含混性。比如,当我们说"物 A 与物 B 之间是相同"的,那我们就必须要考虑到我们所说的"同"究竟是何种"同"。对此,我们可能会形成不同的答案。A 与 B 之间的"同"既可以是"合同"与"类同"兼具意义上的"同",还可以是"合同"但同时也存在"不类之异"。由此,若比较《墨经》与其他诸子的同异思想,不难发现,《墨经》对"类同"和"不类之异"的理论阐发,恰好就是其最有特点的地方。事实上,也正是《墨经》对"类同"等的正确说明,才有力地帮助墨家学派在同别家进行以求胜为目的的辩论活动中脱颖而出,并建立了名辩学中的墨家逻辑思想。如果说墨家逻辑思想所讨论的主要内容,不是日常推理实践所具有的有着

---

① 本部分论述参考了 Harbsmeier 和 Jinmei Yuan 的论文,参见 Christoph Harbsmeier, *Science and Civilisation in China*, Volume 7, Part 1: Language and Logic, Cambridge: Cambridge University Press, 1998, pp. 218 – 229; Jinmei Yuan, "'Kinds', 'Lei' in Ancient Chinese Logic: A Comparison to 'Categories' in Aristotelian Logic", *History of Philosophy Quarterly*, Vol. 22, No. 3(Jul., 2005), pp. 181 – 186.

具体思维内容的"思维过程",而是立足于推理实践而抽象出来的讨论推理形式的所谓"思维一般"的话①,那么,墨家学派,尤其是《墨经》,立足于对事物或言辞之间的类同、不类之异的正确认识,来论述判断的是与非,和论式运用的合理与不合理。而这一点,也刚好是其他先秦诸家阐发逻辑思想时所未能深及的问题。②故而,墨家逻辑思想所推崇的"别同异""交同异"主张,特别是其对"类同"和"不类之异"的辨析与讨论,就极大地拓展了先秦逻辑思想中最为重要的"类"概念的逻辑思想史意义,从而也就在更高程度上深化了先秦名辩思潮"同异之辩"的逻辑思想史价值。

---

① 参见李匡武主编:《中国逻辑史》(先秦卷),兰州:甘肃人民出版社,1989年版,第185页。
② 参见李雷东:《语言维度下的先秦墨家名辩》,北京:中国社会科学出版社,2013年版,第112页。

第四章 "是非"与合理性

"明是非"是墨家辩学的重要功能和目的之一。《小取》总结论辩活动的目的之一就是所谓的"明是非之分",《墨辩注叙》更是将"别同异,明是非"作为名辩学说的一个根本关切。由此可见,是非问题和名实、同异问题一样,都属于先秦名辩思潮和中国逻辑思想史上的关键问题。在现存的有代表性的先秦哲学思想文本中,讨论是非问题的代表性文献当首推《墨子》和《庄子》。墨子提出了"三表法"以作为判断言辞是非的标准。从墨者以"义"为是、以"不义"为非的角度来看,墨家的是非观潜在地蕴藏着是与非之间的矛盾和对立。以孟子为代表的儒家,也接受了墨家以"是""非"为互相矛盾和对立的范畴之认识。只不过,儒、墨各以自己所认识的道义为是,以不同于和反对了自己所认可的道义的认识为非。庄子则主张"彼亦一是非,此亦一是非"和"不遣是非,以与世俗处"。其中的"彼""此",主要指的是儒家或墨家所持的以言辞的形式表现出来的政治、伦理主张。如此一来,庄子就形成了"齐是非"的主张,并构成了对墨家和儒家是非观念的反动。但在《墨经》看来,庄子的"齐是非"主张,实质上就是《经下》135条所要坚决反对的"辩无胜"论[1],即取消了论题所用及的命题的真假值(如认为"这是牛"和"这不是牛"之间不存在那个命题为真,那个命题为假的问题)。结合《墨子》和《庄子》对"是""非"语词的使用来看,"是"除了多用作代词表示"这个"之意外,另一种用法主要是与"非"相应,表示对言辞正确与否的肯定。简要地说,"是非"就既包含有道义、价值意义上的肯定与否定之意涵,也包含有言辞的真假、对错和应当与否等意涵。也正是考虑到"是非"概念在墨家哲学中所具有的多重意涵,笔者才冒昧选用了可能不那么精准的"合理性"这一术语,来对之加以笼统概述。

---

[1] 参见章沛:《杜国庠先生关于中国先秦逻辑思想史的研究》,载于《杜国庠学术思想研究》,广州:广东人民出版社,1989年版,第61页。

在先秦诸子哲学中,墨家逻辑思想对语言(言辞)问题有着清晰而独到的认识。《经上》将"言"定义为"出举",意即"言"是人们用口所说出来的用以模拟和反映事物的称谓;《经说上》又进一步解释这一点说,"言犹名致也",即是说语言是由名称(概念)相联结而组成的。《小取》在解释"辞"时说"以辞抒意",即"辞"是人们用以表达对客观存在之事物有所断定的思想的语句。由此观之,墨家辩学完全是将言辞理解为人们用以表达对客观实在之事物或事实有所反映和断定的语句。从《墨子》对语词"言"的使用来看,墨家辩学所讲的言辞,广义地说,既包括了指称客观存在之事物的语词,也包括了由多个语词联结起来的、对客观存在之事实有所断定的语句,还包括了表达墨家之哲学、政治和伦理思想主张的陈述或命题。既然"是""非"有表示言辞正确与否的断定之涵义,那么,"是""非"也就会涉及表达判断的言辞的真假与否等问题。实际上,在墨家辩学中,"是"也是用以标示"真"观念的一个重要语词。①尽管如此,这种认为墨家辩学包含有"真"观念的信念,受到了当代一些墨家逻辑思想研究者们的反对。

以下,我们围绕"是非"观与真观念问题,讨论如下两个主题:(1)墨家辩学是否形成了"真"观念,如何为"墨家辩学有'真'观念"这种信念进行辩护。笔者认为,墨家辩学确实已形成了抽象的"真"观念。(2)如何结合墨家用以判断言辞之是非(真假)的主要标准——"三表法",立足逻辑哲学中的符合论和融贯论真理观,诠释和理解墨家辩学的"真"观念。此外,笔者还打算以《大取》中提到的"权"概念为核心,探讨墨家对道义言辞与道义行为之"是""非"的认识。

第一节 相应于"真""假"的是非观②

近代墨学复兴以来,学者多以源自古希腊的西方形式逻辑和佛教因明学说,对墨家辩学中的逻辑思想展开研究,这其中就涉及了是非观中的真观念问题。如孙诒让就曾在 1897 年的《与梁卓如论〈墨子〉书》中谈及"《墨经》……为周名家言之宗;窃疑其必有微言大例,如欧士论理家雅里大得勒

---

① 有学者指出,墨家将"真"称作为"是""当"。参见杨武金:《墨经逻辑研究》,北京:中国社会科学出版社,2004 年版,第 34 页。

② 本节中的部分内容与观点,曾发表于《中州学刊》。参见杨武金、张万强:《墨家辩学中的"真"观念辨析》,《中州学刊》,2015 年第 6 期。

之演绎法,培根之归纳法,及佛氏之因明论者。……间用近译西书,复事审校,似有足相证明者"①,意即研究墨家逻辑思想,必须与西方逻辑思想进行比较,才能阐明其中的逻辑学意蕴。自梁启超、胡适开《墨经》逻辑与西方逻辑和源自印度的佛教因明比较研究之风而来,墨家辩学的研究者们,都自觉或不自觉地将"辞"视作命题,将《墨经》中的"当""是""然""可"等语词,诠释或解释为"真"。但随着研究者们对产生于古希腊文化传统的逻辑学的深入了解,以及对比较研究方法的反思,这种诠释方式遭到了研究者越来越多的批评和反对。尤其是一些西方汉学家的研究特别指出说,包括墨家哲学在内的中国古代哲学思想,都没有形成古希腊意义上的"真""假"观念。比如,美国汉学家孟旦(Donald Munro)的评论就很有代表性:"与西方哲学家们有所不同的是,中国古代的哲学家们在讨论和接受某个命题时,都未将该命题的希腊意义上的'真''假'问题置于至关重要的首要地位。"②孟旦的这一论断实际上也潜在地断定了墨家辩学并不具有希腊意义上的"真"观念。笔者以为,所谓希腊意义上的"真"观念,应主要指的是亚里士多德在《形而上学》中所指出的符合论意义上的"真"观念,即命题与事实相符合的符合论意义上的真。

审度当代的墨家逻辑思想研究,墨家是否形成了"真"观念已变成了一个引起研究者广泛争议的问题。笔者认为,梳理和澄清墨家辩学是否具有"真"观念,以及具有什么样的"真"观念,或许能够为科学判断墨家辩学的逻辑学性质提供一个新的思考维度。以下,笔者拟通过回溯学界关于墨家辩学是否有"真"观念所争议的主要问题,来简略讨论墨家提出的判断言辞是非标准的"三表法"和"天志"等主张,以及墨家辩学中用以指称"真"概念的"当""然""是""可"等词项,以期能够澄清墨家逻辑思想中确实潜在地包含有一种符合论和融贯论意义上的"真"观念。

一 学界关于墨家辩学是否存在"真"观念的争议

如上所述,自梁启超的《墨子之论理学》《墨子学案》和胡适的《先秦名学史》等大作,开创了一条以中西逻辑思想的比较研究来诠解墨家辩学的方法以来,比较研究法就始终是研究墨家逻辑思想的一个主要方法。比如,梁启超将《墨经》所说的"名""辞""说",诠释为传统逻辑学所讲的概念、判断和推

---

① (清)孙诒让:《与梁卓如论墨子书》,《籀庼述林》,北京:中华书局,2010年版,第382页。
② Donald Munro, *The Concept of Man in Early China*, California: Stanford University Press, 1969, p.55.

理,即"论理学家谓,'思维作用'有三种形式,一曰概念,二曰判断,三曰推论。《小取》篇所说,正与相同。(一)概念 Concept＝以名举实(二)判断 Judgment＝以辞抒意(三)推论 Inference＝以说出故"①。梁启超的这一诠释,也受到了后来的墨家辩学研究者们的普遍认可与继承。与这一诠释相呼应,墨家辩学所说的"辞"之当否与然否,也就相当于逻辑学所讲的命题或判断的真值与假值。如此一来,立足于比较研究法而来的墨家逻辑思想研究,自然就很容易被认定为潜在地包含着(应具有且已具有)"真"观念。又如,20世纪在墨家逻辑思想研究上取得重要成就的沈有鼎就指出,《墨经》的逻辑学说中,由"名"(即概念和名称)连结而成的"辞"就是命题或语句,"辞"所表达的"意"就是命题所表达的判断,命题与事实相符合的情形被《墨经》称作"当"。②显然,这也就是将"当"就等同于"真"了。还如,20世纪80年代由李匡武主编,集中国逻辑史研究领域中诸多研究者之力编撰而成的五卷本《中国逻辑史》中的"先秦卷"部分,在第四章《先秦逻辑科学的建立——〈墨辩〉逻辑学》中也强调说,"辞"是作为墨家辩学或《墨经》逻辑思想的专门术语而使用的,在本质上就相当于传统逻辑所讲的语句或命题;《墨经》认为,"辞"有"当"与"不当"之分,实际上也就表述的是某个命题是真的还是假的。③这些意见也完全可以说明,近现代的墨家逻辑思想研究,都认为墨家辩学包含着"真"这一至关重要的逻辑观念。

然而,自20世纪90年代以来,随着国内墨家辩学研究者们对中西比较研究法的一定程度的反思,以及对葛瑞汉、陈汉生等西方汉学家们研究中国古代逻辑思想所取得的成果和所运用的方法的借鉴与拓展,在墨家逻辑思想研究取得丰硕成果、形成多元观点的同时,先前研究中所潜藏的一些预设概念也遭遇到了很大的质疑与挑战。这其中自然也就包含了对墨家辩学是否具有"真"观念的讨论。比如,崔清田就曾在《墨家辩学研究的回顾与思考》等文章,以及由其所主编的《名学与辩学》一书中,开诚布公地论说道:墨家辩学研究的最重要目的是"取当求胜"和"判明是非",而不是认识和探究事物之客观理路的科学真理,墨家辩学所讲的"当"主要是在正确、恰当的涵义上而论的,不能够也不应当被诠释为"真"。他进一步分析说,墨家辩学产

① 梁启超:《墨子学案》,转引自周云之主编:《中国逻辑史资料选》(现代卷下),兰州:甘肃人民出版社,1991年版,第7页。
② 参见沈有鼎:《墨经的逻辑学》,北京:中国社会科学出版社,1982年版,第28页。
③ 参见李匡武主编:《中国逻辑史》(先秦卷),兰州:甘肃人民出版社,1989年版,第186—210页。

生和发展的历史背景,是中国先秦时期"礼崩乐坏"的社会条件下出现的百家争鸣思潮,尤其是反辩学派和非辩学派对名辩学的批判与驳斥,据此可知墨家发明和发展、应用辩学的目的,也主要是为了阐发墨家学派的伦理、政治思想主张,故而墨家辩学在本质上是求"胜"而非求"真"的工具。此外,还应考虑到墨家辩学所处的中国传统文化具有一种"重人文轻自然"的思想史背景,因此,墨家也就很难将其辩学思想发展为一套"认识客观真理的逻辑方法"。①崔清田还在比较墨家辩学的学说体系和由亚里士多德所创立的逻辑思想体系之间的异同的基础上,提出这二者在目的、对象、性质和内容上都存在着根本的差异。亚里士多德严格区分了证明与论辩,认为论辩是以"普遍接受的意见"而非"真实而原始的知识"作为推理的前提;逻辑作为认识真理的工具,主要的研究对象是证明而非论辩;在这个意义上,墨家辩学显然不能等同于或被理解为"逻辑学"。②之所以出现将墨家辩学视作逻辑学的观念,并将之误看成是认识真理的工具,大体是由于自梁启超以来的以西方逻辑学诠释墨家辩学思想的比较研究方法所导致的,但从本质上来说,形成于中国先秦时期的名辩学并不能等同于传统的形式逻辑。③

与此相反,有的研究者则明确提出墨家辩学形成了"真"概念。比如,孙中原就指出说,墨家逻辑不只是求胜工具,更是严格意义上的一种求"真"工具。《墨经》将"当"作为"辞"的谓项,"当"即是命题与事实相符合,有正确、恰当的意思,等同于逻辑语义学所讲的"真"概念。与"当"相对的"不当",也可以作为"辞"的谓项,有错误、虚假的涵义,即是命题与事实不相符合,等同于逻辑语义意义上的"假"概念。考察《墨经》关于"辩"的定义,不难发现,"一是一非"实质上就是对矛盾命题的真假值的一种规定。④质言之,《墨经》逻辑中所包含的"以名举实"的概念论内容,"以辞抒意"的判断论内容,和"以说出故"的推理论内容,都兼有逻辑知识与科学知识两方面,应是探索和认识科学真理的工具。⑤《墨经》逻辑在论述矛盾律时说"不俱当,必或不当"(《经说上》),"不俱当"就是不能同时为"真","必或不当"即是矛盾命题中必定有一为假,"当"实际上充当的是一种元语言意义上的语义概念,

---

① 参见崔清田:《中国逻辑史研究世纪谈》,《社会科学战线》,1996 年第 4 期,第 7—11 页。
② 参见崔清田:《墨家辩学研究的回顾与思考》,《南开学报》,1995 年第 1 期,第 53—60 页。
③ 参见崔清田主编:《名学与辩学》,太原:山西教育出版社,1997 年版,第 32 页。
④ 孙中原:《中国逻辑史》(先秦卷),北京:中国人民大学出版社,1987 年版,第 194 页。
⑤ 孙中原:《墨家逻辑是求真工具》,《自然辩证法研究》,2000 年 6 月增刊,第 95—109 页。

即"真"。①显然,这一意见也可视作是对墨家辩学求胜而不求真、缺失"真"观念等见解的质疑与回应。

出于一种中西比较哲学的研究关怀,中国传统哲学思想或逻辑思想是否具有"真"(Truth)观念的问题,成为20世纪60年代以来的西方汉学界产生争议的焦点问题之一,同时,也被认为是最不容易解决的比较哲学研究问题之一。②从事中西哲学甚或中西文化比较研究的学者们,大多会认为,中国古代儒家、道家等主流学派的哲学思想,探索的是一种关于"道"的概念或理论,即立足于"礼"而对人伦和政治之秩序化所作的一种哲学思考,而相对缺乏一种立足于命题和事实之间的符合关系("符合论"),或一种强调信念间不得包含或不产生矛盾而形成融贯("融贯论")等意义上的"真"观念或真理论。这也就意味着,对一般被公认为先秦时代最具逻辑思想意涵的墨家辩学,是否包含或形成了某种意义上的"真"观念,可能会产生很大程度的激烈争论,并形成正、反两方面的意见或观点。

在专门论及此一问题的汉学家中,较为重要的首推齐密莱乌斯基。他在讨论中国古代逻辑思想对矛盾律的讨论和表述时,特别提及说,墨家通过用"辩胜,当也"和"辩无胜,必不当"这两个陈述,保证了"胜"和"当"之间所具有的正确对应关系。其次,他还论述说,墨家所说的辞之"当"与"不当",就相当于说"真"和"假",故而,对墨家所说的"胜"的一种更准确、更精确地表述,应当是"正当的胜"(proper victory),意即在辩论中获得胜利一方所持的命题必定要为真的胜。再次,他还结合墨家辩学对"辩"的界定——"争彼",总结了墨家辩学对"辩"的一般性要求,即进行辩论活动的双方所持的论题(thesis)既应是不同的,更应是矛盾的。比如,若正方辩者 A 所持的论题可记作命题变元 p 或 φa,反方辩者所持的论题可记作 q 或 φa,当 A 陈述 p 或 φa 时,B 就只能说 ¬p 或 ¬φa(即 q↔¬p,或 φa↔¬φa),只有这样方才能保证整个论辩活动是有意义(有胜且有当)的。③可见,齐密莱乌斯基在上述讨论中就业已潜在地断定了墨家逻辑思想形成了一种"真"观念,而论题的"当"和"不当"就刚好相当于命题的"真"和假。

葛瑞汉和郝大维(David L. Hall)、安乐哲(Roger T. Ames)等汉学家也

---

① 孙中原:《中国逻辑元研究》,《中国人民大学学报》,2005 年第 2 期,第 60 页。
② 参见[美]郝大维、[美]安乐哲著:《汉哲学思维的文化探源》,施忠连译,南京:江苏人民出版社,1999 年版,第 105 页。
③ Janusz Chmielewski, "Notes on early Chinese logic(VI)", *Rocznik Orientalistyczny*, Vol.30, No.1(1966), pp.41-44.

对这一问题有简要讨论。葛瑞汉指出,《墨经》中首要关注的并不是那些互相矛盾的命题,而主要是类似"牛"与"非牛"等对立词项,但《小取》篇所说的"以辞抒意"实际上就是说以语句来表达思想。①《墨经》中所说的"辞"(翻译为句子("sentence"))可以被视作等同于能够作为真值(truth-value)承担者的"语句"(或命题),尽管这些"辞"不是以西方拼音语言的命题表达形式(即"主—谓"式)加以表达的,但也能够被翻译为具有真值的现代逻辑所讲的命题形式。②在此基础上,葛瑞汉将"当"一般地理解为某"名"(name)对某"实"(object)指称的适当性,如"牛"被恰当地运用于指称牛这种动物。③与此不同,郝大维和安乐哲则从探讨中西思维方式差异的角度认为,从文化预设上说,西方哲学家在对真理的概念化发展趋向中,蕴藏着两个基本假定:其一是对作为客观存在的世界秩序的单一化理解,而这恰恰构成了融贯论真理观的思想前提;其二是对本质与现象的二分化,而这又构成符合论真理观的思想前提。与此不同,由古汉语所表达的中国哲学思想,既缺乏主谓结构的命题形式,也不大关注反事实条件句,从而也就很少去关注诸如"真"这样的超越论观念。④与此一思想史上的大背景相切近,后期墨家也就不大可能会去专门研究一种贯穿于语句之间的具有必然性的逻辑形式关系,而更多的是想要去把握某种合乎伦理或道德要求的修辞意义上的推论形式;就此而言,无论是融贯论的真理观,还是符合论的真理观,都没有受到后期墨家的重视。⑤这也就意味着,他们否定了墨家辩学形成了"真"观念的看法。

陈汉生在继承葛瑞汉关于墨家辩学没有形成抽象的"真"观念等观点的同时,还批判了那些认为《墨经》中存在用以表达判断的语句(即命题)等见解。他认为,与中国古代哲学家从未形成任何抽象意义上的"真"观念⑥相适应,后期墨家也从未发展出一种语义学上的"真"观念。具体来说,《墨经》

① A. C. Graham, "The Logic of the Mohist "Hsiao-ch'ü", *T'oung Pao*, Second Series, Vol. 51, Livr. 1(1964), pp. 1 – 54.

② A. C. Graham, *Disputers of the Tao: philosophical argument in ancient China*, La Salle, IL: Open Court, 1989, pp. 394 – 395.

③ A. C. Graham, *Disputers of the Tao: philosophical argument in ancient China*, La Salle, IL: Open Court, 1989, pp. 227 – 228.

④ 参见[美]郝大维、[美]安乐哲:《汉哲学思维的文化探源》,施忠连译,南京:江苏人民出版社,1999年版,第118—126页。

⑤ 参见[美]郝大维、[美]安乐哲:《汉哲学思维的文化探源》,施忠连译,南京:江苏人民出版社,1999年版,第118—126页,第136—140页。

⑥ Chad Hansen, "Chinese Language, Chinese Philosophy, and 'Truth'", *The Journal of Asian Studies*, Vol. 44, No. 3(May, 1985), pp. 491 – 492.

中,尤其是《大取》和《小取》篇中,都没有形成任何一种相关于句子(sentence)、命题、判断的理论,即"既没有句子(谓词和词项)功能的特征,也没有语义的真与假的特征"。①质言之,在陈汉生看来,《墨经》中缺乏作为真值承担者的句子状态或语言单位(即命题)。他还认为,古汉语是一种语用倾向多过语义倾向的语言。故而,后期墨家所说的"当"和"悖"等概念,尽管已非常接近于语义学涵义上的"真"或"假",但《墨经》所使用的"当",却更多地依赖于言辞判断的一种可接受性(可断定性)的语用评价,而这种语用倾向就可能会导致墨家辩学发展不出某种"真"的观念。②实际上,《墨经》中对"辞"之是非或者说当与不当的判定,并非是一种语义的"真"或"假"观念,而是一种类似于语用的"可"与"不可"观念。这也就表明,陈汉生从古汉语的语用倾向以及缺乏命题形式等角度,进一步否定了墨家辩学形成了"真"观念等见解。

何莫邪在《中国科学技术史》第 7 卷第一部分《语言和逻辑》中,专题讨论了中国古代逻辑思想和语言哲学的"真"观念问题。他综合了一些汉学家对于这个问题的观点,并对以《墨经》《公孙龙子》《韩非子》等为代表的大量中国古代哲学文本进行了深入分析,进而提出说,古汉语中并不存在一个可以相应于古希腊的符合论意义上的"真"语词以表达"真"观念,而是使用了多个语词以表达"真"观念,如"当""是""真""然""有",等等。何莫邪在翻译和解释先秦名辩学中的经典时,认为中国先秦时期的逻辑思想家,在使用"子之言当""子之言不当",以及"子之言然""子之言不然"等表述时,"当"与"不当"、"然"与"不然"实际上就是对某个语句(或命题)的谓述,故而在本质上就约等于现代人所说的"这句话是真的"和"这句话是不真的(即假的)"。同时,他还提醒说,先秦时期的中国逻辑思想家们首要关心的问题,并不只是要求如何去判断一个陈述(或者说命题)为真还是为假,更重要的则是要去考虑,如果坚持某个陈述(命题)为真,将会带来何样的政治伦理后果及其价值等问题。③显然,何莫邪已在一定程度上为墨家逻辑思想具有"真"观念等主张施以辩护。

---

① [美]陈汉生:《中国古代的语言和逻辑》,周云之等译,北京,社会科学文献出版社,1998 年版,第 128 页。

② 参见[美]陈汉生:《中国古代的语言和逻辑》,周云之等译,北京:社会科学文献出版社,1998 年版,第 147 页。

③ Christoph Harbsmeier, *Science and Civilization in China*, Volume 7, Part 1: Language and Logic, Cambridge: Cambridge University Press, 1998, pp. 195 – 201.

方克涛则在《墨家辩学的真概念》（"Truth in Mohist Dialectic"）一文中，极力反对了陈汉生所坚持的墨家辩学没有"真"观念等观点，并从多方面论证了墨家辩学已经形成了"真"观念等主张。方克涛认为，后期墨家用"谓""谓之"等语词作为判断的标识，如《墨经》中多处可见的"谓火热也""谓辩无胜""谓之牛，谓之非牛"等命题，"谓""谓之"都表达了具有断定内容的某种思想。特别是，《墨经》定义"辩"为"争彼"，即相互辩论者围绕着两个矛盾命题（如"这个动物是牛"和"这个动物不是牛"）的真假、是非问题进行辩驳。而这样一种辩论活动的正常进行，实际上已经涉及了辩论者所围绕的矛盾命题中那个命题为真等问题。《墨经》中所用的"当""是""然"等语词，都与"真"观念紧密相关。在《墨经》中，"当"被用以表示一个名称或概念（"名"）对于其所要指称的特定对象（"实"）之间的适当性，如"名称'牛'对应于动物牛"，在涉及名实相称的命题（如命题"这是牛"和"这不是牛"）时，"当"实际上是能够用以表示命题正确与否的一个标准的。在这个意义上，"当"可以与符合论意义上的语义"真"观念相适应。但需要注意的是，《墨经》在使用"当"时是作为一个语言行为来述说的，意即当我们表示说一个命题是"当"的，并不能够直接等于说这个命题是"真"的，因为"当"在《墨经》文本中的使用兼有语用和语义两层涵义，"当"跟"真"一样，都能够用来表示对命题真假值的谓述。除"当"之外，"然"和"是"在《墨经》中也部分承担了表示语义"真"概念的功能。要而言之，尽管《墨经》的逻辑思想中在形式上未能以一个特殊的"真"语词以表达"真"观念，但这并不等于说《墨经》在事实上并不具有"真"观念，实际上，《墨经》用"当"等多个语词表达了其对"真"观念的认识。①

综上所述，不难发现，关于墨家辩学是否存在"真"观念的争议，焦点主要在于对以下三个问题的详细讨论。第一个问题是，墨家提出"三表法"和"天志"学说，以作为言辞的评判标准，那么"三表法"和"天志"与"真"之间是否存在潜在的相契合性，意即能否从"三表法"和"天志"学说中看到一种潜在地主张言辞与事实相符合的"真"观念。第二个问题是，在肇始于古希腊传统的形式逻辑中，存在一个特殊的语词"真"（true）以表达"真"观念，那么，墨家辩学文本尤其是《墨经》中，是否存在有表达"真"观念的语词，即"当""然""是""可"等语词是否表达了"真"观念。第三个问题是，在逻辑学

---

① Chris Fraser, "Truth in Mohist Dialectic", *Journal of Chinese Philosophy*, Volume 39 (Sep., 2012). pp.351－368.

中,命题或判断与"真"概念之间具有本质的关联,命题是可以判断真假的语句,而真假的真值承担者也主要是命题。那么,墨家辩学中是否存在着能够作为真值承担者的语言单位呢?即墨家辩学所说的"以辞抒意"中的"辞",是否就相当于逻辑学所讲的命题或判断呢?结合上文所述的墨家辩学的研究者们对这三个问题的讨论,笔者还注意到,对这三个问题中的每一个问题的讨论,在实际上均可能会涉及墨家辩学的语义学因素与语用学因素之间的歧出与关联,这也是需要注意的另一重点。

二 作为判断言辞是非标准的"三表法"和"天志"

自亚里士多德和斯多亚学派以来的西方逻辑学知识体系,一般都是以"真""假"作为命题(或判断)的根本特征的,即"真""假"主要是相应于命题而言的。那么,什么是"真",什么是"假",也就成了需要首先辨析清楚的问题。同时,若在遵守排中律等思维基本规律的前提下,"假"又可以被理解为"真"的否定,意即说:一个命题 p 是假的,当且仅当 p 是不真的,或者 ¬p 是真的。这也就意味着,我们可以通过理解"真"来把握"假"。

从西方逻辑史来说,最早的一种对"真"的相对严格的定义,是亚里士多德在《形而上学》一书中给出的。亚里士多德在《形而上学》中说:"每一事物之真理与各事物之实必相符合"①;又说:"凡以不是为是、是为不是者,这就是假的,凡以是为是、以假为假者,这就是真的。"②由此,亚里士多德就构建出了一种对什么是"真"的直观的符合论理解。仔细考察这一由亚里士多德给出的符合论意义上的"真""假"定义,我们或许可以将其更直观地表达为:所谓"真",指的就是用以表述事物性质、关系等状态的命题,与其所表述的事实(事件、事态)之间,构成了一种互相符合的关系,而由该命题所表达的事实则成为该命题之所以为真的基础。③这也可以被形式化地表述为:"S"是真的当且仅当 S。例如,如果"2022 年 7 月 10 日西安市区下了一天雨"这一命题是真的,那西安市区在 2022 年 7 月 19 日确实就是下了一天雨;反

---

① [古希腊]亚里士多德:《形而上学》,吴寿彭译,北京:商务印书馆,1959 年版,第 33 页。
② [古希腊]亚里士多德:《形而上学》,吴寿彭译,北京:商务印书馆,1959 年版,第 186 页。
③ 当前流行的使真者理论(Truth maker Theory),直接关注的就是世界中的事物如何使得语言中的某个语句(命题)为真这一问题。叶闯认为,使真者理论包含有使真者语义学和使真者形而上学两类不同范畴的理论,后者因把"真"概念理解为语言要素与实在要素之间的简单对应的二元关系,以及其所坚持的图像论等错误理论假设,而会带来诸如"实在论基础的符合论"等误解。见叶闯:《使真解释:联通语言到世界》,《中国社会科学》,2022 年第 3 期。

之,如果西安市区当天没下雨或不是下了一整天雨,则该命题显然就是假的。因此,西方传统逻辑思想在用"真""假"作为判断言辞是非或合理与否的标准时,主要是语义学而非修辞学和语用学意义上的。

反观先秦时期的中国哲学思想,明确提出一套用以判断言辞是非标准的,当首推墨家。墨家在判断言辞之是非时,除了中国哲学史、中国思想史一般都会提及的为众所知的"三表法"之外,还有"天志"学说。以下略为分说:

首先来看"三表法"。墨家在《非命》篇中提出并回答了何谓"三表法":

> 故言必有三表。……有本之者,有原之者,有用之者。于何本之?上本之于古者圣王之事。于何原之? 下原察百姓耳目之实。于何用之? 废以为刑政,观其中国家百姓人民之利。此所谓言有三表也。(《非命上》)①

"法"是墨家辩学所使用的核心概念之一,具有标准、规则的涵义在内。《墨经》71 条定义"法"说"所若而然也",即根据某一标准、规则来行事或考察言辞。实际上,墨家由从事手工业生产的实践经验出发,特别强调"法"的重要性,认为做任何事都必须符合一定的法度,所谓"百工从事者亦皆有法"和"无法仪而其事能成者,无有也"(《墨子·法仪》)。同时,墨家还指出,人类道德行为应"法天"而来,"法"既是人类行为所模仿的样板,也是用以评价观念和行为的标准。②据此,"三表法"就是保持言论正确、为真的标准和法度,《非命》篇中所说的"三表法"之"本""原""用",也就可具体理解为:"本"是诉诸历史上曾存在过的圣王所实行过的成功案例,即判断言辞的是非首先必须去考察是否有古时圣王的言行、事例作为依据;"原"则是要求诉诸百姓(普通人)的眼、耳、鼻、舌、身、意等感官所感知到的日常经验,即判断言辞之是非必须考察其是否与百姓所感知到的具体事实相符合;"用"主要关注的是判断言辞为是还是为非所能产生的实际政治伦理之后果,即诉诸言辞的实际功用和效果。"三表法"还要求,论辩者如要提出一个正确合理的言论,

---

① 在《墨子·非命》上、中、下三篇里,都阐述了"三表法",尽管每一篇的具体表述文字存在一定程度的差异,但所要表达的思想实质则是一致的。本文引用的是《非命》上的原文。参见(清)孙诒让:《墨子间诂》,北京:中华书局,2001 年版,第 264—286 页。

② A. C. Graham, "The Logic of the Mohist 'Hsiao-ch'ü'", *T'oung Pao*, Second Series, Vol. 51, Livr. 1(1964), p. 17.

或者去判断一个言辞为"是"还是为"非",都必须考察言辞是否能够同时满足这三条规则的要求。

既然墨家提出"三表法"以作为判断言辞是非或合理与否的标准,那么,"三表法"是否可以潜在地包含"真"观念,就受到了研究者们尤其是汉学家们的争议。否认墨家辩学具有"真"观念的研究者一般都主要将"三表法"视作判断言辞是非的一个语用学标准,而非语义学标准。例如,陈汉生认为,墨家的"三表法"首先是作为一种判断语言使用是否恰当的标准,而不是一种判断命题真假与否的标准而提出的,故而"三表法"主要提供了一种在具体的语言交往行为中如何恰当使用语词的方式。① 从墨家在《非命》等篇目中对"三表法"的使用来看,这一看法有一定的道理,但也显然存在有一定的偏颇之处。在笔者看来,将"三表法"仅理解为一种判断言辞之是非的语用学标准,是没有充分重视由"本""原"所代表的墨家的经验主义立场,而过多关注一种狭隘意义上的实践之"用"的思想后果。所谓狭隘意义上的"用",主要指的是将"用"简单地理解为一种立论者恰当使用言辞所能招致的实践效果,而未能去充分关注其所依赖的"最大多数人"的实践经验。诚然,"三表法"中的"用",相比较于"本"和"原"更具有重要性。这是因为,墨家非常看重言辞能否付诸实践,所产生的实际效果对"最大多数人"是有益还是有害,《耕柱》篇概括说:"言足以复行者,常之;不足以举行者,勿常。不足以举行而常之,是荡口也,"② "荡口"即那些不能实行的无任何价值的空言。墨家辩学之重视言辞的"用",如同重视言辞的"本"和"原",它们分别指向了先哲圣王所具有的成功历史经验、百姓日常生活中感官所得的感觉经验和言辞对"最大多数人"所产生的实践经验。这些经验不只涉及了在具体语境中如何恰当地使用语言的语用学因素,也涉及了言辞与实在之间的对应关系的语义学因素。例如,对于"原"标准来说,其所强调的就是要以普通人的感官所直接产生的感觉经验,来作为判断言辞之是非的标准。尽管这种简单以感觉经验作为判断言辞之是非的可靠性标准,可能存在方法与结论上的偏颇之处,但其所强调的言辞与经验事实相符者为是,不与经验事实相符者为非的观点,在某种程度上就可以体现为对言辞之真假、合理与否的语义学

---

① 参见[美]陈汉生:《中国古代的语言和逻辑》,周云之等译,北京:社会科学文献出版社,1998 年版,第 104—105 页。

② 参见(清)孙诒让:《墨子间诂》,北京:中华书局,2001 年版,第 432 页。此外,《贵义》篇也有类似的表达,即"言足以迁行者,常之;不足以迁行者,勿常。不足以迁行而常之,是荡口也",表达了同一意思。参见同上书,第 442 页。

关注,而非只是一种如何正确使用言辞的语用关怀。

综上所述,笔者以为,墨家提出"三表法"以作为判断言辞是非的标准,含有现代语言学所说的语用学和语义学因素在内。实际上,"三表法"中的"本""原""用"都强调了经验事实对于判断言辞之是非的重要性,也都潜在地包含着一种主张命题与事实相符合的"真"观念在内;同时,"三表法"在判断言辞之是非时,还强调言辞在符合"本""原""用"之下的一致性,这也可能包含了融贯论意义上的"真"观念在内。

墨家除了提出"三表法"用以作为判断言辞之是非的标准,还提出"天志"学说以作为衡量政治和行为是否符合道义,以及所立的言辞是否为真的最根本和最绝对标准。《天志》篇说:

> 子墨子言曰:"我有天志,譬若轮人之有规,匠人之有矩。轮、匠执其规、矩,以度天下之方圆,曰:'中者是也,不中者非也。'今天下之士君子之书不可胜载,言语不可尽计,上说诸侯,下说列士,其于仁义则大相远也。何以知之? 曰:我得天下之明法以度之。"(《天志上》)①

根据上述引文可以看出,在墨家看来,"天志"为"天下之明法",可以用作判断士君子谈辩立辞、创设学说之是非的根本标准。为了更好地说明这一点,墨子还使用了"举他物而以明之也"的"辟"论式。墨子以轮人(安装车轮的工匠)、匠人为例来说明了这一点。正如轮人使用工具"规"来度量万物是否为圆,匠人使用工具"矩"来度量万物是否为方一样,墨家使用"天志"来度量士君子所立言辞的是非,言辞若符合"天志"就是"是",即正确的和真的;不符合"天志"就是"非",即不正确的和假的,就如同合乎"规"的为圆,合乎"矩"的为方。这里所说的"天志",应主要指的是墨家自己所提出的"义",如《天志》诸篇再三提及"天欲义而恶不义也",《贵义》篇也提出"万事莫贵于义";而"义"在根本上又指向于墨家所建立的以"兼相爱,交相利"为核心的学说体系。因此,墨子认为,判断天下士君子纷繁复杂的著作和言辞是否正确,最终还是需要用"天志"这把尺子加以一一度量,看其是否符合"天志",如果符合"天志"就是"当",即是真的;如果不符合"天志"就是"不当",即是假的。故而,"天志"学说在作为判断言辞是非的标准时,既侧重考察言辞的实际内容是否符合墨家的"义",也注意观察言辞处于同一标准(效、法)下的

---

① (清)孙诒让:《墨子间诂》,北京:中华书局,2001年版,第197页。

信念间的不矛盾。作为判断言辞标准的墨家"天志"学说,不仅关注了言辞所产生的语用意义上的恰当与否,也在某种程度上考虑到了融贯论意义上的真假问题。

墨家同时将"三表法"和"天志"作为判断言辞是非的标准,那么,这二者之间,哪一个更具有根本意义?笔者以为,这二者之间并不存在有悖谬之处。墨家是以"天"作为是非判断(既包括真假意义上的是非,也包括合理不合理意义上的是非)的核心来源和根本标准。因此,在判断言辞的是非时,"天志"更具有根本意义,言辞的成立不仅需要在思想内涵上符合墨家之"义",也需要符合墨家一贯的重视日常经验的立场。这一点也可从墨家"取实予名"的名实观中窥见一斑。墨家区分了"名取"和"实取",也区分开了"名知"和"实知"。举例来说,如盲人尽管从名称上能够清楚地区分开"黑色"和"白色",但却无法在现实生活中准确地识别出某物是黑颜色还是白颜色;士君子所说的言辞内容是否为真,是否属于仁义,不单只是看他们所使用的"名",更主要地是看这些言辞的"实",或者说要考虑到言辞所产生的实际效果是否对大多数人有利。①同理,墨家之所以以为"三表法"能够作为判断言辞是非的标准,主要也是由于"三表法"符合墨家的"天志"主张。反之,"天志"作为墨家提出的思想主张,也能够通过"三表法"来得以证成。

综上所述,墨家明确提出了"三表法"和"天志",以作为判断言辞是非的准则和标志。"天志"和"三表法"兼有语用和语义因素,都既从语用的角度考虑到了言辞所产生的实际的政治伦理意义,也考虑到了言辞所具有的语义意义上的"真""假"问题。墨家非常强调言辞在"三表法"和"天志"标准下的不矛盾性,也就在某种程度上形成了一种融贯论意义上的"真"观念。同时,"三表法"中的"本"(古者圣王之事)和"原"(百姓耳目之实),分别要诉诸的是历史经验和日常经验。质言之,言辞的是非需要考虑到言辞和日常"人多数人"所认识到的经验事实的相符合,这或许也潜在地包含有一种符合论意义上的"真"观念。

三 《墨子》中标示"真"观念的术语

当我们讨论墨家辩学是否形成了抽象的"真"观念时,就不得不去探寻《墨子》中是否存在一些特殊的用以表达"真"观念的词项,如英文所使用的"True"、现代汉语所使用的"真"一样。在墨家逻辑思想中,哪些语词可以

---

① 《墨子·贵义》篇区分了"名取"和"实取",具体可参见第二章第一节。

用来标示出"真"概念呢？根据上文所述的一些研究者的意见，墨家辩学所使用的"当""是""然""可"这四个语词在一定程度上表达了"真"观念。①以下我们简略讨论这几个语词，以证实这几个语词的确能够标示出墨家辩学所具有的"真"观念。在讨论这四个语词之前，笔者还想先简要讨论《墨子》一书中关于"真"这一术语的用法。《墨子》在提及"真"这个语词时，最为人熟知的是《辞过》篇里的这一段话：

> 圣人有传：天地也，则曰上下；四时也，则曰阴阳；人情也，则曰男女；禽兽也，则曰牝牡雌雄也。真天壤之情，虽有先王不能更也。②

"真天壤之情"所说的语词"真"，翻译为现代汉语则标示"的确""确实"之意，并不含有一种言辞与事实相符合或言辞不包含有矛盾的语义学意义上的"真""真实"的意义在内。按《说文解字》对"真"字的训释，"真"的本义被训释为"僊人變形而登天也"（即"仙人变形而登天"），引申义为"真诚"，并指出"经典但言诚实，无言真实"。③这也旁证了古汉语在使用语词"真"时，主要是就真诚义而非真实义而言的。据此可知，时处中国先秦时期的墨家学派，自也不会用"真"这个语词以标示现代汉语所讲的相应于"True"意义上的"真"概念。实际上，即使是先秦哲学中使用"真"语词较多的庄子哲学，尽管其先后有"真人""真知"等提法，但也从未将"真"语词理解为可被用以指称命题真假值的"True"④。既然《墨子》所使用的语词"真"并未标示墨家所论

---

① 相关研究主要有：何莫邪将古汉语中接近于英文"is true"的语词陈列为"是""实""诚""然""当""真"等。方克涛和陈汉生则主要讨论了"当""然""可"等语词。关于此一问题的最新研究，可参看方可涛的"Truth in Pre-Han Thought"一文。方可涛在该文中提出，在汉代以前的中国哲学文献中，与"真"概念相似的术语主要包括有"当"（"fit""coincide"），"然"（"so，""like this"）和"是"（"this，""right"），此外，"可"（"permissible""acceptable"）也是另一个被用于评价判断的术语。参见 Chris Fraser, "Truth in Pre-Han Thought", in Yiuming Fung（ed.）, *Dao Compansion to Chinese Philosophy of Logic*, Switzerland: Springer Nature Switzerland AG, 2020, p.119。

② （清）孙诒让：《墨子间诂》，北京：中华书局，2001 年版，第 37 页。

③ （东汉）许慎撰，（清）段玉裁注：《说文解字注》，上海：上海古籍出版社，1988 年版，第 384 页。

④ 庄子所说的"真人""真知"，"真人"即领悟了"道"并按照"道"的运转方式生活的人，"真知"即是对人的本真存在之知（认定经验之知的有限性而否定经验之知，关注人的本真自然意义上的生存状态而否定仁义之说）。显然，庄子在真人、真知中对"真"语词的运用并未充分显示出具有亚里士多德所说的"以是为是，以假为假"意义上的"真"的涵义。关于庄子之"真知"的诠释参考了杨锋刚：《论庄子哲学中的知》，《中国哲学史》，2013 年第 3 期，第 44—51 页。

及的"真"观念,而是用"当""是"等其他语词加以标示的,那么要讨论墨家辩学的"真"观念,就需要分条对这几个词加以诠释。以下则结合《墨子》尤其是《墨经》中对这几个语词的使用,分条进行解释。

(一) 当

近代以来的墨家逻辑思想研究中,"当"被认作是最接近现代所讲的"真"概念的语词。[1]肯定墨家辩学有"真"观念与否定其有"真"观念的争议焦点之一,就是《墨经》所使用的"当"是否相当于我们现在所说的"真"。即便是如陈汉生这样的否定墨家辩学形成了"真"概念的研究者,也会承认说,《墨经》所使用的"当"术语是最接近"真"概念的一个词项。[2]笔者认为,之所以大多研究者都愿意将"当"诠释为最相似于"真"概念的词项,主要依据的是《经上》75 条和《经下》35 条中对"当"的使用。兹引用这两条"经"和"经说"如下:

> 《经 上》75:"辩,争攸也。辩胜,当也。"
> 《经说上》75:"辩:或谓之牛,或谓之非牛。是争彼也。是不俱当。不俱当,必或不当。不若当犬。"[3]
> 《经下》35:"谓'辩无胜',必不当,说在辩。"
> 《经说下》35:"(谓)所谓非同也,则异也。同则或谓之狗,其或谓之犬也。异则或谓之牛,牛或谓之马也。俱无胜,是不辩也。辩也者、或谓之是,或谓之非。当者胜也。"[4]

《经上》75 条是墨家辩学对"辩"这一术语的界说,《经说上》75 条进一步解释了这个界说。该条历来被认作是辩学中最精华的部分之一,实属"千古之圭臬"。[5]《经下》35 条是对如庄子等持"齐是非"而以为"辩无胜"的非辩者的批评,该条可被视作相当于今人所说的"悖论",即"'辩论是不存在胜败的'

① 孙中原指出,在《墨子》一书中,"当"字出现共计 21 次,是"恰当,正确,符合事实"之义。如《公孟》描述墨子对孔子的赞颂说"是亦当而不可易者也",这里的"当"就是恰当、正确的意思;还如《非攻中》所说的"赏罚之当"等,也可解释为"恰当,正确"。参见孙中原等:《墨学大辞典》,北京:商务印书馆,2016 年版,第 21—25 页。
② Chad Hansen, "Chinese Language, Chinese Philosophy, and 'Truth'", *The Journal of Asian Studies*, Vol.44, No.3(May, 1985), p.516.
③ 高亨:《墨经校诠》,北京:中华书局,1962 年版,第 75 页。
④ 高亨:《墨经校诠》,北京:中华书局,1962 年版,第 152—153 页。
⑤ 谭戒甫:《墨辩发微》,北京:中华书局,1964 年版,第 157 页。

这句话必然是不恰当的,理由就在于这句话不合'辩'的本义"。《经说下》35条则进一步解说了辩论双方中获胜一方所立之"辞"必须是"当"的,即是真的。伍非百解释《经上》和《经说上》75条说:"争彼,两相非也。当,是也。言辩之初起,虽有两非,而其结果,则仅一是。"①质言之,"不俱当"的涵义就是认为一对矛盾命题其中必有一真,必有一假,如"这是牛"和"这不是牛"中必定是一真一假,而不能二者同真或同假。显然,这里所说的"当"和"不当",都是就如"这个动物是牛"这样的"辞"(命题)而言的,而非语词和所指称的对象之间的恰当与否,意即"当"和"不当"完全可以相当于语义学意义上的"真"和"假"。

但正如前文所述,这种将"当"视作"真"的观点,受到了一些研究者一定程度上的反对(如陈汉生等)。为了更准确地理解语词"当"在《墨经》中的涵义,有些研究者则试图更进一步用现代逻辑哲学中的言语行为理论之"恰当性"概念来诠释语词"当"的意义。此种观点多会认为,《墨经》所使用的语词"当"并不能被简单地当作传统逻辑所讲的命题或判断的"真",而更应该被理解为实际论辩活动中论辩者对言语的使用与外在的语言环境之间保持协调一致,也就是说"当"必须被更多地诠释为语用学意义上的"恰当"而非"语义"意义上的"真"。②

显然,用语用学涵义上的"恰当性"概念来诠释《墨经》所说的"当",看似更为符合中国先秦时期的论辩活动的实际。但正如上文对《经上》和《经说上》75条的解释所显示的,《墨经》所说的"当",在其主要意义上并不单是语用涵义上的"恰当性",而是意味着一种辩论者为求胜所立的"言辞"与事实之间的相符。这一点也可从《经说上》第14条对"信"的解释得到旁证。墨家认为,"信"是"言"与"意"的相合,即所表达出来的命题与所要表达的意图相一致,而不是命题与事实的一致,即"不以其言之当也,使人视城得金"。③这里所讲的"其言之当"指明了两点:第一,"当"是用以判断"言"的,如"真"是用以判断命题的;第二,"当"的本质是"言"与事实的相符,而非与意图的一致。用"使人视城得金"的案例来说,A欺骗B说:"城门洞中有黄金",B果真在城门洞中发现了黄金,那么A所陈述的命题尽管是骗人和不讲诚信的,但却是"当"的,意即是"真"的。《经说上》14条也清楚地显示出,《墨经》所使用的语词"当"事实上的确蕴含着符合论意义上的"真"观念。

---

① 伍非百:《中国古名家言》,北京:中国社会科学出版社,1981年版,第67页。
② 参见关兴丽:《中国古代墨家"当"的语用学思想》,《社会科学辑刊》,2005年第2期。
③ 高亨:《墨经校诠》,北京:中华书局,1962年版,第39页。

如众所知,墨家学派是先秦思想中最为重视实践经验的学派,《耕柱》篇说:"能谈辨者谈辩,能说书者说书,能从事者从事,然后义事成也。"①墨家为朴素经验论者,非常看重最大多数的百姓经由感官得来的直接经验,也非常重视《尚书》等史书所记载的成功经验。据此,很难想象先秦时期的墨家学者在从事论辩活动时,只侧重考虑言辞使用的"恰当与否",以实现逞口争胜的"求胜"目标。笔者以为,从墨家学派重视实践经验的特点来看,墨家学者在从事论辩活动过程中所使用的言辞之"当"与"不当",首要的是追求言辞和经验事实相一致的"真"与"不真",其次才是进一步考虑言辞使用"恰当与否"以实现求胜。要言之,墨家所论言辞的"当"与"不当",可能含有"真"与"不真"和"恰当"与"不恰当"两层涵义。

(二)然

与"当"一样,语词"然"也在一定程度上标示出墨家辩学的"真"观念。比如,美国汉学家万百安(Bryan W. Van Norden)就将"然"看成是墨家用以表示"真"观念的术语,如《非乐上》所说的"今天下之士君子以吾言不然",《非命中》的"夫曰有命云者,亦不然矣"等语句中的"然",就具有一种对"真"的"薄的理解"。②事实上,若考诸《墨子》书中对语词"然"的大量使用,不难发现其多处都提到了"何以知其然也"等语句。按照《说文解字》对"然"的训释,"然"本义为"如此"。③如《经上》24 条释"梦"说"卧而以为然也",即是说梦是在睡觉中以为真有其事,这里的"然"就可表"如此"之意。又如,墨家在界定"止"式推论时也用到了语词"然",《经说上》99 条说:"彼举然者,以为此其然也,则举不然者而问之"④;《经说下》101 条也提到:"彼以此其然也,说是其然也。我以此其不然也,疑是其然也。"⑤从墨家所作的上述两条对"止"式推论的界说来看,"止"在根本上是"用一个反面的例证来推翻一个全称判断"。⑥不难看出,这里的"然"也应是作"这样""如此"讲的。考察上述的关于"然"字的用法,"然"主要是针对事物状态而言的"如此"之义,并未涉及言辞(命题或判断)与事物的是否相符(即真)。当语词"然"作"如此"使用时,实际上与语义学所要讨论的"真"并不相关。

---

① (清)孙诒让:《墨子间诂》,北京:中华书局,2001 年版,第 427 页。
② Bryan van Norden, *Virtue Ethics and Consequentialism in Early Chinese Philosophy*, Cambridge: Cambridge University Press, 2007, pp. 372 – 373.
③ (东汉)许慎撰,(清)段玉裁注:《说文解字注》,上海:上海古籍出版社,1988 年版,第 480 页。
④ 高亨:《墨经校诠》,北京:中华书局,1962 年版,第 100 页。
⑤ 高亨:《墨经校诠》,北京:中华书局,1962 年版,第 107 页。
⑥ 沈有鼎:《墨经的逻辑学》,北京:中国社会科学出版社,1982 年版,第 47 页。

但墨家在《小取》篇中对"然"的使用则有所不同。《小取》论述"比辞而俱行"的不同情况时说："夫物或乃是而然，或是而不然，或不是而然，或一周而一不周，或一是而一非也。"①这里的"然"与"是"（下节将专门讨论《墨经》对"是"的使用）相对应，实际上都是对语句（或命题）而言的，表示有"真"的涵义。下面以"是而然"为例，简单说明这一点，当认为前提"白马是马"为"是"，结论"乘白马是乘马"就为"然"，这显然就是一个从真前提得到真结论的推导过程。显见，这里的"然"是用以谓述"乘白马是乘马"的，实质上要表达的是语句"乘白马是乘马"与日常经验事实和语言习惯用法的相符合。同理，"是而不然"也是如此，当认为前提"马车是由木头造成的"为"是"，结论"乘马车是乘木头"则为"不然"。这里的"不然"是对"然"的否定，也是用以谓述"乘马车是乘木头"的，"不然"就是言辞与日常经验事实事态的不相符合。从这里也可以看出，墨家逻辑思想所使用的"然"和"不然"，也可用以描述语句（或命题），表达"真"和"假"之意。

综上所述，墨家辩学对语词"然"的使用，既有用作表示事物状态的"如此""这样"之意，但也有用以描述语句的表达"真"的意思。

（三）是

众所周知，"是"在现代汉语中一般多用作系词。但汉语系词的出现，约略在西汉末年到东汉初年间。②在先秦时期的古汉语中，"是"多用作代词，表示"这个"等意思。③同理，墨家辩学在大量使用"是"时，第一层涵义也是用作代词，用以指称"某事物"或"这个事物"，如《经说上》26、27条在解释墨家关于"利""害"的定义时说道："得是而喜，则是利也。其害也，非是也。……得是而恶，则是害也。其利也、非是也。"④显然，这里的"是"就是指代某个事物而言的。"是"的第二层涵义是与"非"相对使用，表示价值上的肯定，或者某个观点的正确性。如《尚同上》篇所说的"上之所是必皆是之，所非必皆非之"等⑤，这里所说的"是"主要是就政治或伦理价值的肯定而言的。

"是"的第三层涵义是用以表示"真"观念。如本节第一小节所言，"是"

---

① 王讚源主编：《墨经正读》，上海：上海科学技术文献出版社，2011年版，第202页。
② 参见王力：《汉语史稿》，北京：中华书局，1980年版，第345页。
③ 孙中原认为，"是"在《墨子》一书中出现523次。从字义上说，"是"与"彼"相对，和"此"同义。在《墨经》中，"是"可以被用作指示代词和虚指符号，以进行抽象的逻辑推演。参见孙中原等：《墨学大辞典》，北京：商务印书馆，2016年版，第26页。
④ 高亨：《墨经校诠》，北京：中华书局，1962年版，第45—46页。
⑤ （清）孙诒让：《墨子间诂》，北京：中华书局，2001年版，第75页。

与"当"一样,被认为是墨家辩学表达"真"观念所使用的一个关键词项。如《小取》篇所说的"是而然""是而不然""一是而一非"等句中,"是"主要是用来描述前提的真,具有表达"真"观念的意义。具体来说,当说"白马,马也"和"车,木也"为"是",不就是在承认命题"白马是马"是"真"的吗?除了"是"之外,墨家辩学用"非"表示对"是"否定,如说"当牛非马""当马非马"(《经说上》)等。

考察"是"的这三层用法,我们也完全可以认定,在墨家辩学中,语词"是"与"当""然"一样,都有表达"真"观念的涵义在内。葛瑞汉曾在研究古汉语句型在表达命题上的形式特点时说,类似"X,Y 也"或"X,非 Y 也"的句型既可被用以表示两个事物之间的连接关系(相当于说"X 是 Y"或"X 不是 Y"),也可被用以肯定或否定某个命题(相当于说"It is the case that"或者"It is not the case that"),在肯定或否定某个命题时,"是""非"实际上就是在表达一个判断是对的(right)还是错的(wrong),即语句所表达的事实状态与实际存在的事实状态之间是一致的还是不一致的。[①]葛瑞汉的这一研究,也能侧证墨家逻辑思想可能在表达"真"观念时,也使用到了语词"是"。

(四) 可

陈汉生认为,在墨家辩学中,语词"可"主要是用来表示语词被正确地使用的一个语用意义上的术语。[②]那墨家逻辑思想所使用的语词"可",是否潜在地具有表达"真"的意义在内呢?通过考察《墨经》中关于"可"字的用法,笔者认为,"可"确实也具有表达"真"观念的意义在内。在《墨经》中,"可"的用法主要有两种,第一种是在形式上用于句内,表达"可以被接受"或"能被接受"之意,如《经说上》在"两有端而后可"(69 条)、"无厚而厚可"(70 条)等语句中对"可"的使用,其中的"可"即是可以、能成立的意思。

第二种是在形式上用于句外,表达某个语句,或命题是否可以成立、能否被共许之意。在"可"被如此使用时,可能具有与现代所用的"真"相当的涵义在内。如《经下》154 条说:"杀狗非杀犬也,不可。"这里的"不可"是对"可"的否定,"可"用以表示命题"杀狗非杀犬也"能够成立、是正确的,可置换为"是真的(is true)"形式的表达。又如《经下》136 条所说的"无不让也,

---

① A. C. Graham, "The Logic of the Mohist 'Hsiao-ch'ü'", *T'oung Pao*, Second Series, Vol.51, Livr.1(1964), p.27.

② Chad Hansen, "Chinese Language, Chinese Philosophy, and 'Truth'", *The Journal of Asian Studies*, Vol.44, No.3(May, 1985), p.502.

不可",这里所说的"不可"表示命题"无不让也"是不能成立的意思,也可置换为类似"是不真的(is not true)"这样的表达形式。

何莫邪指出,墨家辩学在使用语词"可"与"然"时存在意义上的差异,"可"主要表示认可,即表达一种主观上的可接受性;"然"主要表示实然,即表达一种客观上的事实状态。①若考诸《墨子》书中对这两个词的使用,不难发现"可"与"然"之间并不必然保持一致。《鲁问》篇就有"则天下之所谓可者,未必然也"②的说法。但还需要注意的是,这种将"可"视作是与"然"相对的一种主观认可之意,也主要对应的是语词"可"的第一种用法,而未讨论到上段所提及的第二种用法。此外,还须说明的是,语词"可"的两种用法之间具有相关性,第二种用法也是建立在第一种用法所表示的可接受性的涵义之上,但第二种用法却潜在地包含有一种对"真"观念的朴素理解在内。据此,笔者推测,墨家很大可能会一般地都将真的言辞视作是可接受的。

除了"可"之外,"誖"(悖)在《墨经》中也有类似之用法。《墨子》书中多次使用了语词"悖""誖"。"悖"的主要涵义是说明言辞之间的自相矛盾,或者说言辞是虚假的,或者说行为之间存在前后不一致性。比如,《贵义》篇描述士君子对自己力所未逮之事存在有矛盾态度时,多会指出说:"岂不悖哉!"③这就表明了上述意思。"誖"的另一种用法,则主要体现在墨家所说的悖论中。④这之中最具有代表性的命题则是《经下》117 条的"以言为尽誖,誖,说在其言"⑤,显然,该句中的第二个"誖"字是就命题"言为尽誖"而言的,是命题"言为尽誖"的谓词,相当于现在所说的"假"。该条还明显地说明,墨家辩学确实已形成了与"真"观念相对的"假"观念,并用"誖"这个语词以表达"假"的观念。如果墨家辩学未形成"真""假"这样的抽象观念,也很

---

① Christoph Harbsmeier, *Science and Civilisation in China*, Volume 7, Part 1: Language and Logic, Cambridge: Cambridge University Press, 1998, p.199.

② (清)孙诒让:《墨子间诂》,北京:中华书局,2001 年版,第 469 页。

③ 原文为:"世之君子,使之为一犬一彘之宰,不能则辞之;使为一国之相,不能而为之,岂不悖哉!"参见(清)孙诒让:《墨子间诂》,北京:中华书局,2001 年版,第 443 页。

④ 杨武金总结了《墨经》中的五个悖论,即言尽誖、非诽、学无益、知知之否之足用等。他认为,墨家对这五个悖论形成了或语义或语用角度的理解,并运用逻辑分析的方法对其作了消解。墨家的理解与消解或可旁证,中国古代典籍中确实有某种严格意义上的广义悖论,即渗透了独特思想文化内涵的哲学悖论或科学文化悖论。参见杨武金:《〈墨经〉消解的五个悖论的起源及性质考论》,《哲学研究》,2023 年第 3 期。

⑤ 这有些类似于"说谎者"悖论。原文参见高亨:《墨经校诠》,中华书局,1962 年版,第 193—194 页。

可能就不会形成类似"以言为尽誖,誖"这样的真命题的。

通过对墨家辩学所使用的"真""当""是""然""可"等语词的上述简要分析,笔者以为,墨家辩学在使用语词"真"时,并没有如现代汉语使用"真"一般以表达"真"观念,但也不能以此认定墨家辩学没有形成抽象的"真"观念。实际上,墨家辩学主要是用"当""然""是"①和"可"四个语词以表达"真"观念的。

四 作为真值承担者的"辞"

讨论墨家逻辑思想是否形成了"真"观念,还需要探讨墨家辩学中,是否存在有能作为真值承担者的语言单位,如命题、陈述等。从逻辑学的知识体系来说,命题是具有真假值的语句,是"真"概念的承担者。一般地讲,"我们要讲的'真',通常就是说的命题的真或者陈述的真"②。由此,若考诸近代以来的墨家辩学研究史,不难发现,不少从事墨家逻辑思想研究的学者,都自觉地将"辞"诠释为逻辑学所讲的判断或命题。比如,梁启超就直接将《小取》中的"以辞抒意"解释为用判断(对应的英文为 judgment)表达思想内容③;次如,章士钊曾指出说:"辞与欧语中的 judgment(即判断,笔者注)本义相通"④;又如,胡适也谈道:"辞即今人所谓'判断'(Judgment),辞从离辛,有决狱理辜之意,正合判断本义,判断之表示为'命辞'(Proposition),或称命题。"⑤也有一些现当代的墨家逻辑思想研究者,在阐述《墨经》中的判断或命题理论时指出:"《墨辩》中的'辞'或'言'主要指的是'意得见,心之辩也'的判断(命题)"⑥;次如,"以辞抒意的辞在实质上就是语句、命题、判断或推理的结论、论证的论题,意则是断定、意念"⑦,其中,"辞"在《墨子》中出现约 8 次,是"中国古代逻辑学范畴",而"意"出现约 89 次,指"意义,思维",

① 尽管"是"和"然"都可用以表示"真"观念,但"是"和"然"也有所区别。如葛瑞汉就指出,"然"主要用以判断那些表达事物怎么样或事实状态的语句,而"是"主要用在判断那些表达事物是什么的语句。参见 A. C. Graham, "The Logic of the Mohist 'Hsiao-ch'ü'", *T'oung Pao*, Second Series, Vol. 51, Livr. 1(1964), p. 28。

② 杨武金:《逻辑哲学新论》,北京:中国社会科学出版社,2021 年版,第 51 页。

③ 梁启超:《墨子学案》,转引自周云之主编:《中国逻辑史资料选》(现代卷下),兰州:甘肃人民出版社,1991 年版,第 7 页。

④ 章士钊:《逻辑指要》,北京:生活・读书・新知三联书店,1961 年版,第 52 页。

⑤ 胡适:《〈墨子・小取〉篇新诂》,载《中国哲学史》(附录二),北京:新世界出版社,2012 年版,第 333 页。

⑥ 周云之・刘培育:《先秦逻辑史》,北京:中国社会科学出版社,1984 年版,第 138 页。

⑦ 孙中原:《中国逻辑史》(先秦卷),北京:中国人民大学出版社,1987 年版,第 221 页。

故而"以辞抒意"就指的是"用语句表达判断"①；还如，在古代汉语中，将可以判断真假值的语句称作"辞"（即命题），但墨家辩学并没有如亚里士多德那样给"辞"下一个权威的清晰定义，即只有能够判断为或真或假的句子才是命题②。通过引述这些具有一定代表性的墨家逻辑思想研究者的上述观点，不难发现，将"辞"视作判断或命题，则是近现代以来把握和诠释"辞"的本质的一个主要方向。尽管如此，有的研究者并不认可这一诠释，以为先秦名辩学所说的"辞"与逻辑学所讲的判断或命题并不能等同。比如，陈汉生（Chad Hansen）就从古汉语与西方拼音语言比较研究的视角出发，认为古汉语所说的"辞"只是由"名"简单排列而成的一列符号串，并不是按照一定语法结构将不同词性的语词组合而成的语句。③如此一来，若要探究墨家逻辑思想中是否存在有作为真值承担者的命题，实际上也就是要辨析清楚墨家所讲的"辞"与逻辑学所讲的命题之间是否存在根本上的契合。

笔者以为，包括墨家逻辑思想在内的先秦名辩学所讲的"辞"，本质上指的是能够被用以表达"意"的言辞或语句。从词源来说，古汉语中所说的"辞"可被解释为"说也，释会意之恉"。④纵观先秦时期关于"辞"的解说，对"辞"与"意"之间的关系概括最为精要的，除了《小取》篇所提出的"以辞抒意"说之外，还有《荀子·正名》所说的"辞也者，兼异实之名以论一意也"⑤。荀子对"辞"的此番界说，既描述了"辞"在语形上要由不同的"名"来组成，也强调了"辞"的根本功能在于论说某一观点或思想。故而，在笔者看来，此两处所说的"意"，主要指的仍还是可以由语句表达出的思想内容，而《小取》与《正名》对"辞"的界说，就其主旨而言，也可以说是完全一致的。同时，在《墨经》看来，"心"官的主要功能之一，就是观察和辨识所谓的"意"。《经上》91条有言："循所闻而得其意，心之察也"⑥，《经上》93条亦有言："执所言而意得见，心之辩也"⑦，此两条无疑就明确旁证了这一点。总之，通过上述引文

---

① 孙中原等：《墨学大辞典》，北京：商务印书馆，2016年版，第26页。
② Christoph Harbsmeier, *Science and Civilization in China*, Volume 7, Part 1: Language and Logic, Cambridge: Cambridge University Press, 1998, pp. 181–184.
③ Chad Hansen, "Chinese Language, Chinese Philosophy, and 'Truth'", *The Journal of Asian Studies*, Vol. 44, No. 3(May, 1985), p. 496, p. 516.
④ "说"原为"讼"，依清代段玉裁之校。见（东汉）许慎撰，（清）段玉裁注：《说文解字注》，上海：上海古籍出版社，1988年版，第742页。
⑤ （清）王先谦撰：《荀子集解》，北京：中华书局，2012年版，第409—410页。
⑥ 高亨：《墨经校诠》，北京：中华书局，1962年版，第93页。
⑦ 高亨：《墨经校诠》，北京：中华书局，1962年版，第94页。

也不难说明,墨家逻辑思想所讲的"意",大体可相当于今语所说的"思想""意思""意义"或"意念"等。质言之,"辞"的基本功能也就是作为抒发和表达思想、意念的语言工具。笔者以为,也正是基于类似理解,葛瑞汉在《墨家〈小取〉的逻辑》一文中将"以辞抒意"译作"expresses thoughts by means of sentences"①,也就是可以接受和正确的。要言之,"辞"在功能上也就指的是用作表达思想的语言工具,而这一点则与逻辑学知识体系对判断或命题的认识,完全是相似和一致的。

众所周知,命题是用来表达思想的语句,但语句却不一定是命题。美国当代逻辑学家科比(Irving M. Copi)就曾论述说,命题区别于其他语句的本质,就在于其能够被肯定或者否定②,即能够被判断出真假值。复合命题的真假值,则可以通过对简单命题(性质命题和关系命题)真假值的逻辑演算得以确定。而简单命题尤其是性质命题的真假值的判定,或者在于判断该命题所表达的思想与客观事实是否相符合一致(符合论),或者在于接受一个命题为"真"时,是否会与那些已经被认为是真的命题在信念上相冲突(融贯论),等等。墨家逻辑思想提出了"摹略万物之然"(《小取》)的认识原则,即言辞主要是用以反映和概括客观事物的现实状态,实也就已经嵌入了言辞之真就在于正确反映事物的符合论真理观念。墨家逻辑思想还提出了"论求群言之比"(《小取》),意即强调接受某一言辞为真或者说成立,是否会与已经被接受为"真"的其他各种言辞产生矛盾。这也就嵌入了由经验而来的知识体系内命题不得互相矛盾的融贯论真理观念。要言之,墨家逻辑思想的确已经把握到了言辞的真假值能否被判定,以及如何被判定等问题。

实际上,《墨经》常常使用"谓之"一词来标识言辞对经验中的事物或事件的断定状态。比如,《经上》《经说上》中常见的"或谓之牛,或谓之非牛",以及"或谓之是,或谓之非"等表达式,在实质上也就是要用言辞来断定某一经验中的事物或事件。墨家对"命谓"和"举谓"的用法,在根本上也就是要断定一个事物是什么或者不是什么,和断定一个事物具有某种属性或者不具有某种属性,意即形成判断或命题。墨家逻辑思想认为,一个"辞"的成立必须要同时满足故、理、类三个条件,即《大取》篇中所说的"夫辞以故生,以

---

① A. C. Graham, "The Logic of the Mohist 'Hsiao-ch'ü'", *T'oung Pao*, Second Series, Vol. 51, Livr. 1(1964), p. 3.

② Irving. M. Copi, *Introduction To Logic*, New York: Macmillan Publishing Co, 1978, p. 6.

理长,以类行也者。三物必具,然后足以生"①。"三物"的实质也就是说,"辞"的成立首先需要揭示出事物成立的缘由或学说成立的前提,其次还需要符合事物发展的客观规律或学说推演的基本法则,最后还需要注意到事物之间存在的类同和不类之异的同异关系。"辞"作为表达思想的工具,实质上也就是在表达言辞对事物及其属性,以及事物之间的关系等的肯定或否定。若从这个角度说,"辞"在根本上也就可以被诠释为命题。

墨家逻辑思想除了用"以辞抒意"揭示"辞"与命题之间的一致性外,在使用"辞"时所自觉或不自觉作出的分类,也可以用逻辑学知识体系中的不同命题形式加以分析。比如,墨家使用的量词"尽"和"或",在实质上表达的就是全称量词和特称量词(或存在量词),《经上》43 条解释说"尽,莫不然也"($\forall xF(x) \leftrightarrow \neg \exists x \neg F(x)$),《小取》又进而将"或"界定为"不尽",即作为存在量词的"或"是全称量词"尽"的否定。与此相应,《经下》所说的"言尽誖"这一命题,也就是在表达一个全称肯定命题"所有的话都是假的";又如《小取》中所说的"马或白者",也就是在表达一个由两个特称命题组成的联言命题,即"有的马是白的,且有的马不是白的"。此外,墨家的"或"还可用作连词,以连结两个简单命题而构成选言命题,如《经说上》44 条在解释时间时说:"时,或有久,或无久",即一个选言命题"时间或者是经历了多个时刻的有久,或者是未经历时刻的无久"。②墨家还论及了假言命题,《小取》说:"假也者,今不然也",即假设情况不是如此,如《鲁问》中所载墨子在反驳彭轻生子"往者可知,来者不可知"的观点时,就使用了假言判断,即假如亲属在百里外遭遇危险,如乘良马固车则能速至,如不乘良马固车则不能速至。③墨家逻辑思想还在一定程度上论及了模态命题,墨家用"必"来表示必然模态词(墨家论述的主要是从物模态),《经上》52 条界说"必"为"不已也",《经说上》52 条更进一步解释"必"为"谓壹执者也",即定于一而不变(不存在或然或不然的状态)的状态为"必";又如《经说下》所说的"行者必先近而后远"等,也可以被理解为模态命题中的必然命题。显然,墨家所述的上述几种不同的"辞",与逻辑学知识体系中包含的不同形式的命题分类也具有某种程度的可通约性,只不过其只是提及和用及了这几类命题形式,而未能形成一种明确的、完备的分类体系。

---

① 王讚源主编:《墨经正读》,上海:上海科学技术文献出版社,2011 年版,第 191—192 页。
② 王讚源主编:《墨经正读》,上海:上海科学技术文献出版社,2011 年版,第 34—35 页。
③ 参见孙中原:《中国逻辑史》(先秦卷),北京:中国人民大学出版社,1987 年版,第 226 页。

总言之,墨家逻辑思想所论的"以辞抒意"之"辞"在实质上就是命题。"辞"本质上就是表达有具体断定内容的"意"(思想)的工具,"谓之"等词具体标识了"辞"和"意"对事物的断定状态。墨家辩学还对"辞"进行了自觉或不自觉的分类,这些分类涵括了全称与特称命题,以及选言、假言、模态命题等。墨家辩学对"以辞抒意"的分析和对"辞"的不同分类,都充分证明了墨家逻辑思想确已经形成了可作为真值承担者的命题,即"辞"。事实上,囿于古汉语未普遍使用系动词"是",墨家辩学也无法形成"主—谓"结构的语句形式以表示命题,但其所普遍使用的"者也""…,…也"(如"故,所得而后成也")结构则同样起着表达命题的作用。①实际上,《墨经》对一些数学、力学、伦理学等学科概念所作的界说,都采用的是"…,…也"的形式,这些界说实质上也就是表示能够被肯定或否定的"辞",也就是能被判断出真假值的语句,即"命题"。

第二节 从符合论和融贯论的视角看墨家逻辑中的"真"

真理问题是自亚里士多德以来的西方哲学史和逻辑学探讨的核心问题之一。正所谓"真为逻辑指引方向"②,对"真"的探究也构成了语言哲学和逻辑哲学的重要主题。围绕"何者为真"与"真是什么"等逻辑哲学问题,哲学家和逻辑学家形成了诸如符合论(The Correspondence Theory of Truth)、融贯论(The Coherence Theory of Truth)、实用论(The Pragmatist theory of Truth)、语义论(The Semantic theory of Truth)、冗余论(The Redundancy theory of truth)等诸多真理理论。③

从上节所述及的近代以来关于墨家辩学是否有"真"观念的争议中亦不难看出,持守何种真理论,往往也是墨家逻辑思想研究者在把握墨家辩学中的"真"观念时的一个基本理论预设。一般来讲,研究者们大多都从符合论的角度入手,以阐明墨家辩学中的"真"观念。但必须承认的是,正如前文所述及的,墨家逻辑思想囿于其所使用的自然语言,及其所依存的整体上"重人文

---

① 参见杨武金:《墨家逻辑的科学地位和当代价值》,《武汉大学学报(人文科学版)》2013 年第 5 期,第 37 页。

② George Frege, "Thought", in Michael Beaney(ed.), *The Frege Reader*, Oxford: Blackwell Publishing, 1997, p.325. 转引自杨武金:《逻辑哲学新论》,北京:中国社会科学出版社,2021 年版,第 45 页。

③ 参见[英]苏珊·哈克:《逻辑哲学》,罗毅译,张家龙校,北京:商务印书馆,2003 年版,第 107—109 页。

轻自然"的中国传统文化背景,并未能如亚里士多德那样,对什么是"真"作出某种界说或定义,更不可能发展出诸如符合论这样的真理论。而这显然会对我们理解和把握墨家逻辑思想中的"真"观念构成挑战。其主要表现为,当我们在阐述墨家逻辑思想中的"真"观念时,究竟要采用那种真理观,才更为切近墨家思想实际和更具说服力;如果说墨家逻辑思想形成了"真"观念,那又是在何种意义上的真。同时,又由于墨家逻辑思想未能发展出一套形式化的符号语言,以表述相关的推理形式,也从未将语义维度和语用维度区分清楚,而这也就意味着我们也很难用与现代数理逻辑的发展密切相关的语义论等真理观,来看待、理解和把握墨家辩学中的"真"。鉴此,笔者拟主要从符合论和融贯论的视角,尝试理解和把握墨家逻辑思想中的"真"观念。①

符合论认为"真"是命题与事实之间的契合关系。②符合论真理观的最早版本,可追溯到亚里士多德所说的"凡以不是为是、是为不是者这就是假的,凡以是为是、以假为假者,这就是真的"③。在这个定义中,亚里士多德首先区分开了表述出来的语句、命题与被表述的那个事实。二者之间若能相契合,便可以认定此一命题为"真";若不相契合就只能认定其为"假"。中世纪的经院哲学家托马斯·阿奎那,则在继承亚里士多德的符合论真理观的基础上进一步提出,说一个命题或判断是真的,就在于这个命题或判断与其所表述的实体之间是一致或者说符合的。在《哲学史讲演录》中,黑格尔对真理的符合论作了更进一步的阐释:"真理的通常定义是:'真理是观念和对象的符合。'"④逻辑原子论时期的罗素和早期维特根斯坦也是真理符合论者。他们强调说,真理是命题与事实的符合。如早期维特根斯坦就从语言图像论的理论模型出发,将分子命题看作是原子命题的真值函项,并认为语言与世界之间具有共同的逻辑结构(命题结构与事实结构是逻辑同构的),进而指出说"命题是实在的图像,是我们所设想的实在的模型"⑤。奥斯汀则将符合关系理解为一种语言与世界之间的纯约定关系,这种约定关系包括了描述约定和指示约定,前者表示语言与事物情况类型之间的联系,

---

① 当前,也有论者试图从规范性角度来梳理和把握墨家逻辑思想中的"真"概念。见何新宇在"第十七次中国逻辑史全国学术研讨会"上的报告:《墨家逻辑中的"真"思想》,2022 年 5 月。

② 见斯坦福百科真理符合论词条,http://plato. stanford. edu/entries/truth-correspondence/。本段参考了该词条。

③ [古希腊]亚里士多德:《形而上学》,吴寿彭译,北京:商务印书馆,1959 年版,第 186 页。

④ [德]黑格尔:《哲学史讲演录》(第 2 卷),北京:商务印书馆,1957 年版,第 301 页。

⑤ [英]路德维希·维特根斯坦:《逻辑哲学论》,王平复译,北京:九州出版社,2007 年版,第 77 页。

后者表示语言与事物某种特定情况之间的联系,如果某个命题的指示约定所表示的特定情况具有其描述约定所反映的那种情况类型,则这个命题为真。[1]如语句"小张正在上课"的描述约定就是某人在上课时所具有的那些状态,指示约定就是小张正具有的那些状态,小张正具有的那些状态与通常所说的上课这种状态是一致的,那么这个语句就是真语句。笔者认为,符合论真理观是最有影响的一种真理观,尽管哲学家和逻辑学家对于"什么是符合(Correspondence)"并未达成一致意见,但认为"一个命题的真在于这个命题与经验事实的一致"却是符合论真理观的一个最为根本的特点。

与符合论将"真"视作命题与事实之间的契合关系不同,融贯论认为一个命题的真是接受这个命题不会与信念中业已被认为是"真"的命题产生冲突和矛盾[2]。相比较而言,符合论强调的是命题与事实之间的对应关系,融贯论强调的是命题集在信念内部的一致性。融贯论真理观的较早版本可参见笛卡尔关于真理的说明,笛卡尔认为"凡是真的显然都是某种东西,真理与存在是一回事"[3];笛卡尔认为,观念与广延两种实体都是由上帝按照同一规律所创造,因此"真"在于"极清楚、极明白"[4]。近代的融贯论是首先作为一个真理的检验标准提出的,如纽拉特(Otto Neurath)认为,经验命题的真,不在于命题与外在的实在之间的契合,而在于命题与命题之间的契合;在同一个信念中,接受某一命题为真不会与那些已被接受为真的其他命题相矛盾,如不矛盾则该命题为真,矛盾则为假。布拉德雷(Bradley)认为,融贯性是某个命题集包含的命题之间能够被共同解释。要言之,融贯论(Coherentism)主要关注的是接受命题为真需要在信念中相协调。

一如上文所述,墨家用以判断言辞是非的标准——"三表法"和"天志"学说,以及墨家用以标识"真"观念的核心语词"当"的使用,都揭示出墨家确已具有一种近似符合论意义上的真理观,即一个命题的"当"要求这个命题与其所反映的实际情况具有一种符合关系。但当用符合论的视角看待墨家辩学的"真"观念,尤其是看待"三表法"时,却存在某种过分注重实用性而带

---

① 转引自[英]苏珊·哈克:《逻辑哲学》,罗毅译,张家龙校,北京:商务印书馆,2003 年版,第 115 页。

② 见斯坦福百科真理融贯论词条,http://plato.stanford.edu/entries/truth-coherence/。本段参考了该词条。

③ 北京大学哲学系编:《十六—十八世纪西欧各国哲学》,北京:商务印书馆,1975 年版,第 174 页。

④ 北京大学哲学系编:《十六—十八世纪西欧各国哲学》,北京:商务印书馆,1975 年版,第 146 页。

来的轻视真假性的风险。实际上,"三表法"所判断的言,包含有言谈、学说、思想等内容,必须要承载墨家所论的"道"(即"天志")。在墨家看来,"言"的作用之一是指导国家和个人的行为要合乎"兼相爱,交相利"的"天志"之"道","行"与"言"都统一于"道"之下。"三表法"既断定经验描述,也断定伦理道德命题,其最为关心的也是指导社会生活和个人生活的"道"。作为载道之"言"的一部分,在墨家看来,语句和判断的首要目标显然不是判定句子或命题的"真""假"问题,而是是否有利于实行墨家所认为的"道"的问题。如墨家之所以主张"非命",并不是由于"命"是否存在的真假问题,而是由于承认"命"不利于国家百姓之利,不合乎"天志"之"道"。如即使无鬼,言论还是有用,这不是真理,但显然合乎"道"。①以墨家十事中的"非命"为例,墨家批评那些表达"有命"观念之言辞的缘由,主要在于如承认这些言辞,将会对国家治理和人民的生产生活产生很大程度的危害性,而不是这些言辞是"不当的",是假的。与此相一致,墨家还承认了如"鬼神是存在的"等言辞为"当",其论证也是基于考诸典籍记载的圣王之言行,百姓所感知到的能表示鬼神存在的具体事例,和承认鬼神存在对国家和人民的有益性,也并未涉及如"鬼神是存在的"这样的言辞,与现实世界是否存在鬼神之间是否会相抵牾等问题。因此,如单纯将墨家逻辑思想中的"真"理解为一种符合论意义上的"真",可能也就存在一定的失当之处。

从融贯论的视角审视墨家逻辑思想中的"真"观念,则有助于弥补符合论视角所可能存在的失当。就墨家逻辑思想而言,一个言辞的成立必须合于"三表法"和"天志",即正确的、合理的言辞必须都符合"本""原""用"的标准,也都能统一于以"兼相爱、交相利"之"义"为主要内容的"天志"学说之中。"三表法"和"天志"是墨家辩学用以定立言辞的基本公设,共同承诺了墨家所立的言辞应集合在某一信念体系中的一致性。此外,《墨经》中用以标识"真"观念的重要语词"可",就表达的是一种"彼"和"是"之间的一致性关系,意即接受一个新命题,不会与其他已经被接受了的命题产生矛盾。比如,墨家曾在《经上》74 条表达矛盾律说:"攸,不可两不可也。"②这显然就

---

① Chris Fraser, "Truth in Mohist Dialectic", *Journal of Chinese Philosophy*, Vol. 39 (Sep., 2012), pp. 351 - 368.

② 据该条的经说,"攸"当作"彼"(持此说的如梁启超和高亨)。陈孟麟以为,"攸"和"彼"都可诠释作"仮",杨俊光进一步解释"仮"为"反"。参见王讚源主编:《墨经正读》,上海:上海科学技术文献出版社,2011 年版,第 55 页;高亨:《墨经校诠》,北京:中华书局,1962 年版,第 74、103 页。

是说,两个矛盾命题之间不能同假。由此观之,墨家辩学要求人们在进行论辩活动时必须遵守矛盾律等基本思维规律,而人们在辩论中所陈述的命题,彼此之间也应避免逻辑矛盾和不一致。墨家辩学认为,当一个言辞不"可",就不能认为其言为"当",或者说"可"是"当"的必要条件。①《小取》篇则进一步以"效"范畴明确了判断言辞是非的标准,《小取》说:"效者,为之法也。……故中效,则是也;不中效,则非也。"②"效"是论者在形成言辞之前所预先设定的一个判断是非的标准,"天志"和"三表法"实质上都是用以判断言辞是非的"效",即"中者为是,不中者为非"。显见,墨家逻辑思想中所包含的"真"观念,可以从融贯论视角得到较有说服力的诠释。

　　无论是从符合论真理观还是从融贯论真理观出发,我们都可以对墨家逻辑思想所论的"真"观念,作出更进一步的说明和诠释。实际上,墨家在名实观上坚持"取实予名""以名举实",强调"实具有第一性,有实才能有名,实不必名"。而墨家所论的"实"范畴,既包括了具有广延的客观世界现存事物,以及曾存在过的事物(墨家区分不存在之物为两种,一种为曾存在过的但现在不存在之物,一种为从未存在之物),还包括了墨家所认为的合乎"道"、合乎"天志"的观念和行为,《经上》11 条定义"实"为"荣",《经说》进一步以"行"说"实",即"实"为"志气之现"。③墨家重"实"的基本立场衍生了墨家辩学的"真"的一种符合论和融贯论式解读的统一,即在墨家看来,合乎墨家"三表法"和"天志"标准的彼此不存在矛盾的言辞,必定合乎墨家所承诺的"实"。《小取》以论及"辩"的一般方法和原则的方式总结这一思想说,"摹略万物之然,论求群言之比"④。这里所论的"摹略万物之然",实质是要说明名(概念、语词)、辞(判断、命题)都要反映客观事物的状态、规律和理据,"论求群言之比"则是要说明辩者必须探求各种言辞的类别,即不能出现如"木与夜孰长"这样的"异类相比"的不当推理。由此可见,墨家辩学在论及言辞之真时,既要关注到同一类言辞之间在信念上的一致关系,又要关注到言辞与事实之间的契合关系,意即墨家逻辑思想完全可能已经考虑到了接近符合论和融贯论视角下的"真"观念。

----

① Chris Fraser, "Truth in Mohist Dialectic", *Journal of Chinese Philosophy*, Vol. 39 (2012), pp.351 – 368.

② 王讚源主编:《墨经正读》,上海:上海科学技术文献出版社,2011 年版,第 199—200 页。

③ 对"实,荣也"一句的具体诠释,可参见陈声柏、韩继秀:《"实"的可经验性——〈墨经〉"实,荣也"句新解》,《兰州大学学报(社会科学版)》,2018 年第 3 期。

④ 王讚源主编:《墨经正读》,上海:上海科学技术文献出版社,2011 年版,第 34—35 页。

第三节　道义命题与道义行为之"是非"

墨家逻辑思想视域中的"是非论"还涉及了道义命题辩护与道义行为选择的合理性问题。《大取》篇通过引入"权"概念来界说人们建立道德判断和选取道德行为的是非问题。在墨家看来,"权"主要是一个道德行为者在具体的道德情景中,如何选择适宜的道义命题或道义行为的一种衡量。《经上》85 条界说"权"为"欲正权利,恶正权害";《经说上》85 条进而解释说:"权者两而勿偏。"这也就是说,对道义命题或道义行为的选取,要考虑到利、害两个方面,并做到利之中取大、害之中取小。①由此,"权"就会涉及立辞者或行为者对"利""害"的认知与偏好,及其所具有的价值信念、意图、情感等命题或行为态度方面的内容。故而,基于一定的道义选择情景来把握"权",也就要考虑到立辞者在选择道义命题或行动者在选择道义行为时所具有的是非判断。

《大取》所说的"权"可分为"轻重之权"和"是非之权"两类。②此两类"权",又分别相应于"事体之中的权"和"事为之中的权"。《大取》界说第一类的"权"为:"于所体之中而权轻重之谓权。权,非为是也,非非为非也。权,正也。"为了更好说明第一类"权"的实质,墨家给出了"断指以存腕"和"遇盗断指以存身"的案例。这两个案例说的是,当人在遭遇一种不得已的道义选择情形下,应当根据"利之中取大,害之中取小"的现实利益原则,做出最有利自身的选择。但与此类似的道义选择行为,并不会在一开始就预设有某种道德目的。紧接着,《大取》界说了第二类的"权",此一类型的"权"又可被称之为"求",即"于事为之中,而权轻重之谓求。求,为是非也"。此一类"权"在实质上就说的是,人们在具有主动性的具体道德行为选择中,应当按照"兼爱"等墨家之"义"的要求,去择取应当、正确的行为。尽管行为者所预设的道德目的,并不一定就必然实现,但这并不会妨害,由他们所设立的诸种道义命题和所选取的诸种道义行为,是正确的和合理的。比如,当墨

---

① 对本条"经"与"经说"的诠解,可参见王讚源主编:《墨经正读》,上海:上海科学技术文献出版社,2011 年版,第 65 页。

② 有论者将《大取》的"权"划分为名取之权与行取之权两类。窃以为,这一划分对揭示《大取》的是非观有很重要的启迪作用,但在笔者看来,这两类"权"都是关乎具体道德处境下如何建立道德命题和进行道德实践,只不过一为不得已之两难情景,一为有主动选择权的实践情景,因此名取之权的名称或稍欠妥当,故改之。参见孙长祥:《思维·语言·行动:现代学术视野中的墨辩》,台北:文津出版社,2005 年版,第 11—14 页。

者努力去向暴戾之君阐明"天志"要求的"兼爱""节用"等道理时,若其敢于说服暴戾之君行"义"而兼爱天下、爱利民生,无论后果如何、成功与否,但其所设立的道义言辞、所选取的道义行为却都是合理的、正确的;但若他们因顾忌自身的利害得失,而不敢或不愿去向暴戾之君阐明"天志"所要求的"兼爱""节用"等道理,那这样的道义行为选择,就是不合理和不正确的。

具体说来,在第一类的"权"中,"欲正"或"欲恶"并不一定是道义行为取舍的决定性因素。因为人之所欲,未必能取;人之所恶,未必不取。"于所体之中而权轻重",即在一个道德行为中比较其中有利之部分与有害之部分的大小轻重,是"利之中取大,害之中取小"。如人所周知,斩断手指是为害,但斩断手指保全手腕则为"利"而非"害"。用"权"来界定行为之是非,实际上是一种"于体中审其爱之轻重,权其非爱者谓所以求其是爱也。爱有似是而非者,故断之以非非为非也,权求其正而已"[1]。质言之,"权非谓是也"并非表示某个道义行为或道义命题的否定(即"非"),"非非谓非也"也并非表示某个道义行为或道义命题的肯定(即"是"),而仅是道义行为选取的合宜与不合宜而已。

第二类"权"则有所不同。此一意义上的"权"强调,人应当遵循"天志"之"义"的要求,主动以"兼相爱,交相利"的价值态度和道义偏好,来创设道义言辞,择取道义行为。傅山解释此一意义上的"权"说:"爱利有似是而非者,求其所谓是非者有权焉。权不过当其轻重而已,轻轻而重重则是,轻重而重轻则非……权所以正是非,非所以正轻重也。"[2]其中,那些合乎墨家所倡导的"天志"之"义"和"三表法"标准的言辞和道义行为就是"是",不合乎这些标准的则是"非"。

总之,《大取》所述及的此种是非论,实际上是墨家辩学结合墨家最为推崇的"兼爱""义"等政治伦理道德主张而论,而不只是单纯从命题所具有的真假值等角度来讨论的。墨家所持的此一意义上的是非论,或许也能旁证,墨家逻辑思想极为重视"辩"的"明是非"功用,尤其是要以"辩"来为墨家所坚持的治道与伦理主张加以辩护,对其他学派对墨家学说的批评给予反驳,故而其也就会涉及与治道主张和道义逻辑等相关的诸多内涵性问题,而不只是限于从外延性或者形式化角度出发的讨论。

---

[1] 傅山:《墨子大取篇释》,载《霜红龛集》(卷三十五)。太原:山西人民出版社,1985 年版,第 985—986 页。

[2] 傅山:《墨子大取篇释》,载《霜红龛集》(卷三十五)。太原:山西人民出版社,1985 年版,第 966—967 页。

第五章 "同异"与"是非"

墨家逻辑思想在界说"别同异""交同异"的同异观和论析"辞"之是非、真假的基础上,进一步阐发了事物或言辞之间的同异(特别是类同、不类之异)关系,对言辞之是非和论式运用的正确与否所具有的直接或间接影响作用。就此而言,笔者援引鲁胜在《墨辩注叙》中的说法,将其概括为"同异生是非"。因此,本章要讨论的主题也就是"同异"如何生"是非"。

本章讨论的重点主要集中于以下几个方面。首先,笔者拟围绕广义《墨经》所提出的一些命题,尤其是《小取》中所总结的"辟、侔、援、推"等论式,来分析和阐述事物或言辞之间的同异关系,对言辞的"可"与"不可"以及论式运用的正确与否,究竟是如何发挥作用和影响的。其次,笔者还拟围绕"类同""不类之异"和"三物"之间的关系,来简要讨论以《大取》篇为重点的道义逻辑视域中的"同异生是非"论题,即对事物或言辞间的同异关系的认识,又如何影响到墨家对道义命题的证成及其道义行为的择取。最后,笔者拟简要总结和概括"同异生是非"论题所应当包含的两个层次。

显然,笔者所作的上述区分,也是与《墨经》整个文本的结构相一致的。从文本结构上说,学界一般认为,《经上》《经下》和《经说上》《经说下》四篇,主要讲述的是墨家对于伦理学、知识论、认识论、逻辑等学科中的一些概念、命题的界说与解释,而《大取》《小取》两篇则是前四篇的余论。其中,《大取》篇因"文多不相属,简札错乱,无以正之"①,加之于"脱句错字特别多,又没有各家学说可资比证"②,而被视为"奥义奇文,后世以其不可解而置之"③。但经过研究墨家哲学尤其是墨家逻辑思想的历代学人百余年来的接续探究,《大取》以墨家论辩术论证"兼爱"说的思想要旨,也得到了逐步阐发和初

---

① (清)孙诒让:《墨子间诂·〈大取〉题解》,北京:中华书局,2001年版,第403页。
② 伍非百:《中国古名家言》,北京:中国社会科学出版社,1983年版,第14页。
③ 傅山:《墨子大取篇释》,载《霜红龛集》(卷三十五)。太原:山西人民出版社,1985年版,第965页。

步说明。与《大取》不同,《小取》篇文字清晰,条理完备,乃是先秦逻辑思想史文献中最易懂易解的篇章之一。①《小取》篇的思想主旨,就在于系统说明《墨经》逻辑思想的基本理论,其最重要也最具特色的内容,则是对"辟、侔、援、推"等先秦哲学所用的主要论式,尤其是对"侔"论式的不同情况,给出了较为明晰的总结和界说,故而《小取》也就被视作为墨家逻辑思想研究的总纲。因此,笔者拟在阐释"同异生是非"的逻辑思想史意义时,从《大取》所述的立乎墨家思想主旨之"大"的逻辑应用视域,和《小取》所述的立乎先秦哲学所用及的推论方式之"小"的逻辑理论视域这两个方面,分别进行探究。但考虑到本书主要讨论的是以推理、论证为核心的墨家逻辑思想,故而笔者将以对《小取》所述的"辟、侔、援、推"等论式的分析为重点。

如上所述,《小取》篇集中讨论了由墨家所总结的一些主要的推理与论证方式。墨家指出,"辩"的最基本原则是所谓的"以类取,以类予",即人们在辩论活动中援引事例进行推理论证时,无论是证成、说明之"立"还是批判、反驳之"破",都需要遵守事物或言辞之间所存在的"类同""不类之异"关系,不能违背"同类相推,异类不比"的推类原则。除了"以类取,以类予"之外,《小取》指出"辩"还需要遵守"有诸己不非诸人,无诸己不求诸人"的思维原则。②在笔者看来,墨家之所以提出这一原则,可能就是为了反驳《小取》在释"是而不然"和"不是而然"时所提及的"此与彼同类,世有彼而不自非也,墨者有此而非之"的"内胶外闭"之误。质言之,该原则实际上也可以看成是对论辩活动中坚持"以类取,以类予"原则的具体实现。如此一来,论辩活动就必须要建立在正确区分和认识事物或言辞之间的"类同""不类之异"关系的基础上,而不能够同类相非、异类相比。

此外,《小取》还提及一个用以评判言辞之是非的"效"范畴。墨家认为,若言辞中效,则表示其是正确的;若不中效,则表示其是不正确的。但"效"的成立,又须依赖于事物、言辞之间的"类同""不类之异"的同异关系。同时,《小取》论述的核心内容之一,就是对"辟、侔、援、推"四种论式的界说,并结合事物或言辞间所存在的不同种类的"同异"关系,来讨论谈辩中可能出现的问题与失误。《小取》还重点分析了"侔"式推论中存在的"是而然""是

---

① 伍非百认为,"《小取》是'古名家言'中最易懂的一篇",本文援引之。参见伍非百:《中国古名家言》,北京:中国社会科学出版社,1983年版,第14页。

② 胡适在《〈墨子·小取〉篇新诂》中论这一原则说,"有诸己,不非诸人;无诸己,不求诸人"的原因在于事物之间所存在的"类同"关系,如甲、乙既都是"有以同"的"同类",则不能用以互相反对。参见胡适:《中国哲学史》,北京:新世界出版社,2012年版,第334页。

而不然""不是而然""一周而不一周""一是而一非"等五种复杂情况。①在墨家看来,之所以会出现这五种复杂情况,主要就是由于事物或言辞之间所存在的复杂的"类同"和"不类之异"关系。总之,《小取》通过对"效"范畴和"辟、侔、援、推"等论式的界说,具体阐释了事物或言辞之间所存在的同、异关系,尤其是"类同""不类之异"关系,对言辞之是非和论式运用之正确与否发挥影响的基本模式。

第一节 "类同""不类之异"与"效"

"效"是墨家逻辑思想中的一个重要概念。《小取》如是解释了"效":

> 效者,为之法也;所效者,所以为之法也。故中效,则是也;不中效,则非也,此效也。②

就诠解此段文字而言,最要紧的地方莫过于对"效"这一概念究竟何指的正确理解。单从"效"字的通俗涵义来讲,"效"主要是效法、效仿的意思,如俗语"上行下效"之"效",就可作效法、效仿解。《说文解字》则释"效"为"象","效,象也";段玉裁注疏说:"象当作像。……像,似也。……彼行之而此效之。故俗云报效、云效力、云效验"③,这里也就是以"效"为效仿、模仿的意思。由此,人们或可追问的是,《小取》所说的"效",在效仿对象上究竟是"辞"还是"说"?近代以来,研究墨家逻辑思想的前辈学者对此一问题形成了不同的回答。就笔者所见,前贤在诠释"效"范畴时,大概有三条理路。其一是从推论模式或推理形式的角度把握"效",其二是从命题或判断形式的角度来诠释"效",其三是从评价言辞、推理正确与否的标准来理解"效"。

一 对"效"的三种诠释

就将"效"理解为推论模式或推理形式的诠释理路而言,"效"主要被理解为"仿效"之义。具体地说,此一理路就是要将"效"诠释为一个具有演绎

---

① 王讚源主编:《墨经正读》,上海:上海科学技术文献出版社,2011 年版,第 196 页。
② (清)孙诒让:《墨子间诂》,北京:中华书局,2001 年版,第 415—416 页。
③ (东汉)许慎撰,(清)段玉裁注:《说文解字注》,上海:上海古籍出版社,1988 年版,第 123 页上。

推理特质的名辩学推理论式,大体可相当于古希腊亚里士多德所创立的三段论,或古印度因明学所创立的三支论式。在此一诠释理路中,研究者们多采用中西、中印逻辑思想的比较研究法,以"效"为墨家逻辑思想所总结的演绎论式,并将其与古印度因明学中的三支作法,和亚里士多德建立的直言三段论等演绎推理方法加以比较,以挖掘其中的共通之处。此一诠解理路的代表性学者有胡适、詹剑锋、齐密莱乌斯基等人。

胡适认为,"效"是一个典型的演绎论证。此一演绎论证在实质上就表现为,依据于"同法者必尽相类"的一般性原则,推演到个别事物。《小取》论述"效"的引文中所出现的"故",并非是古汉语中用作连词的"是故"之"故",而是《墨经》专门用作表示事物原因或立论前提的"以说出故"意义上的"所得而后成"之"故"。因此,说"故中效",就是将推论所用之"故"作为"法",察其是否属于"所若而然"(即"效之而亦然"),如是则为中效、是,如不是则为不中效、非。在此基础上,胡适还比较了"效"式推理与因明三支论式和古希腊三段论推理结构之间的相似与相异。在胡适看来,"故"相当于三支作法中的"因"和三段论中的"小前提",而观"故"是否"中效"则相当于考察三支作法中的"喻"之喻体、喻依是否具有遍是宗法性,或者三段论中的"大前提"能否成立。①如此一来,胡适就建立了对"效"的演绎论证式解读。

与胡适不同,詹剑锋则直接采用逻辑学知识体系中的直言三段论来诠解"效"。他认为,"效"指的是事物的所然,是小项或小词;"所效"指的是事物的所以然,是大项或大词;"故"则指的是"效"者和"所效者"之间的尺度和媒介,是中项或中词。因此,"中效"就指的是能从前提必然得出结论的正确推理或论证,"不中效"就指的是不能从前提必然推出结论的错误的推理或论证形式。②詹剑锋的这一诠释模式,也被 20 世纪 80 年代以来的不少中国逻辑史研究者们所继承和发展。③笔者以为,胡适和詹剑锋对"效"的诠解,尽管在具体内容上有很大不同,但却有着共同的研究趋向,即都试图将"效"

---

① 参见胡适:《中国哲学史·〈墨子·小取〉篇新诂》,北京:新世界出版社,2012 年版,第335—337 页。

② 参见詹剑锋:《墨家的形式逻辑》,武汉:湖北人民出版社,1956 年版,第 81 页。

③ 较为重要的如温公颐、崔清田也认为"效"相当于三段论式的演绎推理,"中效则是,不中效则非"是"效"式推理的原则。参见(1)温公颐:《先秦逻辑史》,上海:上海人民出版社,1983年版,第 150 页;(2)温公颐、崔清田主编:《中国逻辑史教程》,天津:南开大学出版社,2012年版,第 112—113 页。持这一观点的还有周云之、刘培育,亦将"效"看作类似于三段论的演绎推理形式,为三物论式中的最重要论式,参见(1)周云之、刘培育:《先秦逻辑史》,北京:中国社会科学出版社,1984 年版,第 158 页;(2)刘培育:《中国古代哲学精华》(名辩篇),兰州:甘肃人民出版社,1992 年版,第 288 页。

理解为一个类似于"三段论"的演绎推理或论证形式。

与胡适和詹剑锋使用传统逻辑中的三段论来诠解"效"概念的研究理路不同,波兰汉学家和逻辑学家齐密莱乌斯基则尝试用数理逻辑中的函项演算来诠解"效"概念。他在借鉴吸收胡适和詹剑锋关于"效"式推论的诠解的基础上,还参考了法国汉学家马伯乐和英国汉学家李约瑟对"效"概念的理解。前者认为,"'效'与演绎推理并不相关,而只是墨家从辩论实践中总结出来的具有范例性质的一个论证的定义"①;后者则认为,墨家辩学所讲的"效",是一种基于"天之法则"(methods of Nature)而形成的"思维模式"(model-thinking)②。又由于《小取》对"效"概念的界说,是通过"法"概念来完成的。因此,齐密莱乌斯基就依据《经上》71 条对"法"的界说("法,所若而然也"),和《经说上》71 条关于"法"的更进一步的解释和例示("法:意规员三也,俱可以为法",其中,"员"可作"圆"③),提出"意规圆俱可以为法"就可以被合理地解读为一个由三个蕴涵式所组成的析取式,即"如果某物合乎圆的概念,那么该物是圆的;或,如果某物能够用规画出来,则该物是圆的;或,如果某物与一个圆形事物在形状上是类似的,则该物是圆的"。由此出发,齐密莱乌斯基就对《经上》71 条所说的"法,所若而然也"作了形式化的刻画,即 $\varphi x \rightarrow \psi x$。以上述诠解为基础,齐密莱乌斯基对《小取》中的"效"概念作了两个层次的解读,并将之形式化为:

$$\overbrace{\underbrace{效}_{法} \qquad \underbrace{所效者(当为"所效")}_{故}}^{效}$$
$$(\forall x(A(x) \rightarrow P(x))) \rightarrow (A(x_i) \rightarrow P(x_i))$$

在齐密莱乌斯基看来,"故"是"法"的一个特例,而"效"则是由"效"和"所效者"构成的一个从普遍到特殊、从一般到个别的"必然地得出"的有效的演绎推理形式。质言之,"效"既是一个通过归纳程序而达致的且能被接受为真的全称判断,同时该全称判断还可以作为一个能被用以推导出具体的特称

---

① H. Maspero, "Notes sur la logique de Mo-tseu et de son école", *T'oung Pao* ⅩⅩⅤ, 1928, pp. 10 - 18. 转引自 Janusz Chmielewski, "Notes on early Chinese logic(Ⅲ)", *Rocznik Orientalistyczny*, 27(1), 1963, p. 104.

② Joseph Needham, *Science and Civilisation in China*, Vol. 2, Cambridge: Cambridge University Press, 1956, p. 184.

③ 对此条"经"与"经说"的诠解,可参见王讚源主编:《墨经正读》,上海:上海科学技术文献出版社,2011 年版,第 53 页。

判断的普遍前提。在用以表示"效"概念的一阶逻辑公式（（$\forall x(A(x) \rightarrow P(x))$）$\rightarrow (A(x_i) \rightarrow P(x_i))$）中，后件部分是"所效"，前件部分则是一个全称命题"效"。这个普遍的全称命题"效"之所以能够成立，则需要通过如下的归纳程序来完成。即：

$$\left. \begin{array}{l} A(x_1) \rightarrow P(x_1) \\ A(x_2) \rightarrow P(x_2) \\ A(x_3) \rightarrow P(x_3) \\ \cdots\cdots\cdots \\ A(x_n) \rightarrow P(x_n) \end{array} \right\} \forall x(A(x) \rightarrow P(x))$$

显然，"效者"一旦被认为一个真命题，则"所效者"也必然地会被认为是一个真命题。齐密莱乌斯基还认为，孟子所说的"凡同类者举相似也"（这句话也可以形式化为：令 x、y 表示任意两个事物，xRy 则表示事物 x、y 为同类事物，xSy 表示事物 x 相似于事物 y，则孟子的这句话就具有如下形式：$\forall x \forall y(xRy \rightarrow xSy \wedge ySx)$）中的"凡"，就相当于《小取》中所讲的"效"。①尽管齐密莱乌斯基运用现代逻辑技术对作为推理形式的"效"概念进行了逻辑分析，但他还是指出，逻辑理论与逻辑运用并不一定就是一致的。比如，由墨家逻辑思想所总结的"效"式推理，就很少在墨家对其治道或伦理主张的论证中得到运用；事实上，墨家在论证其哲学主张时，往往也运用的是一些其他的有效推理式。②

　　除了对"效"概念的上述解读外，莫绍揆对"效"的理解也很有代表性。他认为，"效"在本质上是一种类似数学所讲的代入公式般的演绎论式。具体地说，"效"是建立一个可供代入用的公式，"所效"则是要建立的公式本身，由此，"中效"和"不中效"就指的是在具体推理中对公式的代入，相

① Janusz Chmielewski，"Notes on early Chinese logic（III）"，*Rocznik Orientalistyczny*，Vol.27，No.1(1963)，pp.103–121.

② Janusz Chmielewski，"Notes on early Chinese logic（IV）"，*Rocznik Orientalistyczny*，Vol.28，No.2(1965)，pp.87–88. 齐密莱乌斯基还以《天志上》对"天欲义而恶不义"的论证为例，分析了所谓"效"式推理的论证结构：$\forall \phi \forall \psi \forall \Phi\{[(b\Phi\psi(a) \wedge b\Phi'\psi'(a) \wedge b\Phi\phi(a) \wedge b\Phi'\phi'(a)] \rightarrow [b\Phi\phi(a) \wedge b\Phi'\phi'(a)]\}$。齐密莱乌斯基的这一分析，可参见《中国古代逻辑注解（4）》（"Notes on early Chinese logic(IV)"），pp.88–101. 笔者认为，齐密莱乌斯基对《天志上》"天欲义而恶不义"所作的逻辑分析，与他对于"效"式推理的理解具有相关性。具体来说，1A $\wedge$ 2A$\rightarrow$3、1B $\wedge$ 2B$\rightarrow$3 和 1C $\wedge$ 2C$\rightarrow$3 实际上就相当于得到作为全称命题和推导特称判断前提意义上的"效"的归纳程序。结合 Chmielewski 的上述论证结构的形式化分析，可看出其对"效"式推理的理解也以事物之间所具有的"类同"和"不类之异"关系（即同法者同类、同类则相似）作为基础。

较而言,若代入是符合公式的,则其是正确的;若不符合公式,则其为不正确。因此,莫绍揆就将所谓的"效"式推理,诠释为了对"遍有遍无公理"(也被称之为"曲全公理")——"如能肯(否)定一全类事物的,则也能肯(否)定该类中的任一事物"的直接反映。[①]显然,莫绍揆对"效"的这一理解,与齐密莱乌斯基关于"效"是从全称命题推出特称命题之论式的理解是异曲同工的。

总之,就将"效"理解为某种推理论式而言,无论是将"效"看作是三段论式的演绎推理,还是看作从全称命题得到特称命题的演绎推理,都是以"效"为一个普遍有效的推理论式,也都预设了墨家逻辑思想对演绎推理形式有着高度成熟的理论自觉,即墨家已经认识和把握到了逻辑学意义上的"必然地得出"的有效推理,或者说已经自觉到了可以"重言式"来表达的推理形式。这无疑就具有某种中西逻辑思想比较研究中的"过度诠释"的嫌疑。此外,将墨家逻辑思想所讲的"效"概念理解为一种推理论式,也多是基于《小取》的文本语境,从而在整体上将"效"与"或""假""辟""侔""援""推"等一道理解为某种推理或论证模式。但是,以后四者为某种论式,已为学界所共许,无可置疑,但以"或""假"为某种论式,又该如何理解,实也就成为很难回答的问题。比如,莫绍揆就对这二者作了如下解读,"或"可能讲的是选言推理或关于可能性的模态推理,"假"可能讲的是类似反证法的推理法式。[②]但从"或也者,不尽也;假也者,今不然也"的文本依据看,与其说这二者讨论的是两种论式,还不如说它们是某种命题形式,可能要显得更为自然和易于理解。因此,笔者以为,若坚持从论式的角度来理解和把握"效",面临的困难包括但不限于:"效"论式的结构和内容究竟是什么;"效"论式与"法"概念之间究竟是何关系,二者又如何保持一致;墨家哲学又是如何自发或自觉使用了"效"论式,又有那些例证。

除了将"效"看作某种演绎推理形式或论证模式之外,还有一些墨家逻辑思想研究者认为,"效"可与"或""假"一道作命题形式解。比如,伍非百就认为,"效"和"或""假"一样,都是墨家辩学所表示的不同性质的命题;其中,"或"表示特称命题,"假"表示如反证法中故意所作的与现实情况相反的那类假设命题;而"效"则表示略相当于"公式""原则""定律"等义的"必然正确

---

① 参见莫绍揆:《〈墨子·小取〉篇逻辑的体系》,载于《中国逻辑思想论文选(1949—1979)》,北京:生活·读书·新知三联书店,1981年版,第431页。

② 参见莫绍揆:《〈墨子·小取〉篇逻辑的体系》,载于《中国逻辑思想论文选(1949—1979)》,北京:生活·读书·新知三联书店,1981年版,第429—430页。

之命题"。①汪奠基更一般地概括说,《小取》篇所说的"或、假、效"是三种判断形式,"辟、侔、援、推"是四种推论形式,这七者共同构成了墨家辩学讨论有关思维形式的基本原则,即墨家辩学的七种论式,"效"则相当于普通逻辑学所讲的直言判断。②谭戒甫则将"所效"与"效"看成是组成命题的两个词项(Two Terms),"所效"相当于命题的主词,"效"相当于命题的谓词,如此一来,"效"与"所效"也就共同构成了一个性质命题。③而齐密莱乌斯基在将"效"理解为演绎推理论式的同时,也认为"效者"是一个经由归纳而来的全称命题,实际上也暗涵着一种以"效"为某种命题形式的理解。上述这些以"效"作为命题形式的解释,与以"效"作为演绎推理形式或论证模式的解释一样,都有着类似的困难,如需要进一步回答"效"式命题的形式是什么,墨家辩学在论证与反驳的实践当中,又如何表述和用及了"效"式命题,等等。

　　笔者认为,无论是将"效"诠释成演绎论式还是命题形式,都必须注意到"为之法"中的"为"与"法"概念的界说。墨家逻辑思想将"法"界说为"所若而然"(《经上》),并认为概念(或者说观念)、工具或具体事物都可以成为"法",一类事物之所以为一类事物的根本就在于共有一"法"。同时,"法"还可能成为区分不同类的事物的一条重要标准,即当我们认为某些物是一类,则要找到区别于其他类事物而为本类事物所独有的"法"。如第四章第一节所论,在墨家逻辑思想中,"法"即"法仪"和判断标准。结合对"法"的这一理解,当我们把"效"诠释为一种演绎推理形式或命题形式时,"效"所为之的"法"和"所效"所以为之的"法",也都要被限制为推理形式或命题形式。相较而言,如只将"效"作为判断命题真假或推理有效无效的一个标准,则无此限制,"效"和"所效"所代表的"法",也就是墨家所持的"凡能作为标准的俱可以为'法'"的"法"之意涵了。

　　若就"效"作为评判言辞、推理之是非的标准和法度的诠解理路而言,"效"被主要理解为提供标准之义,即在进行辩论活动时立论者所立之辞和所作之推论,若符合"效"的标准(即"中效")则为"是",为"真",为"正确"和"合理";如不符合"效"的标准(即"不中效")则为"非",为"假",为"不正确"和"不合理"。在这种解释理路下,"效"即是提供一个判断"辞"之是非

　　① 参见伍非百:《中国古名家言》,北京:中国社会科学出版社,1983年版,第443—445页。
　　② 参见汪奠基:《中国逻辑思想史料分析》,北京:中华书局,1961年版,第390页。
　　③ 参见谭戒甫:《墨辩发微》,北京:中华书局,1964年版,第425—426页。

的标准或法度("法"),并通过考察所立命题是否符合标准或法度("法")来决定命题的是非;"所效"即是被用以作为判定标准的事物或原则("法")。如沈有鼎就持这样一种理解,他认为,"效"应当作呈效、提供而非仿效之义来理解,即提供某个用以判断论辩者所立命题("辞")或推论是非的标准或原则("法"),而被用以做标准的事物或原则就是"所效"。①还有的论者认为,"效"是被用作验证言论或思想是非的一般准则,"所效"则是要被加以验证的言论或思想本身。②实际上,通过上文所述,我们也不难看到,将"效"作为判断言辞、推理是非的标准的解释,也当能很好地与墨家辩学用以讨论言辞是非的标准之一——"三表法"可以保持一致。墨家提出判断言辞是非的重要标准之一是"三表法","效"作为判断言辞是非的标准,则是"为"之"法"。如此一来,《小取》所提到的"效"概念的着重点就在"为之法""所以为之法"的"法"之意义上,即是强调在论辩活动中能够存在一个建构论题言辞的标准规范,并依据这个标准能够去审查所立言辞的真假、是非。

二 "效""法"与"类同"

墨家用"志行"来界定了"为"这一概念,并将其纳入墨家知识论的讨论之下(《经上》和《经说上》81 条将"知"分为"闻、说、亲,名、实、合、为",并认为"为"即是对知之行③)。《经上》76 条亦将"为"界说为"穷知而悬于欲也",即正确的行为必须在穷尽理智思考且离弃欲望的情况下才能达致。墨家"重人为、主实用"④的精神也强调,正确之言应是"足以迁行"的"常言",而非"不足以迁行"的"荡口"(见《耕柱》《贵义》)。《经上》86 条更进一步将"为"细分为"存、亡、易、荡、治、化"等六种状态。⑤具体说来,这六种状态分别可为具体存在的事物或保持现状(存),或废除、停止现状(亡),或发生状态有无之间的交换变化(易),或原有状态因变化而消解(荡),或因循原有状

---

① 参见沈有鼎:《墨经的逻辑学》,北京:中国社会科学出版社,1982 年版,第 48—52 页。
② 参见李匡武主编:《中国逻辑史》(先秦卷),兰州:甘肃人民出版社,1989 年版,第 261—262 页。
③ 参见王讚源主编:《墨经正读》,上海:上海科学技术文献出版社,2011 年版,第 61—62 页。
④ "重人为,主实用"是谭戒甫对《墨经》关于"为"之精义的概括。参见谭戒甫:《墨辩发微》,北京:中华书局,1964 年版,第 176 页。
⑤ 《经上》86 条及相对应的《经说》,各家校释差异较大。然,依照汪奠基先生的看法,这六种状态主要反映的是社会及自然方面的变易,说明了墨家思想重视人的主观意志、重视人的行为的特点,这六种状态也进一步可被推进到自然征验的变化。参见汪奠基:《中国逻辑思想史料分析》,北京:中华书局,1961 年版,第 320 页。

态加以引导（治），或因性质改变而发生状态转化（化）。①具体事物状态之
"为"的六种状况，就是要求在实际的论辩活动中，辩者所设立的论题言辞必
须遵循一定的规则，才能保证论辩的进行，也必须明确之所以设立如此论题
言辞的理由所在，以说服自身和对方。唯有论辩双方确保反映自己论题的
言辞都合乎"法"，方才能在"通意后对"的基础上进行推理，才能最终判定言
辞的真假、是非。②据此来理解"效，为之法"和"所效，所以为之法"，以及"中
效则是，不中效则非"的主旨，就在于要求论辩活动都必须设立要能衡量言
辞是非的标准（"法"），并依照此标准来对言辞、推论加以参验，进而决定言
辞和推论的是非状态以及可接受程度。

作为判断言辞真假是非的参验标准，"效"必须建立在对事物或言辞之
间的"类同"关系的正确反映和把握上。同一标准或同一法度的事物，应该
都属于具有"类同"关系的同一类事物，而两个或两组事物之间的"有以同"
的"类同"关系，又可体现为它们具有共同的标准或法度，即"一法者之相与
也尽类"（《经下》165 条）。例如，一些事物之所以能被归结为圆类，是因为
这些事物都具有共同的标准——圆形，或符合"一中同长"的圆之概念，或可
用"规"来加以度量，或与其他已知的圆形事物相似。《经下》和《经说下》165
条则以"方"类事物为例，详细说明了"一法者之相与也尽类"：

> 《经 下》165："一法者之相与也尽（类）。若方之相召也，说在方。"
> 《经说下》165：一："方貌尽，俱有法而异，或木或石，不害其方之相
> 台也。尽貌犹方也，物俱然。"

依孙诒让的校注，《经下》首句"尽"字后当增"类"字。"尽"可被诠解为墨家
逻辑思想中的全称量词，《经说下》中的"台"当为"合"，由此，该句要表达的
就是置于同一标准或法度之下的所有事物，就共同构成了一类事物。该条
经文中所用的"召"字，亦可表示彼此具有"类同"关系的同一类事物之意。
比如，《吕氏春秋》中提到的所谓"类同相召"（《吕氏春秋·召类》），当可为一
例证。由此，所谓的"以方相召"就可能指的是，所有具有方形的事物可以共
同构成方类事物，因为它们都能符合于"方形"这一标准。《经说下》165 条

---

① A. C. Graham, *Later Mohist Logic, Ethics and Science*, Hongkong: The University
Press, 1978, pp. 333 - 334.
② 参见孙长祥：《思维·语言·行动：现代学术视野中的墨辩》，台北：文津出版社，2005 年
版，第 79—81 页。

则进一步例示和解释了该条的涵义,其具体指的是,尽管方类事物之中有的为木,有的为石,但木、石之"异"却并不会妨害它们同为方类事物,因为它们都具有方形这一"类同"关系或共同标准,从而使得它们共同属于方类事物。反言之,若以方形作为标准,就能将所有方形事物具有的"类同"关系揭示出来,并可将其合并为方类事物。墨家还以对"方之相召"的上述分析为例,一般性地总结说,所有事物的归类情况莫不若此。要言之,共有的"法"乃是对事物或言辞之间的某种"类同"关系的正确反映,而此一"类同"关系又进一步构成了判断言辞真假是非的标准——"效"。

墨家还提出了"法同则观其同"(《经上》97 条)和"法异则观其宜"(《经上》98)①两条主张,以作为比较两个或两组言辞之间的真假是非的又一参验标准。如果两个言辞所反映的事物之间的"法"为同,则第一个言辞若为"是"、为真,那第二个言辞也就自然为"是"、为真了。这是因为判断这两个言辞之是非、真假的标准是同一的。若判断两个言辞真假的标准相异,则尽管第一个言辞为"是"、为真,但与其结构相似的第二个言辞未必为"是"、为真②,判断第二个言辞的是非真假,就只能使用其他的"法",或基于常识经验来加以参验。墨家在《经说上》98 条给出了如下两个结构上相似的言辞作为例示:(1)"人之中既有貌黑之人也有貌不黑之人,因此并不是所有的人貌黑";(2)"人之中既有被人爱之人也有不被人爱之人,因此并不是所有人都该爱。"若以墨家"兼爱"的价值立场观之,第一个言辞无疑是能够被接受的为"是"、为真的自然语言表达式;但第二个言辞则是不可以被接受的为"非"、为假的表达式。究其原因,就在于用以参验这两个言辞之是非、真假的标准("法")是不一样的。若借用西方哲学的术语来说,言辞(1)是一个由两个表述实然的子命题所组成的复合命题,不涉及价值信念等与命题态度相关的内容;言辞(2)是由一个表述实然的子命题和另一个表述应然的子命题所共同组成的复合命题,会涉及价值信念等方面的内容。因此,判断言辞(1)之是非的标准,乃是某一客观存在的事实状态;而判断言辞(2)之是非的标准,则在于墨家所倡导的"兼爱"等价值主张。总之,"法"的同异无疑会直接影响到看似是结构相似的言辞,所具有的是非或者说真假值的不同。

---

① Graham 认为,这里的"同""异"更多是"类同""不类之异"的涵义。参见 A. C. Graham:"The Logic of the Mohist 'Hsiao-ch'ü'",*T'oung Pao*, Second Series, Vol. 51. Livr. 1 (1964), p.21。但我认为,这里的同、异主要是就作为判断言辞是非的标准(法)之间的同一或差异而言,兼有"重同"和"二毕异"、"类同"和"不类之异"等多重涵义。

② 所谓言辞之间的结构相似,可参见墨家对侔式推论的讨论,详请参见本章第二节。

此外,墨家提出的"一少于二而多于五"主张,也涉及了对数目之间可能出现的极为复杂的同异关系的认识与把握。《经下》159 条提出了此一主张:

> 一少于二而多于五,说在建位。

因该条经看似有悖于人们对数字的直观和常识,故而对其的合理诠解和把握,也就成了历代先贤注疏和诠解《墨经》文义的一大难点。就笔者所见,学界对此条经的诠解,大体有如下几种意见。其一是结合《经说下》113 条所说的"若数指,指五而五一"等内容,从手与手指之间的关系来入手,大体将之诠释为"一手包含且多于五指,故一多于五;一手少于两手,故一少于二"。如高亨所说:"一手少于两手,是少于二也。……一手多于五指,是一多于五也。"[①]其二是从数位的角度入手,大体将之诠释为同一数位(如个位数)的 1 小于 2,而不同数位的 1 则大于 5(如十位数的 1 与个位数的 5)。[②]其三是从集合中的元素间的数量关系入手,将"建"诠释为建立元素或集合,将"住"诠释为"在集合中住进其他元素和集合";"一少于二"可以看作是"一个元素少于两个元素",而"一多于五"则可以理解成"'一'的元素的数量,多于'五'的集合的数量"。[③]葛瑞汉认为,此条经和经说乃是从将某些事物归于一类的不同层次分类计数,来把握数量"一"与"二"、"一"与"五"之间的多少关系,而这与辩者所持的"鸡足三"等怪论一样,都建基于对不同分类层次的混淆。[④]在笔者看来,从数位或集合角度所作的诠解,需要预设墨家已经具备了成熟的数位或集合论等数学知识,且不如第一种诠解模式那么直观和朴素,故笔者拟遵从第一种诠解模式来把握此条经和经说。若依据此一诠解模式,那墨家之所以能得出"一少于二而多于五"的主张,就在于其

---

① 见高亨:《墨经校诠》,北京:中华书局,1962 年版,第 182—183 页。
② 见王讚源主编:《墨经正读》,上海:上海科学技术文献出版社,2011 年版,第 137 页。
③ 从集合与元素的数量角度诠释此条经说的主要是孙中原。对此种解释的具体说明,可参见王兆春、卢凤鹏、张仁明主编:《墨经汇释》,长春:吉林大学出版社,2016 年版,第 279 页。以笔者浅见,孙中原对"一少于二而多于五"的诠解,或可以这样表达,对于一个由五指作为元素而组成的集合来说,一个元素要少于两个元素,但其所包含的每一个元素("一指")的数量,则要多于该集合(一个由"五指"组成的集合)的数量。也正是因为其涉及了集合与元素之间的不同种类的同异关系,孙中原才将此条经及经说看作是对《墨经》中"同异交得"主张的例示。
④ A. C. Graham, *Later Mohist Logic, Ethics and Science*, reprint edition, Hong Kong: The Chinese University Press, 2003, pp. 431 – 432.

对事物或言辞之间的同异关系中的类同与体同的分别把握。不同手指之间的关系乃是"类同",而手与手指之间的关系则可表现为整体与部分之间的"体同"。故而,处于"类同"关系中的事物在其计数上就表现为"一少于二",而处于"体同"关系中的事物在其计数上则可以表现为"一多于五"。如此一来,我们就可以从墨家对"同""异"的不同分类入手,来诠解此一主张之所以成立的缘由,而对此一主张的解说,又反过来印证了事物之间的不同层次的同异关系(如类同、体同),会真切影响到言辞或主张的是与非。

综上所述,尽管有论者从推理形式或命题形式的角度来阐释了《小取》所讲的"效",但这些诠释均未能很好地把握"效"与"法"的关系。如从作为判断言辞之是非真假的标准来理解"效",则能更好地通过"法"概念来理解"效"。就"效"作为判断论辩活动中所设立言辞之是非真假的标准而言,"中效"为"是"与"不中效"为"非"的保证,恰好就在于由所立之言辞而反映的事物状态之间的复杂的"类同"或"不类之异"关系。就此而言,"一法者之相与也尽类"所反映的是同类事物之间全部具有同一的"法",而这同一的"法"又是对论辩中所立言辞进行是非真假判定的标准——"效"。正是通过"效"和"法",墨家逻辑思想就将事物之间的"类同""不类之异"关系,与在论辩活动中所立言辞的是非、真假联系了起来,进而还可通过"法"所反映的"类同"关系,来判定结构相似的言辞或推论之为是还是为非。

第二节 "类同""不类之异"与"侔"论式

在《小取》所总结的几个论式中,"侔"是最受前贤关注的一个论式。《小取》界说"侔"为"比辞而俱行"。按《说文解字》中的说法,"侔"字的基本涵义是"齐等",可进一步引申出"上下等""等也""均也"等涵义。①依据"侔"字的这一基本意涵,结合《小取》关于"侔"论式的界说与例示,孙诒让将"侔"论式诠解为"辞义齐等,比而同之"②。据此,我们或可以将"侔"论式解释为,两个或两个以上在形式上齐等,且能够同时成立的言辞之间所形成的某种推论关系。就文本而言,《小取》在讨论了"侔"等四种论式之后,还着重分析了

---

① 见(东汉)许慎撰,(清)段玉裁注:《说文解字注》,上海:上海古籍出版社,1988 年版,第 372 页上。

② 据孙诒让校"侔"字义,见(清)孙诒让:《墨子间诂》,北京:中华书局,2001 年版,第 416 页。

"侔"论式中出现的五种复杂情况,即"是而然""是而不然""不是而然""一周而一不周"和"一是而一非",并对每种情况都进行了详尽的案例分析,以试图分析和探究"侔"论式的有效性判定等问题。正是基于使用"侔"论式进行推论活动时,若只简单考察前提和结论所具有的简单的语句相似性,而不去注意前提和结论语句中主、谓项所表达的事物或言辞之间是否具有"类同"关系,一味进行机械类比,就会形成不当的"侔"式推论。因此,墨家逻辑思想就特别强调,对"侔"论式的正确使用,必须要注意到其所反映的事物、言辞之间所具有的"类同"关系,做到"有所至而止",以免陷入不当推论中去。

一 "侔"论式与附性法

自近代以来的墨家逻辑思想研究史中,有不少学者都倾向于将"侔"论式理解为直接推理中的附性法(Immediate inference by added determinant)。比如,汪奠基就指出说,"侔"即是按照类同的原则,对原命题中的主谓项附加比词而构成结论的一种推论形式。①沈有鼎也指出,"侔"是复构式的直接推论,在本质上是演绎性的;《墨经》中给出的一个经典侔式案例是《经下》154 条所说的:"狗,犬也。而杀狗非杀犬也,可。说在重",《经说下》154 又进一步解释说,"狗,犬也。谓之杀犬,可",这就从正反面论说了"狗,犬也"和"杀狗,杀犬也"这两个语句能够同时比辞而俱行。②但若从附性法来诠解和把握"侔"论式,则需要首先辨析清楚附性法的推理形式。一般地说,附性法的推论形式可表示为:

所有 S 都是 P

所有 AS 都是 AP

在这一推论形式中,结论中的"A"表示某种性质,AS 表示具有 A 性质的 S 类事物,AP 表示具有 A 性质的 P 类事物,前提表示所有 S 类事物同时都是 P 类事物,结论则表示所有具有 A 性质的 S 类事物都是具有 A 性质的 P 类

---

① 参见汪奠基:《中国逻辑思想史料分析》,北京:中华书局,1961 年版,第 391 页。此外,孙中原也认为"侔"是附性法直接推理,其正确形式是"是而然",参见孙中原:《中国逻辑史》(先秦卷),北京:中国人民大学出版社,1987 年版,第 247—248 页。

② 参见沈有鼎:《墨经的逻辑学》,北京:中国社会科学出版社,1982 年版,第 53—54 页。

事物。举例如下：

> 例：虎是猫科动物
> ─────────────
> 白虎是白色的猫科动物

由此可见，附性法的成立，需要保证结论中的主项和谓项所被附加的概念是同一的，特别是若附加的语词是同一的但所表达的概念是不一样的，则多半会出现不可接受的逻辑谬误。比如如下案例，就不是一个正确的附性法推理：

> 例：象是动物
> ─────────
> 小象是小动物

显然，通过对前提"象是动物"使用附性法以推出结论"小象是小动物"，无疑是一个前提真（可接受的）而结论假（不可接受的）的错误推理。究其实质，此一推理出现谬误的根本原因就在于，"小动物"中的"小"乃是相对体型而言的大小之小，而"小象"中的"小"乃是相对生长周期而言的幼小之小，此二者在涵义上并不一致。①

但这种以"侔"论式为直接推理中的附性法的诠释理路，也受到了某些前贤的批评和否定。比如，刘殿爵（D. C. Lau）就指出说，中国古代的侔式推理乍看起来，好像是一种类似从前提"象是动物"得到结论"幼象是幼年动物"的附性法推理；或者说像是某种"复合概念的直接推理"（Immediate inference by complex conception），这主要指的是类似从前提"象是动物"推出结论"象的眼睛是动物的眼睛"这样的推理。但若详细考察《墨经》所给出的"侔"论式例示，则不难发现，"侔"论式与这种直接推理有着根本上的区别。这主要体现在两个方面。其一，附性法等直接推理乃是要求从真前提到真结论的推理，而《墨经》所给出的"侔"论式的例示中，有的可以从真前提直接推出真结论（即"是而然"的情况，如从"白马，马也"推出"骑白马，骑马

───────────

① 关于本段中的附性法推理部分参考了金岳霖主编的《形式逻辑》中的定义及解释。参见金岳霖主编：《形式逻辑》，北京：人民出版社，1979年版，第152页。

也"),有的则不能(即"是而不然"等情况,如从"船,木也"不能推出"入船,入木也")。其二,传统形式逻辑知识体系中的附性法等直接推理,乃是一种通过对前提命题中的主项、谓项分别增加同一限定词,从而使得结论命题中的主项、谓项都成为新词项,意即,在结论命题中,新增的限定词需要与前提命题中的主项、谓项合并组成新的主项、谓项;而在"侔"论式中,所附加的词项多是动词。因此,"侔"论式主要是建立在两个语句具有某种形式上的相似性的基础之上,但这种相似性主要表现为两个语句中的一些语词的共同出现,而与这两个语句要表达的实质内容之间的联系,并不十分相关。①又如,葛瑞汉在分析墨家逻辑思想中的"侔"论式时说,"侔"指的是如何从一个语句推出另一个语句的演绎推理,但这种推理却"并不必然地能使我们用同样的方式,从一个真句子得到另一个真句子"。②陈汉生则认为,墨家总结和分析"侔"论式的目的,并非是为了说明这种论式的普遍正确性,而是为了通过阐释"侔"论式所具有的种种限制条件,以否认其普遍有效性;《小取》论述了使用"侔"论式所可能出现的诸如"是而不然"等复杂情况,乃是由语言约定的任意和含混而产生的,因此,"侔"论式就不能被理解为某种演绎推理。③再如,冯耀明则总结了"侔"论式的一般形式,即"A 是 B,因此 CA 是 CB";同时,他还阐发说,《小取》讨论了使用"侔"论式所可能出现的一些复杂情况,并通过正反两方面的例证来试图说明,对"侔"论式的使用,需要划分为正确和不正确两种类型,但这种划分的标准,并不在于语句在句法形式所表现出的某种相似性,而主要还是基于语句所表达的实质内容(语义和语用层面)上的相关性。具体说来,《小取》通过区分"是而然""是而不然""不是而然""一周而一不周""一是而一非"等五种情况,来具体判别使用"侔"论式的正确性问题。其中,"是而然"可谓是"侔"论式最基本的有效形式,但"是而不然""不是而然""一是而一非"等几种情况所使用的例证,在形式上几乎都是无效的。"侔"式推论之所以会在这几种情况下失效,原因就在于语句中的某些语词出现了语义含混和语用失当。④

---

① D. C. Lau, "Some Logical Problems in Ancient China", *Proceedings of the Aristotelian Society*, New Series, Vol.53(1952 - 1953), pp.194 - 197.

② A. C. Graham, *History of Logic*, in Paul Edwards(ed.), *The Encyclopedia of Philosophy*, Vol.IV, New York: Macmillan, 1967, p.524.

③ Chad Hansen, *Language and Logic in Ancient China*, Ann Arbor: University of Michigan Press, 1983, pp.127 - 129.

④ Yiu-ming Fung, "A Logical Perspective on the Parallelism in Later Moism", *Journal of Chinese Philosophy*, Vol.39, No.3(Sep., 2012), pp.333 - 350.

要言之,尽管学者对"侔"论式是否是附性法和演绎推理,形成了不同的认识和观点,但还是有些某些共识。以笔者浅见,这主要体现为如下几点。其一,只有两个在形式上相似的语句,才能相比而组成"侔"论式。其二,判定"侔"论式运用的正确与否的标准,主要在于语义和语用上的相关性,而非语形上的相似性。其三,《小取》篇所提及的"是而然"(可用公式表示为 A=B,同时 CA=CB①)情况,可视为"侔"论式的一个基本形式。总之,学者对"侔"论式的深刻洞见与深入诠解,则为笔者对"侔"论式的浅陋分析,奠定了知识基础。

二 "侔"论式的五种具体情况

在笔者看来,因墨家逻辑思想将"同类相推,异类不比",和"以类取,以类予"看作是推理论证的一个基本原则,故而,对"侔"论式的形式及其有效性(可靠性)的把握,都应当建立在事物或言辞之间的同异关系的分析之上。由此,若从同异视角来观察运用"侔"论式的正确与否,首要一条,便是要注意到《墨经》中所列举的被公认为是正确、简单且明晰的"侔"论式示例,即"是而然"的情况。

(一)"是而然"

从文本依据说,《墨经》对这些示例的表述与分析,集中体现在《经下》和《经说下》154 条,以及《小取》中关于"是而然"情况的描述之中。从同异关系说,"侔"论式所涉及的同异关系主要是"重同"和"类同"。以下,笔者拟分别从 A、B、C 三个推论来考察《墨经》对"侔"论式中"是而然"情况的形式分析。

A."狗,犬也;杀狗,杀犬也。"(《经下》154)这一"侔"论式主要涉及了"二名一实"的"重同"关系。我们或可借用现代逻辑中的表述方式,以更清晰地展示此一"侔"论式的正确形式。如,令 D 表示"狗",Q 表示"犬",前提"狗,犬也"中的"狗""犬"为同一关系,即 D≡Q,或者说 ∀x(Dx↔Hx);再令 S 表示"杀狗者",K 表示"杀"这一二元关系,那么该"侔"式推论实际上就是

① 关于"是而然"等五种情况的公式,本文主要参考的是莫绍揆的观点。莫绍揆将这五种情况分别用公式表示为:是而然,A=B 同时有 CA=CB;是而不然,A=B 但 CA≠CB;不是而然,A≠B 但 CA=CB;一周而一不周,AB 组成的一句话中,有时 A 遍及 B 各分子,有时则不遍;一是而一非,f(A)=g(A),但 f(B)≠g(B),意即含有不定词项 X 的两句话 f(X) 和 g(X),当代入 A 时,两句意义相同,但当代入 B 时,则两句意义不同。参见莫绍揆:《〈墨子·小取〉篇逻辑的体系》,载于《中国逻辑思想论文选(1949—1979)》,北京:生活·读书·新知三联书店,1981 年版,第 433—436 页。

一个逻辑有效的推理形式,并可以用一阶语言表示为 A′:

$$\forall x(Dx\leftrightarrow Hx)$$

$$\forall y((Sy\rightarrow\exists x(Dx\wedge Kyx))\leftrightarrow(Sy\rightarrow\exists x(Hx\wedge Kyx)))$$

B. "白(骊)马,马也;乘白(骊)马,乘马也。"(《小取》)就此一类型的"侔"论式而言,其在实质上表示的是两个类之间的真包含关系,即令白马或骊马为 L,马为 H,前提命题中的两个类之间的关系可刻画为 L⊏H 或可表示为 $\forall x(Lx\rightarrow Hx)$;再令 R 表示乘,S 表示乘马者,则该"侔"式推论可刻画为 B′:

$$\forall x(Lx\rightarrow Hx)$$

$$\forall y((Sy\rightarrow\exists x(Lx\wedge Ryx))\rightarrow(Sy\rightarrow\exists x(Hx\wedge Ryx)))$$

C. "获(臧),人也;爱获(臧),爱人也。"(《小取》)就此一类型的"侔"论式而言,其表示的是元素与类的属于关系,即令获(臧)为 a,M 表示人,前提命题中所表示的关系为 a∈M,或可记为 Ma;故而,该侔式推论可刻画为 C′:

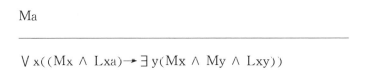

$$Ma$$

$$\vee x((Mx\wedge Lxa)\rightarrow\exists y(Mx\wedge My\wedge Lxy))$$

上述的(1)、(2)和(3)都是墨家认可的"是而然"的"侔"式推论。其中,(1)中的前提命题和结论命题的主谓项都具有"重同"关系,(2)和(3)中的前提命题和结论命题的主谓项都是"类同"关系。这三种正确的"侔"式推论,主要也是因为前提和结论都正确断定了子类(或元素)和类之间的同异关系。

除了"是而然"这一相对明晰的情况之外,"侔"式推论还有着四种相对复杂的情况。《小取》将之分别概括为"是而不然""不是而然""一周而不一周"和"一是而一非"。在诠解这四种情况时,有不少学者都将之看作不正确

151

或不合理的"侔"式推论,并认为其可能会导致谬误。但以笔者浅见,若从《小取》对这四种情况的例示来看,其都是"比辞而俱行"的不同情况,故笔者不将这四种情况看作谬误。以下,笔者拟分别交代这四种情况中的推论关系。

(二)"是而不然"和"不是而然"

这四种情况中的前两种是"是而不然"和"不是而然"。《小取》分别给出了一组"是而不然"和"不是而然"的例句。其中,"是而不然"大体可总结为如下几个推论:

C_1. 获之亲,人也;获事其亲,非事人也;其弟,美人也;爱弟,非爱美人也。

C_2. 车,木也;乘车,非乘木也。

C_3. 船,木也,入船,非入木也。

C_4. 盗,人也;多盗,非多人也;无盗,非无人也。……

C_5. 盗,人也;爱盗,非爱人也;不爱盗,非不爱人也;杀盗,非杀人也。

该组推论共享着同样的推论形式,即"A 是 B; RA 非 RB"。同时,该组推论还组成了一个更为完整的复杂推论,即通过 C_1—C_4 这几个为世人所共许的推论,来说明推论 C_5 也是可以成立的,从而最终去辩护和肯定墨家所主张的"爱盗非爱人"和"杀盗非杀人"等主张。由此,我们就可以将"是而不然"界说为,前提是正确的肯定命题,结论是正确的否定命题,只能从正确的肯定命题得出结论是正确的否定命题,而不能从正确的肯定前提得到正确的肯定结论。例如,我们就不能从前提"车,木也"得到结论"乘车,乘木也"。该例中的前提是正确的肯定命题,结论则是正确的否定命题。有论者曾指出说,"是而不然"反映的是一种"侔"式推论不能成立的情况,意即,《小取》通过在结论命题的主项和谓项中间加入否定词"非",在使得该结论命题成为正确的否定命题的同时,也就取消掉了前提和结论间的"侔"式推论关系。[①]但此组"A 是 B; RA 非 RB"的语句形式,无论是前提还是结论,都是墨家所认可的正确命题,也都符合"比辞而俱行"的基本要求;况且《小取》对"是而不然"的解读,最终还是回归到了对"爱盗非爱人"和"杀盗非杀人"主

---

① 参见沈有鼎:《墨经的逻辑学》,北京:中国社会科学出版社,1982 年版,第 61 页。

张的辩护中去,故此,笔者以为,与"是而然"一样,"是而不然"也应当是"侔"论式中的一种具体情况。

与"是而不然"一样,"不是而然"也大体可总结为如下几个推论:

C$_1$. 且读书,非读书也;好读书,好书也。

C$_2$. 且斗鸡,非鸡也;好斗鸡,好鸡也。

C$_3$. 且入井,非入井也;止且入井,止入井也。

C$_4$. 且出门,非出门也;止且出门,止出门也。……

C$_5$. 且夭,非夭也;寿夭,止夭也。

C$_6$. 有命,非命也;非执有命,非命也。

该组推论的基本形式大体上都是"且 A,非 B;RA,RB 也"。同时,该组推论也组成了一个更大的推论,即通过 C$_1$—C$_5$ 来类推 C$_6$ 中的墨家"非命"主张。由此,"不是而然"就可以界说为,前提是正确的否定命题,结论则是正确的肯定命题,意即不能够从正确的否定前提得到正确的否定结论。比如,不能从前提"且出门,非出门也",得出结论"止且出门,止非出门也"。该例中的前提是正确的否定命题,结论则是正确的肯定命题。沈有鼎分析"不是而然"情况说,《小取》通过去掉结论中主项、谓项之间的否定词"非",从而使得结论变为正确的肯定命题,同时取消掉这一推论关系。[①]但在笔者看来,这一情况和"是而不然"一样,前提和结论都符合"比辞而俱行"的要求,故而其也就是"侔"论式的一个具体情况。

若从《小取》对"是而不然"和"不是而然"的整体论述来看,这两种情况实际上是要用前几个推论来类推最后一个推论的无误性。因为在墨家看来,这两种情况中的前几个推论都是"世有彼而不自非"的合理推论,而最后一个推论和前几个推论又属于"同类"("此与彼同类"),故而其也应当是一种合理推论。如此一来,当时之人对最后一个推论中的结论的批评("墨者有此而非之"),就是"内胶外闭"的思维方法失误。就此而言,这一类推的成立,完全建立在言辞之间所具有的"类同"关系的基础之上。而这种"类同"关系又具体表现在语句形式上的相似性,以及前提和结论的主项、谓项之间是否具有"类同"与"不类之异"关系。以下,笔者拟选取"是而不然"中的"盗,人也;杀盗,非杀人也"和"不是而然"中的"且夭,非夭也;寿夭,止夭也"。

---

① 参见沈有鼎:《墨经的逻辑学》,北京:中国社会科学出版社,1982 年版,第 63 页。

有命,非命也;非执有命,非命也"来举例说明。

"盗,人也;杀盗,非杀人也。""盗"是"人"的子类,"盗是人"实质上表示的是子类和类之间的包含于关系,如令 R 代表"盗类",M 代表"人类",则 R⊂M,或可表示为 $\forall x(Rx \to Mx)$。但在墨者看来,结论中的"杀盗"和"杀人",涵义并不相同。"杀盗"表示一种对盗的惩罚,"杀"的对象重点是盗之为盗的性质而非盗之为人的性质,这也是墨家为义之道所肯定的行为。"杀人"则表示一种谋杀行为,"杀"的对象是人之为人的性质,而这显然是为墨家义政义事所谴责的行为。由此可见,"杀盗"和"杀人"并不能被视为同类,故而二者之间当为"不类之异"关系,意即,"杀盗"的"杀"当表示为关系 K_1,而"杀人"的"杀"则要表示为关系 K_2。令"做出杀动作的行为者"为 y,则"杀盗"可以形式化为 $\forall x(Rx \to \exists y K_1(y, x))$,"杀人"为 $\forall x(Mx \to \exists y K_2(y, x))$。显然,从"杀盗"并不能推导出"杀人"。实际上,《小取》论"是而不然"的案例也都可以采用如此方法进行分析,如"爱盗非爱人","爱盗"之"爱"可能是墨家所反对的"体爱",而"爱人"之"爱"则可能是墨家所提倡的"兼爱",因此,"爱"也就只能与"杀"一样,标记为关系 L_1 和 L_2。

"不是而然"组中,推论的前提大都涉及了时间模态词"且"。《经说上》33 条解释"且"说:"自前曰且,……方然亦且",故而"且"就是表示未来时态的将来、将要之意。"且夭,非夭也;寿夭,止夭也。"说的是,某人将要死亡并不是某人死亡了,但阻止某人将要死亡,却意味着阻止某人死亡。"且夭"为不健康的生,与"夭"是"不类之异"关系;"寿夭"即"止且夭",与"止夭"之间则是子类与类之间的包含于关系,即"类同"关系。同理,"(执)有命,非命也;非执有命,非命也"则涉及了信念词"执",意即,在观念中以为有命存在,并不等于命真的存在;但反对有命的观念,却一定承诺了对"命"的真实存在的反对("非命")。这也就意味着,"执有命"与"命"之间当为"不类之异"关系,而"非执有命"与"非命"之间则具有"类同"关系。

综上所述,"是而不然"和"不是而然"这两种情况之所以出现,就在于这两种情况下的"侔"式推论中,前提语句和结论语句中的主项与谓项,所反映或表示的事物之间的"类同"或"不类之异"关系是不一致的。以下笔者再简单论"一周而一不周"和"一是而一非"这两种情况。

(三)"一周而一不周"和"一是而一非"

关于"一周而一不周",《小取》给出了两个不同类型的推论案例,简引如下:

C₁. 爱人,待周爱人,而后为爱人;不爱人,不待周不爱人,不周爱,因为不爱人矣。

C₂. 乘马,不待周乘马,然后为乘马也。有乘于马,因为乘马矣。逮至不乘马,待周不乘马,而后为不乘马。

C₁ 和 C₂ 显然属于两种不同形式的推论。具体来说,C₁ 的前半部分为"周",后半部分为"不周";C₂ 则与此相反。从讨论的实质来说,墨家在这里区分了两类不同的关系,第一种是必须周遍的政治伦理关系(如"爱"等),对其的否定必定是不周遍的;另一种是不需要周遍的自然行为关系(如乘、骑等),对其的否定则必定是不周遍的。就第一种情况来说,墨家给出的案例是其最为核心的"兼爱"主张。"兼爱"在实质上表达的是一种"所有人应该爱所有人"的道义主张,正所谓"无穷不害兼"(《经下》173 条),故而"兼爱"就要求必须周遍地爱利一切人①;反之,若没有周遍地爱利一切人,则就是不爱人了。就第二种情况来说,只要某人骑乘了一匹马,就可以说他骑了马;反之,说他没有骑马,则要求他不骑任何一匹马。或许,在墨家看来,"爱人"和"乘马"应当属于不同类型的事物,因此,在进行"侔"式推论时,就需要区别对待这两类不同的事物,以免造成推论上的不当。同时,该条也充分说明,墨家逻辑思想在研究语句间的推论形式时,并非只考虑到语句形式结构上的相似性,而更要考虑到对其自身所持的政治伦理主张的证成与影响。这也就再次表明,"兼爱"等学说对墨家逻辑思想的影响,可谓是极其深远的。②

关于"一是而一非",《小取》给出了如下 9 个推论案例:

C₁. 居于国,则为居国;有一宅于国,而不为有国。

C₂. 桃之实,桃也;棘之实,非棘也。

C₃. 问人之病,问人也;恶人之病,非恶人也。

C₄. 人之鬼,非人也;兄之鬼,兄也。

C₅. 祭(人)之鬼,非祭人也;祭兄之鬼,乃祭兄也。

C₆. 之马之目眇,则为之马眇;之马之目大,而不谓之马大。

C₇. 之牛之毛黄,则谓之牛黄;之牛之毛众,而不谓之牛众。

---

① 此处对"兼爱"的解释,主要参考的是孙中原的说法。参见孙中原等:《墨学大辞典》,北京:商务印书馆,2016 年版,第 148—149 页。

② 见王讚源主编:《墨经正读》,上海:上海科学技术文献出版社,2011 年版,第 196 页。

C₈. 一马,马也;二马,马也。马四足者,一马而四足也,非两马而四足也。

C₉. 马或白者,二马而或白也,非一马而或白。

这一组推论或者前提是正确的肯定命题,结论为正确的否定命题(C_1、C_2、C_3、C_6、C_7、C_8、C_9);或是前提是正确的否定命题,结论为正确的肯定命题(C_4、C_5)。质言之,"一是而一非"表明,运用"侔"论式会出现一些非常复杂的情况。沈有鼎曾分析"一是而一非"说,墨家通过在结论命题的主、谓项之间加入或取消否定词"非""不",使得结论和前提都为真命题,但却取消掉了前提与结论之间的推出关系。①但在笔者看来,这一组推论也可以属于"比辞而俱行",只不过其关键点在于,前提和结论中的主词与谓词之间的同异关系,是不同的。具体说,C_1 中的"居于国"和"居国"之间是"重同",但"有宅于国"和"有国"之间则是"二毕异"。C_2 中的"桃"可兼指桃树和桃果实,"桃"与"桃之实"在被称为"桃"这一点上相同,是为"类同";但"棘"则只指"棘树","棘"与"棘之实"(即"枣")在这一点上"不有以同",是为"不类之异"。C_3 中的"问人之病"与"问人"是子类与类的包含于关系,故而也就可以理解为"类同"关系;而"恶人之病"与"恶人"之间却是两个类之间的相异关系,即"不类之异"关系。C_4 和 C_5 中的"人之鬼"与"人"、"祭(人)之鬼"与"祭人"之间,应当属于两个类的相异关系,即"不类之异"关系;而"兄之鬼"和"兄"、"祭兄之鬼"和"祭兄"则为"类同"关系。C_6 和 C_7 中的"马之目眇"和"马眇"、"牛之毛黄"和"牛黄"也都是二名一实的"重同"关系,但"马之目大"和"马大"、"牛之毛众"和"牛众"之间却都是两个类之间的全异关系,即"不类之异"关系。C_8 中的"一马"和"二马"与"马"是元素与类之间的属于关系,即"类同"关系;而"马四足"指的是"一马四足"而非"两马四足","马四足"中的"马"在实际上指的是"一马",因此"马四足"与"两马四足"应当属于"不类之异"关系。C_9 中的"马或白"应理解为"有的马是白的,并且有的马不是白的",其原因就在于《小取》界说"或"为"不尽",即不是全部都如此,因此,"马或白"与"二马而或白也"之间也就是"重同"关系,与"一马而或白"是逻辑学中所讲的全异关系。要言之,笔者以为,若从同异关系角度来观察上述 9 个推论,不难发现,每个推论中的前提和结论之间都具有语句形式上的相似性,但前提和结论所表达的思想则相去颇远。意即,前提中的主项与谓

---

① 参见沈有鼎:《墨经的逻辑学》,北京:中国社会科学出版社,1982 年版,第 65 页。

项之间的同异关系多为"类同"或"重同",而结论中的主项与谓项之间的同异关系则多为"不类之异",反之亦然。

第三节 "类同""不类之异"与"辟、援、推"论式

除了"侔"论式外,《小取》篇还讨论了"辟""援""推"等其他三种论式。就学界对辟、侔、援、推四种论式的诠解而言,研究者们或以为其是墨家的归纳论式,从而与作为演绎论式的"效"相对而成①;或以类比推论的角度来理解"辟"与"援"论式,以归谬式类比推论来理解"推",以"侔"为一种演绎论式②。除了将辟、侔、援、推视作论式之外,亦有论者将这四者视为一种在辩论中使得论辩双方保持公正的方法,而墨家分析这些方法的要点,并非是为了说明它们是否具有某种普遍有效性,而是为了说明由于它们所依赖的语句形式的变化无常,从而使得这些论证方法具有很大的局限性。③但在笔者看来,无论如何理解辟、侔、援、推,都首先需要厘清《小取》对它们的界说及解释,以及对可能出现的谬误的分析。更重要的是,还需要结合墨家对这几种论式的运用案例,来辨析清楚这些论式是如何依赖于事物或言辞之间的"类同"关系的。诚如对"侔"论式的分析所显示的,《小取》实际上正是以事物或言辞之间存在着的复杂的类同、不类之异关系为基础,来对"辟""侔""援""推"进行界说和解释,并分析它们在论辩活动中所可能产生的谬误及其原因。

就文本结构而言,《小取》在对辟、侔、援、推进行了定义界说之后,紧接着就以事物或言辞之间所存在的同异关系对辟、侔、援、推进行说明,并指出

---

① 如胡适认为"辟""侔""援"三者都是由个体推到个体,"辟"是用此物说明彼物,"侔"是用此辞说明彼辞,这二者都是用个体说明个体,不发明新知识;"援"则是由已知之个体推出未知之个体,可发明新知识;"推"则是由个体推到一般的归纳法。"效"是墨家的演绎法,而上述四种论式则都是墨家的归纳法,参见胡适:《中国哲学史》,北京:新世界出版社,2012年版,第337—340页。此外,詹剑锋亦将"辟""侔""援""推"纳入到论归纳的"立说下"一章中,实际上也就是将这四种论式视作归纳推理论式,参见詹剑锋:《墨家的形式逻辑》,武汉:湖北人民出版社,1956年版,第99—116页;周云之亦认为这四种论式是与"效"等演绎论式相对的归纳论式,参见周云之:《名辩学论》,沈阳:辽宁教育出版社,1996年版,第349页。
② 参见沈有鼎:《墨经的逻辑学》,北京:中国社会科学出版社,1982年版,第52—56页。
③ 参见[美]陈汉生:《中国古代的语言和逻辑》,周云之等译,北京:社会科学文献出版社,1998年版,第440页。

它们在论辩中可能出现的谬误及原因。笔者在参考学界已有研究成果的基础上①，拟简单用下表来对这几种论式略作说明：

《小取》关于辟、侔、援、推的界说与解释

界　说	解　释	谬误及其原因
辟：举他物而以明之也。	夫物有以同而不率遂同	谬误：行而异，转而危，远而失，流而离本，则不可不审也，不可常用也。原因：言多方，殊类，异故，则不可遍观也。
侔：比辞而俱行也。	辞之侔也，有所至而正（止）	
援："子然，我奚独不可以然也"。	其然也，有所以然也；其然也同，其所以然也不必同。	
推：以其所不取之同于其所取者，予之也。	其取之也，有（所）以取之；其取之也同，其所以取之不必同。	

上表的解释列明确显示，对"辟""侔""援""推"这四个论式的正确运用，都需要建立在对事物或言辞之间同异关系的正确把握的基础之上。反之，如果在论辩活动中不能清楚地辨别事物或言辞之间的"类同"与"不类之异"关系，不能明了言辞的成立和运用所依赖之"理"的多方面性、"类"的特殊性和"故"的大小差别②，就会在运用这些论式进行论证时出现偏差，转而成诡

---

① 此处参考了孙长祥关于辟、侔、援、推的定义及说明表。

定　义	说　明	谬误原因
辟：举他物而以明之也	夫物有以同而不率遂同	言多方　行而异
侔：比辞而俱行也	辞之侔也，有所至而正（止）	殊类　转而危
援："子然，我奚独不可以然也"	其然也，有所以然也；其然也同，其所以然也不必同。	异故　远而失
推：以其所不取之同于其所取者，予之也	其取之也，有所以取之；其取之也同，其所以取之不必同。	异故　流而离本
言多方、殊类、异故，则不可遍观也。		

孙长祥通过列表试图说明，辟侔援推即是运用辩论中所立之辞之间的同异关系，作为实际辩论中运用这些论式的提示。而《小取》原文在论及辟、侔、援、推所可能产生的谬误及其原因时并未单独区分，因此，笔者认为，谬误原因栏是就四个论式而言，不能作孙长祥表中的拆分。（参见孙长祥：《思维・语言・行动：现代学术视野中的墨辩》，台北：文津出版社，2005年版，第84页。）此外，谭戒甫也将辟、侔、援、推分为可常遍（即孙表中的说明列，常遍即不受时间、空间限制）和不可常遍之理（即谬误原因列），也指出了这种一一对应关系。（参见谭戒甫：《墨辩发微》，北京：中华书局，1964年版，第443—447页。）

② 伍非百采用《大取》篇中的"三物"来解释方、类、故，即理、类、故的解释。"多方"即歧理，"殊类"即"类同"代表事物之间的有以同，但却不全相同，"异故"即故有大故、小故的差别。（参见伍非百：《中国古名家言》，北京：中国社会科学出版社，1983年版，第453—454页。）

辩,过远而失真,牵强而脱离推论的根本原则。因此,"辟""侔""援""推"这四个论式的运用,必须要注意到事物、言辞之间各种具体的同异情况,不可一概而论。实际上,《小取》在界说了"辟""侔""援""推"之后,就用"是犹谓也者同也,吾岂谓也者异也"一句,总结了运用这些论式进行论辩时,应当立足于对事物或言辞之间"类同"与"不类之异"关系的正确把握。因上节已详细讨论了"侔"论式,故本节只重点讨论"辟""援""推"这三个论式。

一 "辟"论式

"辟"论式是一种通过援引与此一事物(言辞)同属一类的其他事物(言辞)来说明、解释此物(言辞)的推论形式。具体到论辩活动来说,"辟"论式可以一般化地描述为:

> 假设论者 A 要向他者 B 论证和说明 B 所不熟悉的事物或主张 φ,则可以通过列举 B 所同意的或已知的事物或主张 ψ,并指出 φ 与 ψ 属于同一类事物或主张,从而向 B 论证或说明 φ。

在正确运用"辟"论式时,首先应该注意到事物之间的"类同"不等于"重同",注意到两个事物之间的"有以同"不代表着两个事物的全部相同(墨家认为"二毕异",二名一实的"重同"实际上代表的是事物与自身之间的同一关系)。

墨家学派在论证自己的政治伦理主张时,经常采用"辟"论式来说明或辩护自己的主张。比如,墨子在《所染》篇中就以染丝之理,类比论证了正确交友对于君主和君子治国齐家的重要影响。染丝是"染于苍则苍,染于黄则黄",国君和君子则"染于贤人则治,染于不肖则乱",染丝和国君、君子之染于人在"所染"这一点上是相同的,即染丝之理和国君、君子染于人之理是相同的,所以它们应该具有"有以同"的类同关系,是同类事物,故而亦可以用"辟"论式来加以论证和说明。又如,《兼爱上》篇中墨子以医生只有预先知道病因才能治愈疾病之例,来论证和说明统治者只有先知道祸乱之因才能拨乱反正和善治天下;统治者治理天下和医生治愈疾病并不是同一回事,但它们在"知因方能治果"这一点上则是相同的,因此亦可以运用"辟"论式来进行推类说明。还如,依《公输》篇所记载的,墨子在阻止楚王攻打宋国时,也用了小偷有"窃疾",来论证说明楚王攻打宋国亦是有"窃疾";只不过小偷的"窃疾"表现为,尽管家有豪车、锦衣、美食,但却仍惦记邻居家的破车、褐衣、糟糠,而楚王的"窃疾"表现为,以物产丰饶的大国楚,来攻打地瘠民贫的小国宋的行为。

结合上述这三个例证和《小取》关于"辟"的界说,不难发现,正确运用"辟"论式的关键就在于,在不尽相同的两个事物之间找到它们"有以同"的"类同"关系之所在,进而根据"类同"所反映的共通之理,来进行论证和说明。

事实上,"辟"论式也是先秦名辩思潮所常使用的一种说理论证方式。先秦儒家学派的创立者孔子将"能近取譬"看作是行仁的方法(《论语·雍也》)。名家的代表人物惠施以"善譬"著名,认为"譬"是一种"以其所知喻其所不知,而使人知之"①的修辞与说理方法。汉代哲学家王符则界定"譬"说:"夫譬喻也者,生于直告之不明,故假物之然否以彰之。"②综合《小取》对"辟"论式的界说、运用和上述几种关于"譬"的看法,也不难发现,先秦名辩学所讲的"辟"或"譬"兼有修辞学和逻辑学的涵义在内。③"辟"作为论式来说,不仅要通过比喻的修辞手法来对论辩者不明白的事物加以形象化说明,以使对方明白和知晓此一事物,还要通过两个事物间所具有的类同关系,使用"辟"来帮助论辩者从已知推导出未知。

二 "援" 论 式

《小取》对"援"论式的界说是"子然,我奚独不可以然也"。《说文解字》解"援"字为"引",孙诒让则形象地总结"援"论式为"引彼以例此"④。可见,"援"即是在辩论中援引对方的陈述或所认可的主张,以作为自己推论的前提,并在说明自己的主张与对方主张为同类言辞的基础之上,迫使对方认可自己的主张,进而取得论辩的胜利。例如,假设 A、B 为论辩活动中的对立双方,A 的主张为 φ,B 的主张为 ψ。A 若使用"援"式论证来证明自己的主张 φ,则具体表现为如下三个步骤:

(1) A 提出或认可 B 同意的主张 ψ。

(2) A 论证说明主张 φ 与 ψ 属于同类主张。

(3) A 指出 B 如果接受或认可 ψ,则也必须接受或认可 φ,因为 B 若不接受或认可 φ,也就不能接受或认可 ψ,而 B 不接受 ψ 则和自己同

---

① (西汉)刘向著,向宗鲁校证:《说苑校证》,北京:中华书局,1987 年版,第 272 页。

② (东汉)王符著,(清)汪继培笺:《潜夫论笺》,北京:中华书局,1979 年版,第 326 页。

③ 考察一个比喻陈述是否能同时作为论证,需要明确这个陈述仅是去说明另一个陈述,还是同时兼有为另一个陈述提供论据的作用。从这个角度而言,《小取》所论的"辟"显然是一种论证方式。关于比喻和论证的区分可参见[美]斯蒂芬·雷曼:《逻辑学是什么》,杨武金译,北京:中国人民大学出版社,2014 年版,第 35—37 页。

④ (清)孙诒让:《墨子间诂》,北京:中华书局,2001 年版,第 416 页。

意的主张相矛盾。

事实上,《墨子》一书也多次使用"援"论式来证成或辩护墨者自己的主张。例如,《小取》在论说"是而不然"和"不是而然"时,都采用了"援"论式,如墨者援引世人普遍认可的"盗人,人也;多盗,非多人也;无盗,非无人也"观点,指出墨家的"盗人,人也;爱盗,非爱人也;杀盗,非杀人也"观点与此同类,从而论证了自己的"爱盗非爱人,杀盗非杀人"的观点。实际上,《墨子》运用"援"式推论以反驳对方反对自身主张时,特别强调论辩活动要注意到彼此的主张之间,尽管其"所以然"可能不同,但如其"然"之间为"类同"关系,则就可以援引对方主张,以反驳对方对自家主张的批评,并辩护和证成自家的主张。

显然,与"辟"论式一样,"援"也是先秦名辩家在推理论证时所使用的主要论式之一。一个典型的例子是《公孙龙子·迹府篇》所记载的,公孙龙以"援"论式反驳孔穿来论证和辩护自己所持的"白马非马"主张。公孙龙的推论可大体描述如下:公孙龙主张"白马非马";孔穿反对"白马非马"论,但却认可其先祖孔子所说的"异楚人于所谓人"主张。公孙龙对孔穿的反驳和论证是,首先承认了孔穿所认可的"异楚人于所谓人",其次指出"异楚人于所谓人"和"异白马于所谓马"("白马非马")为同类主张,进而反驳孔穿对"白马非马"论的反对是不成立的,从而来辩护自己的"白马非马"主张。

若用形式逻辑来分析"援"论式,则可以发现,其与"辟"论式一样,都大体使用了一种肯定前件式的有效推理形式(MP),即 A→B, A ⊢B。[1]除此之外,我们还可以更为一般地将"援"论式的基本形式简单刻画为:令 A、B 为某一论辩活动中两个相对立的谈辩者。A 的主张为 φ,B 的主张为 ψ,则有:

　　(1) 主张 φ 与主张 ψ 属于同一类的主张,即主张 φ 成立当且仅当主张 ψ 同时成立。
　　(2) 论者 B 接受 ψ。
　　因此,论者 B 也必须接受论者 A 的主张 φ。

结合这一简单刻画,以及上文所引的多个"援"论式例证,可以发现,与"辟"论式一样,正确运用"援"论式的关键,也在于作为论点的主张 φ 与作为论

---

① Fenrong Liu and Jialong Zhang, "New Perspectives on Moist Logic", *Journal of Chinese Philosophy*, 37:4(December 2010), pp.613 - 614.

据的主张 ψ 是否是属于同一类,意即,这两个言辞以及由其所反映的事物之间,是否具有"有以同"的"类同"关系。

三 "推" 论 式

《小取》对"推"论式的界说是"以其所不取之,同于其所取者,予之也"。结合《小取》所说的"以类取,以类予"的推类原则,可以将"取"诠解成择取、证立、证成,将"予"诠解成反对、反驳等。由此观之,所谓的"推"论式,实质上也就是墨家逻辑思想所总结的一种反驳论式。墨家认为,"推"指的是在辩论活动中,论者为了反驳对方论题,而刻意选择一个与对方论题为同类的言辞,且这个言辞也是对方所不能接受的,从而最终成功反驳对方论题,以取得论辩的胜利。若比较"推"与"援"这两个论式,那大体可以说,"援"是援引与论敌论题同类的 φ 以作为自身论题 ψ 的论据,从而来证成 ψ 的论证方式;而"推"则是从论敌的论题 φ 推导出与 φ 同类的言辞 ψ 以作为新结论,从而来反驳 φ 的论证方式。

就理解"推"论式而言,胡适将之解读为归纳法,"所取者"即已观察到的经验事例,"其所未取"即尚待观察的经验事例,如果"所取"与"所未取"的事例相同,则可得到"凡类此者皆如此"的普遍命题,这一归纳法便是所谓的"推"。[①]显然,胡适对"所取"与"所不取"的诠释有待进一步考察。同时,还有一些学者则多以一种基于矛盾律的归谬式反驳法来诠解"推"论式[②],意即通过揭示对方所认可的论题和不认可的论题为同类论题,以表明对方思维中存在着矛盾,从而来反驳对方论题。此外,还有的研究者在考察《墨子》一书中的"推"论式运用情况的基础上,指出"推"论式存在着两种不同情况,即对论敌进行归纳时的反驳和对论敌进行演绎时的反驳等两种情况。[③]

除了《小取》所述的"推"论式之外,《经上》99 条和《经下》101 条还提到了一种具有反驳意涵的"止"。此一意义上的"止",大体存在有两种情况,即"因以别道"和"类以行人"。前者类似于一种用某个反例来否定一个全称命题的反驳方法,而后者类似于一种用某个与对方所持的大前提相反的言辞,

---

① 参见胡适:《中国哲学史》,北京:新世界出版社,2012 年版,第 339 页。

② 参见沈有鼎:《墨经的逻辑学》,北京:中国社会科学出版社,1982 年版,第 55 页;亦参见孙中原:《中国逻辑史》(先秦卷),北京:中国人民大学出版社,1987 年版,第 248 页。

③ 参见汪奠基:《中国逻辑思想史料分析》,北京:中华书局,1961 年版,第 392 页。本节对"推"论式的刻画还参见了 Wujin Yang, "Valid Reasoning in Ancient China from the Perspective of Modern Logic", *Studies in Logic*, Vol. 4, No. 3(2011), pp. 115 - 125。

来否定对方所得出的某个结论的反驳方法。《墨经》之所以区分这两种意涵的"止",缘由就在于其分别针对的是事物或言辞之间的"不类之异"与"类同"关系。其中,"因以别道"意义上的"止",目的在于分辨不同的类,而"类以行人"意义上的"止",却是针对同类而言的。[①]因此,有很多论者坚持说,"止"也是墨家所总结的一种重要的反驳论式。[②]但考虑到《墨经》对"止"先后形成了三种界说,其中,除了前述的两种作为反驳方法意涵的"止"之外,《经上》51 条则论及了时间意义上的"止",即静止。再考虑到《经上》《经说上》和《经下》《经说下》对作为反驳方式的两种"止"的界说,又可看作为《小取》对"推"论式之界说的两种具体情况。故此,笔者赞成这一将"推"论式区分为归纳式反驳与演绎式反驳的新诠解,并将之与《墨经》对"止"的解释联系起来,以分论这两种"推"论式的具体情况。

《经说上》99 条界说了对论敌进行归纳时的"推"式反驳,即"彼举然者,以为此其然也,则举不然者而问之"。这里的"彼举然者"即是论敌举出一系列特殊事例;"以为此其然"则表示论敌以这些特殊事例为基础提出了"此其然"的全称命题;"举不然者而问之"则表示论者提出一个同类的特殊事例,且该特殊事例为"不然者";从而最终成功反驳论敌的主张或论题。如以某一论辩活动为例,令 A 是论者,B 是论敌,则可以简单将对论敌进行归纳时的"推"式反驳刻画如下:

(1) 论敌 B 主张:因为有 S_1 是 P,S_2 是 P,S_3 是 P,……S_n 是 P;因而可以得到 S 是 P。

(2) 论者 A 主张:S 是 P 并不成立。因为可能存在 S_{n+1}:

    (a) S_{n+1} 与 S_1,S_2,S_3……S_n 都属于 S,

    (b) S_{n+1} 不是 P。

因此:S 不是 P,即并非 S 是 P。这也就是说,B 的主张是错误的,故不能成立。

比如,在《公输》篇中,墨子为了阻止楚王攻打宋国时,就采用了对论敌进行归纳时的"推"式反驳。墨子要反驳公输盘帮助楚王制造攻城器械以攻打宋

---

① 王讚源主编:《墨经正读》,上海:上海科学技术文献出版社,2011 年版,第 78 页。

② 对"止"的说明可参见张晴:《〈墨经〉中"援""推""辟""止""效"诸方法的性质》,《湖南师范大学社会科学学报》,2001 年第 3 期;亦可参见余军成、张丽萍:《论〈墨经〉中的"止"式推理》,《西南大学学报(社会科学版)》,2011 年第 1 期。

国不为不义的观点，就首先提请公输盘杀掉侮辱自己的敌人，公输盘则以"吾义固不杀人"而拒绝了墨子，即认为墨子所行为不义。墨子则进而指出公孙盘帮助楚王攻打无罪之宋国，与杀掉侮辱自己之敌是皆为杀人之不义的"同类"事件，从而反驳了公输盘"吾义固不杀人"的主张，进而迫使公输盘承认自己的行为是不义的。考察这一对论敌进行归纳时的"推"式反驳，不难发现，其难点和要点也正在于墨子所说的"知类"，即明辨事物或言辞之间所具有的"类同"与"不类之异"关系。

《经说下》101 条界说了一种对论敌进行演绎时的"推"式反驳，即"彼以此其然也，说是其然也。我以此其不然也，疑是其然也"。此句中的"说"，当同《小取》中的"以说出故"，故一般也被诠解为推理、推论之义。因而，此句中的"彼以此其然也，说是其然也"，也就可以诠解成：论敌依据"此其然"的全称命题推导出"是其然"的特称命题；与之相应，"我以此其不然也，疑是其然也"也就指的是，论者由全称命题"此其不然"出发，来质疑和反驳论敌所建立的特称命题"是其然"。依据这一诠解，我们就可以将这一对论敌进行演绎时的"推"式反驳刻画为：

(1) 论敌 B：因 S 是 P，所以 S_n 是 P。

(2) 论者 A：存在 S_{n+1}，使(a)S_{n+1} 与 S_n 都属于同一类事物 S，且(b)S_{n+1} 不是 P。

因此，S 不是 P，且 S_n 不是 P。即 B 的主张有错误，不能成立。

这一针对对方进行演绎时的"推"式反驳论式，核心论点也在于墨子所言的"知类"，即准确判断论敌所举之事物与论者主张之事物为"类同"关系。

总之，正确运用作为反驳论式的"推"的关键，就在于论者能否举例出一个与论敌所认可之事物或论题具有"类同"关系的事物或论题，以作为反驳的前提。也正是在这个意义上，墨子在用到"推"论式反驳其他辩者的观点、主张时，多以"明于小而不明于大""不知类"等作为核心要素而加以突显了。质言之，"推"这一反驳论式能否成立的关键，也就在于能否举出一个论敌所不认可但却与论敌所认可的事物或言辞有类同关系的事物或言辞了。

第四节 "类同""不类之异"与"三物"

在近代以来的墨家逻辑思想诠解史上，除了以《小取》为总纲来建构墨家逻辑思想体系外,还有不少论者从《大取》所提及的与立辞紧密相关的"三物",即"故、理、类"①三个概念出发,来把握墨家逻辑思想的特点,建构墨家逻辑思想中的推理论。事实上,亦有不少研究《墨经》和先秦逻辑史的学者,就直接以"三物论式"乃至于"三物逻辑"这一术语来称呼墨家逻辑思想。②就此而言,若讨论墨家逻辑思想中的"类同""不类之异"与论式运用之间的关系,也就不能不对其与"三物"之间的关系,略作些讨论了。

《大取》总结所谓的"三物"说:"(夫辞)以故生,以理长,以类行也者。"由此可知,"三物"主要指的是墨家逻辑思想立辞的三个必备要素。沈有鼎曾指出这一点说,墨家辩学是在用"以故生,以理长,以类行"来对墨家逻辑思想的原理进行概括和总结,如借用印度因明学所讲的三支作法来说,"宗"即所立之"辞","因"即"故","喻体"即"理","喻依"即"类"。③这也就是说,"三物"重在强调如何立辞,具体可包括"亲知"意义上的直接立辞和"说知"意义上的通过推论来立辞。要言之,在墨家看来,立辞必须要有充分且可靠的理据,比如,立辞要符合"三表法""天志"等准则或要"中效",进行推论又必须做到"察故"和"明于其类",并严格遵照"同类相推、异类不比"的推论原则,而不能形成所谓"妄语""乱言"。由此,以笔者浅陋之见,因《大取》在最后列举了十三个极为晦涩难懂、不易疏解的辞,并用其作为"以类行"的例证,故而相较"三物"中的"故"和"理"来说,"类"可能显得更为重要。以下,笔者略为分说"三物"的涵义及其逻辑意义。

"故"即可视作是事物之所以如此发生的原因,也可以是推论的前提或论证的理据。墨子常批评反对他的主张的论敌说:"未明其故也",即反对墨家主张的人,未能辨析清楚墨家之所以如此主张的缘由,或墨家之所以得出

---

① 以"故.理.类"三者来诠释三物是近代以来的学者通常所持。但较早的《大取》注释者,如傅山认为"三物"并非"故、理、类",而是用以养生的鸡、犬、豚。参见傅山:《墨子大取篇释》,载《霜红龛集》(卷三十五)。太原:山西人民出版社,1985年版,第972页。

② 比如,周云之认为,"三物"论式乃是一个相当于三段论的演绎推理形式(见周云之:《后期墨家已经提出了相当于三段论的推理形式——论"故"、"理"、"类"与"三物论式"》,《哲学研究》,1989年第4期)。又如,傅建增认为,墨家建立了一个与西方逻辑和印度因明完全不同的"故""理""类"的科学体系,故而墨家逻辑也可被称为"三物逻辑"(见傅建增:《试论〈墨辩〉逻辑立辞的"三物"基础》,《南开学报》,1990年第3期)。再如,杨武金和贺海峰认为,墨家逻辑通常也可被称为"三物逻辑","故""理""类"是墨家总结的进行正确推理的重要条件(参见杨武金、贺海峰:《墨家"三物逻辑"及其在〈伤寒论〉中的应用》,《职大学报》,2010年第1期)。还如,任晓明和李亚乔认为,"三物"逻辑是墨家的推理理论,重点讨论的是论证中立辞的逻辑依据(参见李亚乔、任晓明:《"三物"逻辑思想在先秦推理实践中的应用》,《贵州民族大学学报(哲学社会科学版)》,2020年第1期)。

③ 参见沈有鼎:《墨经的逻辑学》,北京:中国社会科学出版社,1982年版,第41—44页。

如此结论的前提与理据。《墨经》对"故"作了极具逻辑学意涵的诠解,《经上》第1条就界说"故"为"所得而后成",即只有有了"故",而后才能得出结论或产生结果。为了更好帮助人们把握"故",《经说上》第1条则对"故"进行了区分,即"故"有所谓的"小故"和"大故"。从逻辑学知识体系来观察,"小故"相当于必要条件,如有点不一定有线,但有线则一定有点,那点就是线的"小故";"大故"则相当于充要条件,如有了看见某物的条件就一定可以见到某物,而能见到某物也就必须要有见到此物的条件。观察墨家对"故"的此一界说与区分,大体可以得出,墨家逻辑思想极为重视分析原因与结果、前提与结论间的条件关系,并强调立辞和进行推论都必须要有充分的理由。质言之,一个言辞是否为可接受、为真,一个论断是否有效和可靠,是否在辩论中具有说服力,首当其冲的就是要揭示出这个言辞、论断是否具有充足的理由。正如《墨子》一书所作的那样,在立辞和立论时都要求"明其故",要问"何故也""是何故也""此其何故也",也只有在查明"故"之后,才能提出有针对性的对应主张。比如,在《兼爱》三篇中,墨子立辞立论,皆先要辨析清楚天下大乱的原因,即在于人皆"亏人以自利",彼此之间不能相爱相利,从而才能对症提出"兼相爱,交相利"的主张,以作为墨家治道理念的核心。而墨子提出"兼相爱"主张的过程,无疑也就是一个对"辞以故生"的典型例示。据此,若再结合《大取》中建立道义言辞以及进行道义推论的实际来看,"以故生"既强调一种对言辞之所以能如此这般成立的条件或理由的说明,也强调立论者在建立道义言辞时所持有的认知和信念状态,必须合乎理性要求。《大取》总结这一点说:"立辞而不明于其所生,妄也。"这也就是说,如果立论者建立言辞,特别是建立一个道义言辞时,不能说明其之所以成立的大故和小故,也就是胡乱之"妄语",而不值得信任从而也就不必去谈辩了。

"理"的通俗涵义是"道理"。墨家辩学在这里所强调的"理",也可与"法""道"等词互训互释,共同用于指谓"规律、共性、模式等"[①]。所谓"以理长",也就指的是论者在推导论题的过程中,必须要遵守已被证明为合理的推论规则,或是论者在组织辩说所用的言辞时,其形式必须要符合合理的衍推规则。[②]以《大取》所论,"立辞"若不遵守于"理",则会立刻出现"困",即"今人非道无所行。唯有强股肱而不明于其道,其困也,可立而待也"。此处

---

① 参见李匡武主编:《中国逻辑史》(先秦卷),兰州:甘肃人民出版社,1989年版,第255页。
② 参见汪奠基:《中国逻辑思想史料分析》,北京:中华书局,1961年版,第380页。

也就是用"道"来解释了"理",并从"道"的原初义——道路来解释"理"对于"立辞"的必要性。正如人若要行走就必须先有道路,如无道路或不明白道路在何方,那即便身体强健、腿脚强劲,也会无法行走而立刻陷于困顿之中。墨家辩学想要以人要行走必须先明白行走之道的比喻来说明,建立言辞和进行推论也就需要遵守合理的或已被证实为可靠的规则来进行,否则就会陷入困顿,而所立之辞就会成为虚假和不可靠的。若再结合《大取》侧重于强调道义言辞和推论的立论主旨来说,"辞以理长"主要强调的就是,立论者所立的道义言辞和所作的道义选择行为,都必须要遵循"理",即"法""三表法""天志"等墨家所论的立辞的基本规则。

"类"则是墨家逻辑思想的最重要核心概念之一,表示的是由事物性质所决定的事物间的同异关系,即事物间"有以同,类同也"和"不有同,不类也"的"类同"与"不类之异"关系。墨家逻辑思想在立辞和立论时,非常强调"察类""明类""知类"的重要性。比如,墨子在回应他人对其提出的兼爱、非攻等主张的质疑时,常以"子未察吾言之类"来为自己辩护和反驳对方。又如,《小取》也特别强调"类"对于推论的重要性说,"以类取,以类予"。但对作为"立辞"依据之一的"类"来说,有论者曾将之诠释为"举例"①,例如,先秦名辩学特别擅长运用"辟"式推论,也就是非常重视举同类的已知事物来论证和说明未知事物。依据上述理解,笔者以为,"以类行"的实质就在于,依据具体事物或言辞之间的类同关系来进行立辞和推论,并明辨道义言辞的是非和践行墨家所赞成的道义行为。进而言之,"以类行"也就是在强调,论者在立辞和推导论题时,必须遵守同类相推、异类不比的基本规则,倘若在立辞时不注意事物或言辞之间的同异关系,则必定会陷入困顿之中,即"立辞而不明于其类,则必困矣"。墨家逻辑思想非常重视推论中的"异类不比"原则,《经下》107 条说:"异类不比,说在量",《经说下》107 解释"异"说:"木与夜孰长? 智与粟孰多? 爵、亲、行、贾四者孰贵? 麋与霍孰高? 蚓与瑟孰瑟?"尽管木与夜都有长之性质,智慧与粮食也都可用多来形容,但木与夜、智与粟都不是同类事物,如果强行类比以立辞和进行推论,则只会建立无意义或虚假的言辞和无效的推论。由此可见,"类"原则在墨家逻辑思想中具有的重要地位。

在探究"故、理、类"这三物间的内在联系时,有不少研究者都从三段论或因明三支论式来比较研究"三物"。如章士钊、冯友兰、张纯一等将"故"和

---

① 参见李匡武主编:《中国逻辑史》(先秦卷),兰州:甘肃人民出版社,1989 年版,第 255 页。

"理"比附为三段论推理的小前提和大前提,或因明三支作法的"因"和"喻"。①谭戒甫则用因明的三支论式来比较研究"三物",他认为《大取》所说的"辞"当是"宗"(如"牛是动物"),"故"是"因"(如"牛是四足兽"),"理"是"喻体"(如"四足兽皆是动物"),"类"是"喻依"(举同类之例,如"马也是动物")。②沈有鼎则结合运用因明三支作法和三段论来更深一步地诠释"三物",即"所立之辞"是宗或者结论(如"声是无常"),"故"是因或者小前提(如"声是所作性故"),"理"是喻体或者大前提(如"凡所作性皆是无常"),"类"是喻依、合(如"瓶。瓶是所作性,故瓶是无常;声亦是所作性,故声亦是无常")。③此外,还有不少论者也持此种中西或中印逻辑思想比较研究的立场,④认为"故""理""类"之间的关系是小前提、大前提和同类事例之间的关系,它们合在一起以保证所立之辞的正确。

但这种以三段论或因明三支作法来诠释三物的理路,也受到了一些研究者的批评和反对。批评者们强调三物不是具体的推论形式,"故""理"也并非三段论的小前提和大前提,或因明的"因"和"喻",而实际上是一种注重实质问题研究的内涵逻辑。⑤《大取》所说的"三物",不是依据"故""理""类"以推导出"辞",而是一种"立辞"过程中所要遵守的三个基本范畴,即明故、循理、察类。⑥笔者以为,以上两种诠释理路都说明,"三物"之间的内在联系是统一于"立辞"之下的并列关系,或者是大小前提之间相合以推出结论,或者是"立辞"所必须遵守的三个基本范畴。

---

① 章士钊之观点可参见《逻辑指要》,见《民国丛书》(第三编·9),上海:上海书店出版社,1991 年版,第 151 页。冯友兰明确论及,理、故分别是大、小前提,辞是结论,或者说辞为宗,故为因,类为喻,参见冯友兰:《中国哲学史新编》,北京:人民出版社,1962 年版,第 404—405 页。张纯一则有所不同,认为故为大前提,理为小前提,类为与结论相为同类的举例(结合之断案);以因明来说,故即宗(又或宗或因),理即因,类即喻,参见张纯一编著:《墨子集解》,成都:成都古籍书店,1988 年版,第 396—398 页。
② 参见谭戒甫:《墨辩发微》,北京:中华书局,1964 年版,第 452 页。
③ 参见沈有鼎:《墨经的逻辑学》,北京:中国社会科学出版社,1982 年版,第 44 页。
④ 较重要的如周云之、刘培育在《先秦逻辑史》中也以此法诠释故、理、类。参见周云之、刘培育:《先秦逻辑史》,北京:中国社会科学出版社,第 160 页。周云之更进一步用《经下》的"损而不害"等命题说明三物论式、三段论与三支作法之间在论证形式上的一致性,但三者存在发展水平的差异,三物论式处于比较初级的自然语言雏形阶段。参见周云之:《墨经校注·今译·研究——墨经逻辑学》,兰州:甘肃人民出版社,1993 年版,第 318—319 页。
⑤ 参见温公颐:《先秦逻辑史》,上海:上海人民出版社,1983 年版,第 117 页。
⑥ 参见李匡武主编:《中国逻辑史》(先秦卷),兰州:甘肃人民出版社,1989 年版,第 254—255 页;亦可参见崔清田主编:《名学与辩学》,太原:山西教育出版社,1997 年版,第 290—291 页;还可参见林铭钧、曾祥云:《名辩学新探》,广州:中山大学出版社,2000 年版,第 295—296 页。

但除了这两种诠释理路之外,若结合《大取》篇的"同异观"和"是非论",以及建立墨家政治、伦理主张的道义命题和道义行为的立论主旨而言,"三物"之间似应是强调可"立辞"的不同侧面,其侧重点集中在"类"。无论是作为推论前提、论证依据和事物原因的"故",还是作为"立辞"必须遵守的规则、"法"的"理",都可以具体表现为"类"。若结合墨家辩学对"三物"的运用来看,"故"虽有大故、小故之分,但都揭示的是事物间的更深层的"类同"意义上的内在关系,即"异类则异故"。"理"则更是如此,为一类事物或言辞所共同具有的"法",所谓"同类则同理""同理则同类"。据此,笔者以为,"三物"的要旨也是围绕着事物、言辞间的"类同""不类之异"关系,来说明如何正确"立辞"和进行推论。

实际上,《大取》篇的最后一部分试图用十三个命题作为"以故生,以理长,以类行"的例证。①透过这些例证,当更能说明三物、同异与辞之是非间的关系。从形式上说,这十三个命题的前半部分为表述道义言辞或道义行为的语句,后半部分多为自然事物或现象,前后两部分以"其类在"这一术语联结了起来。尽管《墨经》对这些同类的举例缺乏详尽而具体的内容界说,但其所列举的道义行为则与《大取》论证"兼爱"的整个思想内容是一贯的。显然,在墨家逻辑思想看来,当认为两个事物为同类也就意味着两个事物具有或者遵循共同的"理",两个事物间是一种"有以同"的"类同"关系,这种"类同"关系进而又会影响到墨家所作的道义命题或道义行为的是非。同时,这些例证还说明,墨家逻辑思想的主要努力方向是去寻求不同事物之间的"理",再以"理"为基础来进行枚举推理。这或是因为在先秦诸子的思想世界中,世界一直被视作是处于变动不居的运动状态中,人们所要做的就是去寻求把握隐藏在这些变化着的事物之中的"道"或"理",从而更好地认识和把握世界,并在"理"的基础上按照同类相推、异类不比的原则,以帮助和

---

① 这十三个命题是:"P1,浸淫之辞,其类在于鼓栗;P2,圣人之为天下,其类在于追迷;P3,或寿或卒,其利天下也相若,其类在于石;P4,一日而百万生,爱不加厚,其类在恶害;P5,爱二世有厚薄而爱二世相若,其类在蛇文;P6,爱之相若,择而杀其一人,其类在坑下下鼠;P7,小仁与大仁,行厚相若,其类在申;P8,凡兴利除害也,其类在漏雍;P9,厚亲不称行而顾行,其类在江上井;P10,不为己可学也,其类在猎走;P11,爱人非为誉也,其类在逆旅;P12,爱人之亲若爱其亲,其类在官苟;P13,兼爱相若。一爱相若,其类在死也。"A. C. Graham 曾指出,这十三个命题虽难以一一精准诠解,但对理解墨家逻辑思想具有非常重要的价值。Jinmei Yuan(袁劲梅)则认为,这十三个命题或是墨家后学为了帮助寻找事物之间的"理"而设的一些习题,通过这些习题,墨家弟子发现事物之"理"和"类",以建立命题和进行推论。参见 Jinmei Yuan, "Analogical Propositions in Moist Text", *Journal of Chinese Philosophy*, 39:3(September 2012), pp.404－423。

指导人们更好地进行推理。诚如有的论者所指出的,先秦时期的思想家们主要把逻辑推理看作是一个试图发现和创造事物间所存在着的客观联系(即"理")的过程,并在此基础上生发出了按照"同类相推""异类不比"进行推论的基本规则。①

要言之,墨家逻辑思想所讲的"三物",主要还是在建立道义命题和选取道义行为时,试图围绕着事物和言辞之间的"类同"和"不类之异"关系,根据"异类则异故"和"类同则理同"等原则,通过"以故生,以理长,以类行"等方法,来确保所立之辞或推论的合理性和正确性。

第五节　"同异生是非"论题的两个层次

综上所述,墨家逻辑思想主要围绕事物或言辞之间的"类同""不类之异"关系,阐释了"同异生是非"论题。结合本章对《小取》和《大取》中的相关概念和论式的分析,笔者以为,墨家逻辑思想中的"同异生是非"论题,可以具体分析为如下两个层次。

第一层次的"同异生是非",主要指的是事物或名称之间的"类同""不类之异"关系,对辞的是非或真假的决定作用。把握这一层次的"同异生是非"论,需要对墨家逻辑思想所提出的"效"概念作出正确的诠解。如本章第一节所论,自近代以来的墨家逻辑思想研究史上,有的论者从推理形式来诠解"效",而有的论者从命题形式来阐释"效",还有的论者将"效"理解为判定言辞是非、真假的一个标准。在笔者看来,前两种诠释却都未能很好地把握"效"与"法"的关系,也很难找到墨家辩学的推论实践作为支持案例。故此,笔者坚持第三种诠解方式,并认为可以通过"法"和"理"来把握"效"概念,从而在根本上说明"效"何以是一个判定言辞之是非、真假的标准。如此一来,某一言辞若"中效",则其为"是";若"不中效",则其为"非"。言辞的是否"中效",又恰好反应了论辩活动中,由论者所立之言辞而反映的事物状态之间的复杂的"类同""不类之异"关系。《经下》所说的"一法者之相与也尽类"和《大取》所说的辞"以理长",也正好反映了事物之间的"类同"关系,在本质上也就是要具有同一的"法"或"理",而论辩活动中论者所立言辞的是非、真

①　Jinmei Yuan, "Analogical Propositions in Moist Text", *Journal of Chinese Philosophy*, 39:3(September 2012), pp.404-423.

假,也恰好可以经由这个同一的"法"或"理"来判定。正是通过"法"和"理","效"也就可以成为判定言辞是非、真假的一个重要标准。要言之,"中效"或者说合于"法"的就是真的或为"是"的言辞,"不中效"或不合于"法"的也就是不成立的或为"非"的言辞,而反映同类事物的言辞之所以能被判定为"中效",就在于同类事物具有同一"法"或"理"之下的"类同"关系。

第二层次的"同异生是非",主要指的是事物或言辞之间的"类同""不类之异"关系,对《小取》中总结的"辟、侔、援、推"等论式的决定作用。作为墨家逻辑思想的总纲,《小取》总结了"辟、侔、援、推"等四种推论方式。无论是从《小取》对这四个论式的界说来看,还是从这四个论式在《墨子》中的运用案例来看,若要在论辩活动中正确运用每一论式来进行论证或反驳,则都需要正确把握事物或言辞之间的"类同""不类之异"等同异关系。比如,"辟""援""推"三个论式成立的关键,就在于指出用以取譬、援以为据的事物或言辞,与论方所论的事物或言辞是否属于同类,或者说是否具有"类同"关系,如果二者之间具有类同关系,那就可以在论辩活动中正确运用"辟""援""推"论式,进行论证和反驳,否则就不能。又如,对《小取》加以大篇幅讨论的"侔"论式而言,"是而然"情况是其最基本的有效式,但"是而然"的成立,则依赖于前提和结论中都保持了正确的子类(或元素)与类之间的类同关系;"是而不然"和"不是而然"这两种情况则表现为前提和结论中主、谓词之间的"类同""不类之异"关系的不一致;"一周而一不周"情况则要建立在墨家对表述类似"爱人"这样的治道或道义言辞,和类似"乘马"这样的自然行为言辞之间的"不类之异"关系的认识之上;"一是而一非"情况则主要表现为前提的主项、谓项之间为"类同"或"重同"关系时,结论中的主项、谓项之间则表现为"不类之异"关系,反之亦然。

除了这两个层次之外,"同异生是非"论题还涉及了《大取》中的一些论述。比如,因论者主观的认知与信念态度而产生的名与实的同异状况,就会对墨家所主张的以"兼爱"为核心的道义言辞之是非的立论,以及道义行为选取的合理与否,产生某种影响。《大取》提出了"十种同""四种异"的同异论①,并总结了"三物"(故、理、类)对"立辞"的必要性。②墨家认为,对道义言辞之是非和道义行为选取合理与否的理解,必须要放置在具体的道德认知情境之中,也必须要考虑到道义言辞所反映的客观状况可能会发生的变

---

① 具体论述可参见第三章第二节第三部分。
② 具体论述可参见本章第四节。

化情形,还要注意到立论者所持的认知及信念态度之间的变化与差异。因此,这一层次的"同异生是非",强调了道义命题的立论兼有"是而然""是而不然"和"迁"等客观情况,以及"强"等主观情况。同时,墨家还提出了"故""理""类"作为"立辞"的"三物",强调无论是"故"(推论前提、论证依据和事物原因),还是"理"("立辞"必须遵守的"法"),都可以规约为"类"。无论是大故还是小故,揭示的都是事物间的更深层的"异类则异故"的"类同""不类之异"关系。作为一类事物或言辞所共同具有的"法",更应是"理同则类同"。最后,《大取》还用"其类在"这一形式揭示了道义命题与反应事物状态的事实命题之间所可能形成的"类同"关系,并在"同类相推、异类不比"的原则下,用这一"类同"关系揭示墨家道义命题之所以成立的故、理、类之根据所在。显然,这一同异生是非论,强调道义言辞的是非和道义行为选取的合理与否,都需要符合墨家所说的"三表法""法",从而使得墨者之徒"能谈辩者谈辩,能说书者说书,能从事者从事"(《耕柱》),最终实现墨家以"兼爱"为核心的治道理想。

一些否定或解构墨家逻辑学说的当代论者,所持的主要理由之一就是墨家没有讨论如三段论一样的有效推理形式,特别是墨家所持的"杀盗非杀人"等论题,经常含混和混同了逻辑与价值等不同层面。①解构论者多将墨家所论的"杀盗非杀人"论题,解读为诡辩,并以之作为墨家辩学不是逻辑学的一个主要例证。他们坚持从概念"盗"和"人"的外延出发,即"盗,人也"(盗 ⊊ 人)推不出"杀盗,非杀人也",而只能推出"杀盗,杀人也"。因此,《小取》所论的"盗,人也;杀盗,非杀人也"完全是矛盾和不能成立的。墨家同时认可了"盗,人也"和"杀盗,非杀人也",也就从反向表明,墨家辩学要以逻辑屈从于价值的反逻辑学性质。②笔者以为,此一对墨家逻辑思想的批评,应是忽视了墨家辩学"知与意异"的缘故。"盗,人也"之所以能成立,是由于"盗"和"人"之间具有"有以同"的"类同"关系;"杀盗,非杀人也"之所以成立,是由于"杀盗"和"杀人"两个概念之间是"不有同"的"不类之异"关系,"杀盗"是伦理道德涵义上的正确行为,"杀人"则是伦理道德涵义上的不应当、不正确行为。固然,从像三段论一样的推理形式角度看,从"盗,人也"前提是无法推导出"杀盗,非杀人也"结论的。但若从"同异生是非"的角度看,

---

① 参见程仲棠:《"墨辩逻辑学"解构——从小取的逻辑矛盾看墨辩与逻辑学的根本区别》,载《"中国古代逻辑学"解构》,北京:中国社会科学出版社,2009年版,第23—29页。

② 参见程仲棠:《从"杀盗非杀人"看逻辑与价值的混淆》,载《"中国古代逻辑学"解构》,北京:中国社会科学出版社,2009年版,第78—91页。

却不能不承认,"盗,人也"和"杀盗,非杀人也"都是能够被接受的正确言辞,其作为"比辞而俱行"的一种特殊情况,也是完全可以成立的。要言之,以笔者的浅陋之见,就墨家逻辑思想而言,事物或言辞间的"类同""不类之异"等同异关系,而非某种推理形式,才是决定言辞是非和论式运用正确与否的主要依据。

第六章　逻辑与文化的墨学审度

考察以"同异生是非"论题为中心的墨家逻辑思想，还可以在一定程度上回应逻辑思想与文化形态之间的关联性等问题，也可以为墨家逻辑思想的合法性与合理性地位略作辩护。如前几章所述，作为先秦名辩思潮重要组成之一的墨家学派，对名实、同异、是非等问题的论述，蕴藏着指称论、真理论、论式运用的有效性等丰富的逻辑思想史议题。对这些议题的深层次讨论，又有助于我们从比较哲学的研究立场出发，对《墨经》等代表的名辩经典加以审度，并辨识出其是否存在着与逻辑学知识体系在元层次上相应乃至相同的一些重要概念，从而亦可以在逻辑思想史的层面上为墨家逻辑思想的合法性略加说明。由此，笔者拟在前几章分析阐述"同异生是非"论题的基础上，尝试在本章中回应如下三个问题：(1)相较由古希腊论辩术发展而来的词项逻辑和命题逻辑传统，墨家逻辑思想具有何样的共性和特性；(2)墨家逻辑思想得以产生的历史文化因缘及其相制约的语言与文化因素，所凸显出的逻辑与文化间关系的实质究竟应当如何理解；(3)基于对前两个问题的回应，又该如何把握近代以来对墨家辩学的逻辑学诠解。当然，对这几个问题的分析，理论难度较大，也极易形成相对多元的认识立场与观点见解。这也就意味着笔者的浅见很可能是挂一漏万的，而对这些问题的深入讨论，也仍还需要来自更多角度的长期和细化研究。

第一节　比较哲学视域下的墨家逻辑思想[①]

从"同异生是非"论题观察墨家逻辑思想的共性与特性，可以通过比较

[①]　此节中的部分内容与观点，曾发表于《宁夏社会科学》。参见张万强：《举物比类与属种归谬：中西哲学论辩原理比较——从墨家辩学和古希腊论辩术说起》，《宁夏社会科学》，2019年第2期。

分析墨家辩学与古希腊繁荣论辩术及由其发展而来的逻辑学,在运用和发展归谬法,以及界说概念或下定义时的相似与差异,来把握墨家逻辑思想与西方逻辑学知识体系在元层次与对象层次上的相通与相异。事实上,以反思性为根本指向的哲学思维的一个基本功能,就是为人类思想活动提供诸种好的论证范型。对这些论证范型遍有的基本形式与基础原理进行思维规律意义上的自觉探究,又形成了不同文化、思想和哲学传统中说理方式、说理模式的共有建构原则。论辩活动无疑是人类说理活动的典型体现,在中、西、印等文明形态中也都有较高程度的表现,并不断理论化为以研究论辩活动制胜策略为主的论辩术。论辩术的充分发达,特别是对其所内蕴的思维规律研究,又构成了逻辑思想得以普遍发生的重要条件。[①]因此,若以西方逻辑学知识体系为参照,讨论先秦是否形成了逻辑思想或逻辑学,进而把握中国传统哲学思维方式的特质,就不能离开对中西论辩术的比较研究。墨家辩学是中国古代论辩术理论和逻辑思想的集大成者,由苏格拉底所倡导和使用的"助产术"则是古希腊论辩术的最杰出代表。由此,笔者拟以墨家辩学和"助产术"的运用为例,来剖析中西思维方式和说理模式的不同特质,寻求其间所具有的会通可能,从而也就能够从对象层次和元层次上界说墨家逻辑思想的性质和特征,奠定某种新的分析基础。

一 归谬法运用的差异

论辩活动是轴心时期东西方思想家群体进行哲学探讨和研究的一个重要表征。围绕论辩活动的顺利展开和求胜策略,辩者们必须明确论辩何以可能与如何可能等问题。这既涉及辩者们对"辩"之一般性的认识,如论辩双方只能是围绕同一论题而非不同论题展开,论辩需要"通义而后对",论辩双方所持的论题应为彼此矛盾的命题或言辞等,也涉及对论辩何以能胜的事实性与规范性研究,即对矛盾律、归谬法等规律的自觉发现与主动使用。中西思想史上为人所熟知的经典论辩案例,如古希腊智者普罗泰戈拉的"半费之讼",邓析的"两可之论",韩非子的"矛盾之说"等,为今人了解古代论辩活动的实际提供了基本的案例模型。同时,超越具体论辩活动案例而展开的论辩术研究,则愈加青睐于探赜种种不同的逻辑规则与方法,以确保论辩双方合情合理地进行立与破。论辩术揭示的第一逻辑方法,无疑是用于揭示话语间自相矛盾的"归于不可能论证"式的归谬法。就对归谬法的纯熟

---

① 参见宋文坚:《西方形式逻辑史》,北京:中国社会科学出版社,1991年版,第13页。

运用来说,苏格拉底的"助产术"(尤其是"讥讽"和"助产"环节)则堪称古希腊论辩术的典范,而先秦墨家学派在《墨经》中也一般地论述了如何使用归谬法(即其所总结的"推"论式),来进行论证与反驳。以下,笔者拟通过简单比较苏格拉底的"助产术"和墨家辩学在对归谬法的具体探讨与使用,及其在后来的中西逻辑思想发展史上的影响,来辨析二者之间的相似与差异。

渊源于广场政治和公共生活的古希腊论辩术,经由了修辞术到辩证法(作为一种反驳方法的逻辑技术)的立破关系嬗变。修辞术专长于对 logos 技艺的各种精妙使用,并形成了以语言为媒介的各种说服人进而支配人的雄辩技巧。古希腊智者学派的哲学家们尤为擅长这种修辞术技艺来为自身主张立论,并力图说服他人,即"用话语去说服法庭上的法官、议会的议员、公民大会上的民众",实现"使师傅变成你的奴隶,使商人不为自己赚钱而去为他人赚钱"①的诸种迷幻功效。显然,这种修辞术的滥用会形成种种难以辨明是非真假的似是而非的论证,进而误导甚至败坏人们的思想。有鉴于此,苏格拉底发展了源自芝诺的辩证法技巧以批评这种花言巧语式的修辞术,形成了明确概念与论题的"助产术"方法。"助产术"方法共有四个阶段,前两个阶段"讥讽"和"助产",就是通过从对方所承认的论题中推导或引申出对方所不承认的明显虚假的或与原论题矛盾的论题,以迫使对方放弃原论题的方法;后两个阶段的"归纳和下定义",则是一种通过分析概念外延间的包含于关系(种属关系)而归纳出一个能给事物下定义的方法。比如,苏格拉底在同美诺(Meno)分析"美德是什么"时,美诺认为男女的美德有所不同,男人的美德是能够管理国家事务等;女人的美德是能够管理家务、服从男人等;苏格拉底反驳美诺说:"无论是男人美德中的管理国家,还是女人美德中的管理家庭,都需要审慎和公道。而审慎和公道是所有成为好人的人都需要具备的东西,即所有人都是以同样的东西成为好人的,也就是说既然人们要以同样的东西成为好人,那就必须要承认人们的美德是同一个美德。"②这里,苏格拉底就是通过先承认美诺的观点,再从美诺的观点中推导出"审慎和公道是男女共有的美德",从而反驳了美诺认为美德有性别差异的观点。最后,苏格拉底将美德定义为"是一种知识",即"美德"和"知识"这两个概念之间具有一种真包含于关系。西方逻辑思想在后来的发展中,代

---

① Plato, "Gorgias", 452e, Lobe.
② Plato, "Meno", in Steven M. Cahn(ed.), *Classics of Western Philosophy*, Indianapolis: Hackett Publishing Company, 1995, pp.4 - 7.

表归谬法的"讥讽"和"助产"方法是斯多亚学派命题逻辑得以产生的重要依据,而"归纳"和"下定义"则经柏拉图的"上升法"(即归纳法)和"下降法"(即演绎法)导致了亚里士多德以三段论为主要内容的词项逻辑的产生。①显然,古希腊论辩术尤其是用以反驳的辩证法技巧,紧紧依赖于对归谬法的自觉使用。

与此类似,先秦诸子的名辩思想也曾一般地论及了矛盾命题和归谬法。以好辩著称的孟子曾论及何为"知言"说:"诐辞知其所蔽,淫辞知其所陷,邪辞知其所离,遁辞知其所穷。"(《孟子·公孙丑上》)而要了解上述四个"辞"的种种不足,除了正确的义理知见之外,展开论辩以发现其所存在的谬误,亦是必需的步骤。又如韩非子的"矛盾"之说,就意在通过揭示立论方言辞间存在的自相矛盾和不一致,来刺破其论说。显然,在先秦百家争鸣的历史处境和名辩家的思想谱系中,一如古希腊贤者对修辞术和辩证法的研究,名、墨、儒、法等诸子也对矛盾命题和归谬法进行了整理和研究,以期形成某种统一的论证与反驳模式。作为名辩家中的佼佼者,墨家辩学在总结先秦名辩思潮中各家所主要运用到的证明和反驳的推论形式的基础上,提出了"辟、侔、援、推"等论式,并在与道家等其他学派的辩论中应用了这些论式。墨家辩学将归谬法整理为"推"论式:"以其所不取之,同于其所取者,予之也。"(《墨子·小取》)"同"即"类同","取"即接受、证成,"予"则涵括拒绝、反驳之义,再结合"以类取,以类予"(《墨子·小取》)的基本思维原则,不难看出,"推"论式显然就是墨家辩学所总结的反驳论式,在实质上也体现为一种建立于"类同"关系上的归谬法。具体来说,"推"指的是在辩论活动中,论者为了反驳对方论题,而刻意选择一个与对方论题为同类的命题,且这个命题也是对方所不能接受的命题,从而最终成功反驳了对方论题,取得论辩的胜利。就对"推"论式的使用而言,墨家辩学在论证类似"学无益""言尽誖"等悖论命题时就运用了这种方法。如为了反对"言尽誖",若认为"言尽誖"可接受,那么根据这句话的含义就能够推导出这句话是错误,说这句话既是正确的也是错误的,显然不能成立("之人之言可,是不誖,则是有可也");同理,以"言尽誖"为假,那么根据这句话的涵义所得到的是"言尽誖"为真,同样也是矛盾的("之人之言不可,以当,必不审"),所以说"言尽誖"是一个悖论。从墨家对这一悖论的分析中不难看出,"可"与"不可"不能同时成立的矛盾规律,是墨家进行"推"式(归谬法)反驳的主要逻辑依据。同时,墨家辩

---

① 　参见杨武金:《中西逻辑比较研究》,《哲学与文化》,2010 年第 8 期,第 5—22 页。

学强调论辩得以进行的基本前提是论辩双方持矛盾命题,《墨子·经上》75条明确界定辩为"争彼",《墨子·经说上》75条进一步解释"争彼"说:"或谓之牛,谓之非牛",即是说"辩"需要围绕一组矛盾论题而展开,而这组矛盾论题不能同时成立("不俱当"),辩胜的依据也就在于言辞合于事实("当")。显然,以墨家辩学为代表的中国古代论辩术也一般地论及了矛盾命题及其归谬法的使用命题。

由此,以"助产术"为代表的古希腊论辩术与以墨家辩学为代表的先秦名辩思想,都一般地论及了矛盾命题并自觉使用归谬法,以完成对对方论题的指责和破斥,此可谓二者之同。尽管如此,单就形式上的对比而言,苏格拉底的"助产术"只是一般地运用了归谬法,而未能如墨家辩学般去总结出一个归谬法的一般使用格式(即"推"论式)。但从后续的思想发展来说,希腊化时期的麦加拉学派和斯多葛学派则进一步深入到了复合命题之间的逻辑组成及其推理关系,并加以不断的形式化从而形成传统的命题逻辑知识。依照于这种形式化规律的深究,古希腊论辩术发现了归谬法所运用的主要逻辑规律,即矛盾律($\neg(A \wedge \neg A)$)和假言命题中的否定后件式($((A \rightarrow B) \wedge \neg B \rightarrow \neg A)$),并对之进行了形式化和普遍化的描述。反观墨家辩学,则囿于语言表述形式等多种因素制约,未能从即"推"论式中发展出研究命题间推理关系的形式化逻辑体系。据此,古希腊论辩术与墨家辩学的重要不同之一,就是古希腊的知识谱系中经由研究归谬法的使用终而发展出了形式化的命题逻辑体系,而墨家辩学只是一般地研究了归谬法的基本使用格式,未能进一步形成形式化的逻辑学知识体系。

进而言之,古希腊论辩术和逻辑学主要是根据命题之间的推理关系,即是从原命题能合乎逻辑地得出一个与之相矛盾的命题,从而证明原命题时不能成立的和反驳原命题。墨家辩学则在定义"推"论式时特别强调,原命题和用以反驳的命题之间或它们所反映的事物之间,必须要具有类同关系。这也就是说,用以反驳的命题可以不是从原命题推导出的,而只要是与原命题属于同类言辞,或与原命题表达的事物是同类事物,就可以用来反驳原命题的成立。显然,墨家辩学对归谬法中的两个命题或其所反映的事物间的"类同"关系的强调,是其区别于古希腊论辩术和逻辑学的第二个主要特点。

要言之,古希腊论辩术及其后来发展出的命题逻辑,重在强调对论辩研究的形式归律,与此不同,墨家辩学中的逻辑思想则重在阐明对"推"论式的正确运用,需要建立在事物或言辞之间的"类同"关系之上。

二　概念界说方式的差异

使用和研究归谬法的一个基本前提是正确认识和分析命题。命题是由概念组成的,因此分析命题之间的推理关系也就需要研究概念之间的同异关系。墨家辩学与古希腊论辩术及逻辑学的又一个较大差异,就体现为二者在界说概念或对概念下定义时有所不同,以及由此而进一步反映出来的二者对概念间同异关系的关注点的不同。就下定义方式而言,古希腊论辩术及其逻辑学主要形成了一种"属加种差"的定义方法,并通过阐明不同概念外延间存在的相容与不相容关系,最终形成质、量不同的直言(性质)命题,以把握诸事物或观念间的同一与差异;墨家辩学则形成了"以名举实""名实相谓"的明确概念方法,并通过"所缘以同异"来把握事物和概念间的差别。

"属加种差"的下定义方法由亚里士多德明确提出。这一定义方法的形成,主要就是对苏格拉底"助产术"中所强调的"归纳"和"下定义"环节加以规范化的普遍说明。这一方法的实质,就是在准确区分开大、小概念的基础上,将二者通过"种差"的属性连接起来,如把人和动物通过两足、无羽毛等代表种差的属性连接起来,形成"人是两足无羽毛的动物"这样的定义。这种下定义方法紧紧依赖于概念外延间存在的相容关系,并通过质的肯定与否定和量的全称、特称与单称,将实体、属性、关系等连接起来,形成一个层层依次递进的概念知识体系。此一概念知识体系反映到下定义的命题之中,就是要正确反映出两个概念之间的同异关系,即概念外延之间的同异关系比。如,亚里士多德研究了用作谓词最高类的"范畴"概念;反言之,那些可用作谓词的最大类概念,就包含着下辖的各类具体事物,如"实体"范畴就下辖了"动物""植物""人"等概念。可见,"范畴"和它所辖的类概念之间的关系也正是概念外延间的这种包含关系。那么,围绕着对概念外延间同异关系的讨论,就可以讨论性质命题的划分(即逻辑学所讲的 A、E、I、O 等几类命题形式),及其这些命题间存在的矛盾、反对、差等关系,进而形成对那些由不同词项所组成的多种推理关系的研究,如换质位推理和三段论推理等,并最终形成了传统形式逻辑知识体系的又一主干——词项逻辑。要言之,由"属加种差"的定义方式所代表的对不同概念外延间关系的形式分析,侧重于把握不同概念外延间存在的同异关系,并立足于这种关系进一步反映出组成某一或某几个性质命题的诸词项之间所可能形成的推理的形式有效性等问题。

与古希腊论辩术和逻辑学重视对概念的研究相类似,墨家辩学也探究了概念("名")的本质和分类等问题。《墨经》中就界说了不少的逻辑学、伦理学、力学、几何学和光学等相关学科的基本概念,如《经上》第一条就定义了与逻辑学相关的"故"概念,即"故,所得而后成也","故"即原因、条件或前提;又如《经上》第 8 条定义了与伦理学相关的"义"概念,即"义,利也","义"即有利于人;还如《经上》第 59 条定义了与几何学相关的"圆"概念,即"圆,一中同长也",等等。但综观墨家对概念所作的界说,不难发现,墨家在定义概念时多侧重于对概念进行一种功能性描述,或者说对概念所反映的事物现象进行一种描述性说明,而未能若古希腊论辩术和逻辑学那样,采用"属加种差"的定义方式来揭示概念外延间存在的同异关系。墨家逻辑思想在明确概念时,主要就是要"以名举实"(《小取》),"名"兼具概念和名称二义,"实"即客观存在的事物、属性等,"举"即"拟实",即概念和名称是对事物的某种模拟和表达。因此,墨家辩学所认识到的概念及其表达概念的语词,侧重于强调该概念是如何用来指称事物的内涵式、功能式说明,即强调概念和名称的主要功能是通过列举事物所有的属性,尤其是事物所特有的属性从而将一类事物与其他类事物、某个事物与其他事物区分开来。墨家逻辑思想还进一步对"名"作了分类,其中最重要的是"达名""类名"和"私名"的三大分类,达名是如"物"这样的表示事物最大类的概念;类名是如"牛"和"马"等这样的表示一类事物的概念,实际上反映的是一类事物彼此之间所具有的"类同"关系,和区分于其他类事物所具有的"不类之异"关系;私名是如某个个体的名字("张三"等)这样的表示单个事物的最小概念,相当于单独概念。[①]乍看起来,墨家所作的这种"名"的划分,颇类似于逻辑学所作的依据外延间包含关系而形成的概念分类体系,然细究其中的作用机理,则不难发现,墨家划分"名"的目的,主要在于将概念所反映一类事物与他类事物的区别或者说种差揭示出来,而非将较大的种概念和较小的属概念联系起来,以形成"属加种差"式的定义方式。也正是由于墨家逻辑思想较为侧重于描述种不同概念间所具有的"类同""不类之异"关系,而不甚重视分析不同概念之间尤其是大概念和小概念之间存在的可能联系,因而也就很难像古希腊论辩术和亚里士多德建立的词项逻辑那样,经由分析几个不同概念之间所具有的外延关联性而形成对某些有效推理形式的研究。

上述分析可以用《墨子·经说下》所用的一个由"亲知""闻知"而得到新

---

① 对"以名举实"和"名"的分类等问题的详细讨论,可参见第二章第一节。

知的"说知"的推理实例,来略加例示。如果某人"亲知"室外某个物体的颜色为白色,而旁人又告诉他说,室内某个物体的颜色与室外这个物体的颜色是同类的("闻知"),那么依据"同类相推"的原则,他就可以推导出室内物体的颜色也是白色的("说知")。仔细分析这个推理,不难发现,其成立的关键是室内与室外物体在颜色上的同类,而不是像亚里士多德那样的以概念外延间的包含于关系进行三段论推理,即形成一个类似"室内物体与室外物体是同色的,室外物体是白色的,所以室内物体是白色的"这样的推理。若转化成符号语言来说,令"a"表示"室外某个物体的颜色","b"表示"室内某个物体的颜色","W"表示"白色","Sim"表示"两个事物在颜色上的类同关系",则墨家这一由"亲知"和"闻知"推导出"说知"的推理结构可以形式化为 $(a \in W) \wedge (a\ Sim\ b) \rightarrow (b \in W)$,而三段论的推理结构则为"a 是 W,a 是 b,所以 b 是 W",可以形式化为 $(Wa \wedge a \equiv b \rightarrow Wb)$。若比较这两个推理结构,则可以看出,前者之所以成立是由于"a"和"b"之间具有类同关系;而后者之所以成立则在于"a""b"和"W"之间所具有的包含于关系。就此而言,古希腊逻辑学主要研究的是推理和论证形式而非推论方式,而墨家逻辑思想研究的是推论方式而非形式。[①]

综上所述,笔者以为,墨家逻辑思想用以明确概念的思维方式,与古希腊论辩术和逻辑学存在着根本性的不同。墨家逻辑思想强调,明确概念就是要将其所指谓的事物间的同异关系拟举出来,而古希腊论辩术和逻辑学则通过下定义的方式,对种、属概念外延间的包含关系进行分析。与这种明确概念的不同方式相应,墨家辩学主要研究的就是一种推理和论证的方式而非形式,故而也就特别强调事物或言辞之间的同异关系,会直接影响到论证的正确和合理与否。与之不同,古希腊逻辑学强调的则是一种经由概念间的外延关系而形成某几个命题,进而通过把握这几个命题之间的真值关系来找到某些保真的有效推理和论证,并建立和总结了一些如"三段论"那样的形式有效的推理系统。

三 从元层次和对象层次看墨家逻辑思想

上述两方面的分析表明,墨家逻辑思想与由古希腊论辩术而来的逻辑学,存在着一定程度上的思维模式差异。由此,基于中西思维方法论的比较研究视野,似可进一步追溯如下问题:(1)以墨家辩学为代表的中国传统论

---

① 参见杨武金:《墨经逻辑研究》,北京:中国社会科学出版社,2004 年版,第 45 页。

辩术是否蕴涵有普遍性的逻辑思想;(2)这一思想的共性与特性是如何表现的?

事实上,诚如第一章所述,这些问题也是近代以降研究墨家逻辑思想和中西哲学思维方法的学者,长期探讨和争议的重要问题。从思想渊源上说,这些问题肇始于自梁启超以来的近代学者所采用的中西逻辑比较研究方法,即在研究墨家论辩术或者说墨家逻辑思想时,运用西方逻辑的一些基本概念和理论,来解释、阐发乃至建构墨家逻辑思想的内容与特征。这种比较研究方法对学界整理、总结和诠解墨家逻辑思想的体系结构,把握其与形式逻辑之间的相似与相异,有着非常重要的影响。①但这种方法同时也可能会为墨家逻辑思想增添一些未有的内容,使得墨家逻辑思想变体为了西方形式逻辑体系或者说其中一部分内容的先秦复写本,而丧失了其本来面貌。近代以来梁启超、胡适等人在阐释墨家逻辑思想中的不当之处,也充分佐证了这一点。同时,对此一比较研究法的不当应用,又会带来以逻辑学知识体系比附诠解墨家逻辑思想等现象。这一现象也引起了如张东荪、陈汉生等的反省。他们大多主张,应立足于中国传统哲学思想和文化本身之特质来观察墨家辩学,并认为墨家所总结的论证方式,在根本上是一种迥异于逻辑学的知识体系。如此一来,研究墨家逻辑思想的共性与特性,实质上仍还是一种与西方逻辑知识体系之间的比较研究,只不过这个比较研究的前提,应是恰当甚至独立地整理墨家辩学本身呈现出的与推理论证问题有关的思想内容。由此,笔者拟采用一种元层次和对象层次的两分法视角,来观察墨家逻辑思想与逻辑学知识体系之间的相似与相异。

显然,元层次和对象层次的区分,无疑是借鉴了数学家和逻辑学家希尔伯特对元理论和对象理论的区分,以及逻辑学家和语言学家塔斯基的"语言层次论"中的元语言和对象语言之间的区分。实际上,早自古希腊的亚里士多德起,就在自己学说体系中使用了"元"(Meta)这一术语,用以表示其对对象事物的一种超越性研究,比如,亚氏对物理学(Physics)和元物理学(即形而上学,Metaphysics)的区分。希尔伯特则区分了元理论和对象理论,他所说的对象理论,主要指的是作为研究对象的某种理论,如形式化数学等;而元理论则主要指的是研究对象理论时所用到的某种工具性理论,如研究形式化数学中的一般证明时的元数学。②塔斯基则提出了"元语言"和"对象

---

① 对这一问题的详尽讨论,可参见本章第三节。
② 参见张家龙:《数理逻辑发展史:从莱布尼茨到哥德尔》,北京:社会科学文献出版社,1993年版,第327—328页。

语言"的区分,所谓对象语言,主要指的是作为谈论对象的"被谈论"的语言,元语言则指的是谈论对象语言的"语言"。①这种对元理论和对象理论、元语言与对象语言的区分,也可适用于对元逻辑和对象逻辑的区分。简单地说,所谓对象逻辑就指的是某一被谈论到的逻辑理论,如谈论到的某个逻辑系统内的公理、定理等内定理;相应地,元逻辑也就是谈论对象逻辑的逻辑理论,如关于该系统的一致性、可靠性、完全性等理论。②墨家逻辑思想与逻辑学的对象层次比较,主要指的是二者理论体系间的比较研究,如墨家辩学所使用的"辟、侔、援、推"等各种不同论式,明确概念的拟举方式等,与古希腊论辩术及其后来的逻辑学中的概念定义方式、归谬法的使用及其思维规律说明等的比较,以及由其体现出的推论模式上的同异。二者间的元层次比较,主要指的是我们用以重构二者的概念、理论本身所体现出的差异,如墨家辩学是否具有"真"观念等问题。③

从墨家辩学对以"侔"论式为代表的推理论证方式等的界定、说明和运用来看,墨家逻辑思想无论是对归谬法的使用,还是对概念进行界说的方式,都与古希腊论辩术和逻辑学存在着根本上的原理性差异。显然,墨家逻辑思想在对象层次上就表现为一个旨在帮助人们明辨真假是非,从而展开的对证明和反驳所用到的各种论证方式的研究,是现在所讲的"非形式逻辑"(Informal Logic)或"批判性思维"(Critical Thinking)的论证体系。④也就是说,墨家辩学在对象层次上是研究推理论证中所运用到的具体推理方式,而没有研究命题形式和推理形式;侧重点也主要集中在不同概念之间的区别,而非种概念与属概念之间的关联。而西方逻辑史中的麦加拉学派到斯多亚学派的命题逻辑,则一般性地以命题为单位研究推理形式,是属于形式化的形式逻辑体系;亚里士多德的词项逻辑则以概念或词项为单位,研究不同的命题形式,并以外延间的种属关系为依据,研究直言命题之间的推理形式。故此,笔者以为,就对象层次而言,尽管墨家辩学也如西方论辩术及

---

① 参见塔斯基:《真理的语义学概念和语义学的基础》,肖阳译,涂纪亮校,载于涂纪亮主编:《语言哲学名著选辑》(英美部分),北京:读书·生活·新知三联书店,1988 年版,第257 页。

② 参见 Geoffrey Hunter, *Metalogic: An Introduction to the Metatheory of Standard First Order Logic*, California: University of California Press, 1971, p.10。转引自杨武金:《中西逻辑比较研究》,《哲学与文化》,2010 年第 8 期。

③ 关于此点的分析参见杨武金、张万强:《墨家辩学中的"真"观念辨析》,《中州学刊》,2015 年第 6 期,第 100—105 页。

④ 参见杨武金:《墨经逻辑研究》,北京:中国社会科学出版社,2004 年版,第 167—168 页。

其所发展出的逻辑学一样,形成了辩察诸如推理的正确性等问题的思维科学意识,但墨家逻辑思想要求通过把握事物或言辞之间的"类同""不类之异"关系,来立辞和立说,进而保证推论的可靠性。反言之,呈现在推论中的事物或言辞之间的"类同""不类之异"关系,又主要表现为两个概念或言辞在意涵上的相似或相异。而亚里士多德所创立的词项逻辑和三段论,则要求通过制定各种保证推理形式有效的普遍规则,确保从真前提必然得到真结论,其依赖的则是不同概念在外延上所形成的同异关系。

尽管墨家逻辑思想与西方论辩术及其发展出的形式逻辑学说,在对象层次上存在着诸多不同,但在元层次上具有某些共通性的内容。笔者以为,就墨家逻辑思想研究的元层次研究而言,其与西方论辩术和逻辑思想的共通性内容,可以表现为对同一律和矛盾律等逻辑思维规律的自觉,以及形成的某些共有的重要逻辑概念上。就逻辑规律而言,有许多学者都已指出了墨家逻辑思想对逻辑规律的自觉,其中较有代表性的观点,则如周礼全在《中国大百科全书——哲学卷》中所指出的:"《墨经》中没有应用对象语言来表示的命题形式和推理形式,而只有应用典型的具体推理来体现的推理方式。但《墨经》中却有不少应用元语言来表述的逻辑规律,虽然这些是不够精确的,但表明《墨经》中的逻辑已开始进入形式逻辑的阶段。"[1]又如何莫邪也指出,尽管西方人在进行推理和论证所运用的结构与中国人截然不同,西方语言与古代汉语也迥然相异,但是都使用的是本质相同的逻辑工具,如相关的逻辑连接词并非、合取、析取等,以及共同的逻辑规律,如同一律、矛盾律、充足理由律等。[2]具体来说,墨家在《经说上》中论及矛盾命题之间的关系是"不俱当,必或不当",即矛盾命题不能同时为真而必有一假的矛盾律;墨家总结到的"二名一实"的"重同"关系,以及强调"以类取,以类予"的"同类相推"和"异类不比",则不精确地表达了同一律;墨家提出"故"是"所得而后成",强调前提推出结论的"有之必然"和"是而然",以及结论对于前提的"无之必不然"等表述了充足理由律。[3]除了这些逻辑规律的相通外,墨家逻辑思想中还包含有一些与西方逻辑哲学相通的重要概念。其中较为重要的有,墨家逻辑思想在论述辞之是非时,所形成的可相应于符合论和融贯论意义上的"真"(Truth)概念,等等。实际上,西方汉学界在认识中国古代

---

① 《中国大百科全书——哲学卷》,北京:中国大百科全书出版社,1987年版,第537页。

② Christoph Harbsmeier, *Science and Civilization in China*, Volume 7, Part 1: Language and Logic, Cambridge: Cambridge University Press, 1998, pp. 3 - 8.

③ 参见杨武金:《中西逻辑比较研究》,《哲学与文化》,2010年第8期,第21—22页。

逻辑思想时,就十分侧重于分析和比较中国哲学中的一些重要逻辑概念。比如,何莫邪就将其总结为"命题及语句"、"意义"(意思)、"真"、"必然性"、"悖(矛盾)"、"类"、"属性"、"包含"、"知识和信念"等 9 个方面。①尽管这些概念与西方逻辑学中的界定并非完全相应,且这些概念大多都需要在语用情景中加以把握,但它们还是可以构成了墨家逻辑思想在元层次上的重要表达。因此,从元层次角度比较墨家逻辑思想与逻辑学知识体系,也就可以说,它们之间的共性也就表现为对某些重要的逻辑思维规律和逻辑概念的自觉性表达。同时,墨家逻辑思想对这些逻辑思维规律和概念的表达,大多都是在某些具体的语用情景中不清晰地呈现出来的,这也就使得墨家逻辑思想在根本上具有一种重语用和语境的文化特征。

第二节　墨家逻辑思想的形成背景

《不列颠百科全书》曾列举了所谓"中国逻辑"词条,并大致解释说:

> 大体说来,中国哲学一方面注重实践的和道德的问题;另一方面对生活给予神秘的解释,没有给逻辑研究留下什么地盘,直到公元十一世纪新儒家学派建立之后,逻辑研究仍被忽视。……在逻辑学的发展中,中国思想家没有跨越初级阶段,而这个阶段在公元前五世纪已由希腊的智者派达到了。②

此种认为中国古代哲学缺少逻辑研究内容的看法,是否真的反映了中国古代逻辑思想史的实际呢? 进而言之,墨家逻辑思想是否真的只属于逻辑研究的初级阶段,或者说墨家对推理论证形式的探究,根本就不属于逻辑研究的内容? 对这些问题的讨论,虽难以一时形成定论,作出中国古代哲学"有"或"无"逻辑研究的确定回答,但却提出了一个从事中国古代逻辑思想研究所规避不了的问题,即墨家学派何以会出现对推理论证所使用的语言形式的关注? 如果说整个墨家哲学是在先秦"礼崩乐坏""名实相怨"的现实与思

---

① Christoph Harbsmeier, *Science and Civilization in China*, Volume 7, Part 1: Language and Logic, Cambridge: Cambridge University Press, 1998, p. xxiii.

② 转引自张家龙:《中国哲学中的逻辑和语言》,载《逻辑史论》,北京:中国社会科学出版社,2016 年版,第 453 页。

想处境中,得以萌芽、产生和发展的,那墨家又何以形成某种逻辑思想?

一 "名实相怨"和百家争鸣的社会背景

一般认为,"礼乐"制度在治道现实中的崩坏,在客观上造成了所谓的"名实相怨"。《管子·宙合》解释"名实相怨"说:"夫名实之相怨久矣,是故绝而无交。"若从逻辑思想史的视角观察,"名实相怨"主要表现为一种能谓之"名"与所谓之"实"的混乱状态,特别是由先王所创立的指称人事制度的爵名和刑名,更为相离、"相怨"和混乱。但若从思想史的实际来说,"名实相怨"更重要的意涵体现为某种对混乱无序的治道状态的描述。比如,《庄子·天下》曾总评先秦诸子的学术渊源说:"天下大乱……多得一察焉以自好",以及"道术将为天下裂"。此一评价实质上要说的是,以儒、墨两家"显学"为代表的诸子之学,有着共同的思想文化渊源,即作为一个统一体的以探查宇宙万物和社会人事规律为主的"道术",但随着礼崩乐坏和天下大乱,各家只是各得其所好的"道术"之一端而已。又如,司马谈的《论六家要旨》则更直白的说到,儒、墨、道、名、法等先秦诸家皆"务为治者也"。这也就是说,先秦诸家学说体系的根本目的,就在于去解决重建治道秩序的基础、目的、方式等政治伦理问题。因此,围绕着如何重建治道秩序,使天下从无序的混乱状态过渡到有序的善治状态等现实目标,儒、墨等家分别提出了自己的学说主张,并通过谈辩和从事等方式,说服国君等统治者接受和施行这些主张。如此一来,我们或许可以认为,"名实相怨"的治道现实,以及让天下重归良善和有序治理的治道目的,是包括墨家辩学或墨家逻辑思想在内的所有墨家哲学得以产生和发展的最重要的客观条件。

服务于"为治"的总目标,墨家在提出以"兼爱"为核心的治道主张的同时,还为了说明和论证自己主张的合理性,以及反驳其他诸家对墨家治道主张的质疑和批评,而探究了"名""辞""说""辩"中的相关问题。在此之中,辨析清楚由"名实相怨"所表征的无序治道产生的原因以及对治策略,就成为墨家使用和探究哲学论证的基本价值关切和思想出发点。事实上,不只是墨家,儒、名、法等其他诸家讨论的焦点问题之一,也就是所谓的"名实之辩"。比如,孔子就站在"恢复周礼"的立场上,提出了"正名"的治道主张,并以之作为"为政"的首要大事,而这一"正名"主张的实质内容,则不过是要确立"君君臣臣,父父子子"的纲常与治道秩序。就此而言,孔子"正名"思想的实质,也就表现为一种"以名定实"的名实观念。与孔子不同,墨子则以"天志"和"三表法"为依据,并特别重视言辞学说对国家和百姓的实际利益

（"众""富""治"），而采用一种朴素的经验主义和实用立场来主张"取实予名"。在笔者看来，墨子"取实予名"的名实观念，实际上也就是墨子所开出的根据新的客观现实而重新定名的一种名实主张。概略地说，包括墨家在内的先秦诸家，之所以要提出各自的名实论，在根本上仍都是为了解决"名实相怨"问题，并探索如何才能合理厘定名实关系的新路径。要言之，围绕着使天下由乱复归于治的重建秩序的治道目标，儒、墨等家都形成了各自的名实观念，并围绕各自的治道主张展开了相互辩难，以期指出对方主张的不当和有害，从而证明自身主张的无误和有效。比如，墨家就形成了《非儒》等篇，并针对儒家崇"礼"、讲"命"等而提出了"节用""非乐""非命"等主张；而孟子、荀子则转而批判了墨家的"兼爱"等主张。因此，墨家辩学及孕育其中的逻辑思想，也就是在这样一个百家争鸣、相互辩驳的学术氛围中得以萌芽、产生和发展起来的。

在先秦诸家围绕名实问题而相互诘难争鸣的过程中，与"名""实"概念相关的同异、是非、有无等问题，也引发了诸家的注意和讨论。对"名""实"、"同""异"、"是""非"这几对概念的讨论，以及对先秦哲学论证所运用到的一些论式的探察，也就组成了先秦名辩思潮最重要的几个议题。作为先秦名辩思潮的重要参与者和推动者，墨家辩学在"名""实"概念上提出"以名举实"，在"同""异"概念上提出了"交同异"，在"是""非"概念上论及了"真"和"应该"，并还围绕着事物或言辞之间的"类同""不类之异"关系，总结了"辟、侔、援、推"等论式的涵义及用法，及其运用中可能出现的复杂情况。总言之，墨家逻辑思想的产生，离不开这种"名实相怨"的社会背景，以及诸家之间相互辩难的思想争鸣的学术史背景。

二　兼重"谈辩"和"从事"的学派背景

尽管诸子的哲学思想都是回应和反思礼崩乐坏的社会现实的产物，但墨家思想与儒家、道家思想相比，则更为重视理智和经验的重要性，并表现出了一种趋近于分析理性的思考方式①。当然，说墨家思想更趋分析理性，并不是说儒、道等诸家哲学不重视理性反思的重要性，而是要说明与儒、道诸家相比，墨家更为强调理性反思对于论证治道主张的重要性。这一点首先表现在墨家对谈辩活动的价值肯定上。墨家认为"万事莫贵于义"（《贵

---

① 对分析理性的讨论，可参见张万强：《论中国传统核心思维方式的分析理性之殇》，《云南社会科学》，2014 年第 6 期。

义》），而人们为"义"的方式则是"能谈辩者谈辩，能说书者说书，能从事者从事"（《耕柱》）。阅读《墨子》一书，不难发现，墨子及其后学无论是在写些还是在与人谈辩时，多以"敢问其故""不明吾言之类"等语句，来澄清和解释墨家之所以如此主张的理由与依据，同时也很善于用"辟""侔""援""推"等论式来进行论证和反驳。这也确实可以证明，墨家是真正以谈辩作为践行墨家"义"道"义"事的一种重要方式。与墨家积极肯定谈辩的态度相较，儒家对谈辩的态度则略显消极。比如，孔子就指出说："君子欲讷于言而敏于行"（《论语·里仁》），"巧言令色，鲜矣仁"（《论语·学而》）；哪怕是以好辩形象著称的孟子，也极力表白自己说，"予岂好辩哉，予不得已也"（《孟子·公孙丑下》）。与儒家对谈辩的态度相类似，道家也不甚看重谈辩的积极价值。比如，老子就指出说"大辩若讷"（《道德经·第四十五章》），庄子也说"大辩不言"（《庄子·齐物论》），即真正具有大辩才的人都是木讷不言的，这似乎也可以看作是对"辩"的一种否定性态度。但若从西方逻辑学和印度因明学萌芽、产生和发展的历史来看，肯定和重视谈辩的积极价值，并主动研究与谈辩活动紧密相关的论辩术，则是逻辑思想得以发生的一个重要因素。由此可见，墨家对谈辩活动的肯定与践行，也可能就是其逻辑思想得以形成的一个重要原因。

墨家哲学重视经验和理性的特质，还表现在其对经验知识的重视上。在先秦诸家中，墨家是最为重视经验知识的学派之一。与墨家并称显学的儒家，多以"克己复礼""礼乐之术"和"仁政王道"之学作为自己学说的核心，而不是很看重视经验和技术方面的知识。比如，孔子就批评樊迟请教稼穑、为圃之术是所谓的"小人"之行（见《论语·子路》），并对卫灵公请教兵阵之事则表示"未之学也"（见《论语·卫灵公》）。同时，与墨家学派大致处于同一时期的道家、名家学说，则大多以哲学玄思为特征；而法家则更为关注"刑名之术"。总之，儒、道、名等家，对由百工总结而来的日常生产生活经验知识的重视，都不若墨家之甚。实际上，墨家将"从事"与"谈辩"一道视为"为义"的三事之一，也多以"筑墙""染丝""战阵"等经验事实譬喻论证墨家的为义、修身等主张的合理性，墨家还有专门论述守城问题的《城守》诸篇的兵法之学。这也都从侧面说明，墨家对农业、手工业、战阵等生产生活中的经验知识是极为熟稔的。同时，墨家所提出的判断言辞是非的标准——"三表法"，也可以说明了其对经验之知的看重。"三表法"提出，要以经验事实作为判断言辞是非真假、是否正当的最终依据。无论是"本"所代表的作为历史成功经验的"圣王之事"，还是"原"所代表的作为日常经验的"百姓耳目之实”，抑或是“用”所代表的言辞对于国家、百姓、人民产生的实用后果，无不在强调，实践经验方才是判断言辞是非的根本依据。墨家不只是总结和提出了“三表法”，更在说明和论证“非命”“非乐”“明鬼”等主张时，严格践行了“三表法”，即以“本”“原”“用”的标准来寻找经验事实以为依据，来辩护上述主张。或许，也正是由于墨家对经验科学的重视，才使得狭义《墨经》中记述了多条需要通过经验观察乃至实验才能得来的光学、力学、几何学等科学概念界说，形成了先秦时代“独领风骚的科技思想”①，并使得墨家逻辑思想能够以“别同异”和“交同异”的观念，回应惠施、公孙龙和庄子的“同异观”，最终形成先秦名辩思潮中“同异之辩”的理论高峰②。

墨家哲学极为重视理性和经验还体现为某种“较真”的思想品格。墨家在建构哲学论证和反驳的过程中，重分析多过思辨。从逻辑史的角度说，一般以为，中国古代哲学思维方式，主要以道家哲学所显示出的辩证思维为代表。比如，罗马尼亚逻辑史家杜密特里乌在评价中国古代逻辑思想时指出，蕴藏在以《道德经》为代表的中国古代哲学思想中的思维方式，是很难用类似西方哲学思维中的清晰、确切的观念来加以表达的。③就此而言，在先秦诸子哲学中，最擅长辩证思维运用的当首推以《道德经》为代表的道家哲学。比如，道家将“道”的根本特征界定为“反者道之动”（《道德经·第四十章》），即“道”是时刻处在一种相反相成的循环运动中，“道”的根本特征就是在相互矛盾的事物中不断转化。同时，道家还提出了诸如“言尽悖”“辩无胜”这样的需要进一步辩证解释的命题。儒家的辩证思维观念，集中体现在以“中庸”为代表的人生价值观上，“中庸”强调要避免“过”和“不及”，要“执两端而用中”，故而在本质上也可视作是强调一种矛盾的和谐统一。在笔者看来，作为儒、道辩证思维较强的一个例证，就是它们很少使用“归谬法”来辩护和反驳。与之不同，墨家则极为重视对“归谬法”的总结和运用，如《小取》就总结了代表归谬法思想的“推”论式，并用“悖”概念等来指称违反矛盾律的逻辑错误，还在多处用“明于小而不明于大”“知小而不知大”等语句以辨明论敌的错误究竟何在。就此而言，墨家哲学在强调运用辩证理性来阐释自家学说体系的同时，也不忘运用那种追求明晰性和精确性的分析理性，来阐明自家主张和反驳论敌。

墨家对谈辩价值的肯定，对经验知识的重视，以及对“归谬法”等论证和

---

① 见陶贤都：《先秦墨家科技思想论析》，《光明日报》，2008 年 10 月 19 日第 7 版。

② 对此一观点的详尽论述，可参见第三章。

③ Anton Dumitriu, *History of Logic*, Vol. 1, Tunbridge: Abacus Press, 1977, pp. 12 - 13.

说理方式的自觉运用,都表明了其更具分析理性的思维特质。相较来说,在为人所熟知的先秦诸家中,儒、道两家轻"谈辩"和"从事","名"家则虽重"谈辩"但轻"从事",而墨家则既重"谈辩"也重"从事",这可能也是墨家何以在争鸣激烈的诸子百家中独领风骚,生发出极为璀璨的墨家逻辑思想的一个重要原因。

总之,蕴藏着中国古代文明中最为丰富和精要的逻辑史资料的墨家逻辑思想,大体也就是在这样一个诸子哲学思想大争鸣的所谓的中华文明"轴心时代"①中萌发、成型、成熟和衰落的。故而,若探究墨家逻辑思想的性质与地位,也就不能脱离开墨学所依存的社会和思想处境,而单独去从与西方形式逻辑知识体系的对比当中,得出某种科学结论的。

第三节　墨家逻辑思想的近代"发现"与再审度②

既然墨家逻辑思想是在"礼崩乐坏"和"名实相怨"的社会现实中,在秦诸子中最具有趋理性的墨家学派中得以萌发和发展的,那么,一个值得关注和思考的问题就是,所谓的墨家逻辑思想,与命题逻辑和词项逻辑等传统的西方逻辑学知识体系之间,是否存在着某种可公度性? 更广义地说,逻辑思想的产生与发展,是否在根本上取决于某种独特的文化类型,或者说,不同文化类型会产生不同的"逻辑"? 笔者以为,回答这一问题的关键,在于人们如何理解和使用"逻辑"这个语词。如果简单地将逻辑视作符号逻辑系统,如卡尔纳普(R. Carnap)在《旧逻辑与新逻辑》中所指出的,严格意义的逻辑学就是肇始于弗雷格、罗素所建立的符号逻辑形式系统,除此之外没有其他

---

① 这里所说的文明"轴心时代"是援引自德国哲学家雅斯贝尔斯(Karl Jaspers)在《历史的起源与目标》一书中提出的观点。雅斯贝尔斯指出,人类理性精神的重大突破发生于公元前800至公元前200年间,特别是公元前600至公元前300年间,在北纬30°左右地区出现了代表现今各文明样态的原生性文明,在古希腊以苏格拉底、柏拉图和亚里士多德为代表的哲学家,在印度是《奥义书》、佛教、耆那教等,在中国则是老子、孔子、墨子等思想家,在波斯则是琐罗亚斯德创立的祆教,在中东则有犹太教的众多先知。这些文明形态发生的一个共同点,就是其都处于一个邦国分立、诸家思想争鸣的时代,人们经由反思都关注"终极关怀"的问题,都试图通过理智来说服别人。参见[德]雅斯贝尔斯:《历史的起源和目标》,魏楚雄、余新天译,北京:华夏出版社,1989年版,第7—30页。
② 此节中的部分内容与观点,曾发表于《中华读书报》和《国学论衡》。参见《中国古代有"逻辑学"吗》,《中华读书报》,2020年7月22日第9—10版;《辩学何以成为"中国古代的逻辑学"? ——以墨家辩学的逻辑学诠解为中心》,《国学论衡》,2022年第2辑。

真正配称得上逻辑的学问①,那么,我们常说的所谓"佛教逻辑""印度逻辑"和"中国古代逻辑"等,甚至亚里士多德的三段论,显然就不能被视为真正的"逻辑学",最多就只是含有或多或少的逻辑思想而已。而如果像美国逻辑学家皮尔士(Charles Sanders Peirce)那样将"逻辑"的范围拓宽,认为"逻辑"的"核心问题就是对论证进行批判,即区分开什么是好论证,什么是坏论证"。②那么,我们就可以从论证的角度来探究所谓的墨家逻辑思想。要言之,如卡尔纳普般的逻辑观,强调的是一种与具体文化形态无涉而具有绝对正确性的逻辑观念;而如皮尔士般的逻辑观,则断定了只要能区分开好论证与坏论证,就可被视作某种逻辑思想。从研究墨家逻辑思想的角度说,笔者较为认可皮尔士的逻辑观,并以此为基础来辨析墨家对于论证的理解与实践。

一 墨家逻辑思想研究的方法前设

即便坚持"逻辑"的核心问题就是区分开好论证和坏论证,那也还需要进一步去回答,作为区分好坏论证标准和方法的"逻辑",在各种具体文化形态中是否相同或相通等问题。对这一问题的解答,更牵涉到了一个研究中国逻辑史或其他非西方逻辑学知识体系的关键问题,即学科的合法性与合理性。那么,是否可能存在不同文化类型下不可通约的有效推理模式,是否存在不同文化形态中的不同逻辑,也就成为讨论墨家逻辑思想时所必须首先辨析清楚的问题。

或许,了解西方汉学界研究中国古代语言和逻辑思想的通常做法,也有助于我们思考这一问题。齐密莱乌斯基精辟地概括了汉学界研究中国古代逻辑思想的基本理路,即其所说的"了解形式逻辑的基本规律,对于理解和研究中国古代逻辑思想,是非常重要的"。③具体来说,在研究中国古代逻辑思想时,汉学家往往比较重视去分析中国古代哲学文本中是否包含有某些重要的逻辑概念,如"类"(class)、"真"(truth)或"悖谬"(paradox)、"语句"和"命题"(sentence & proposition)、"意义"(meaning)和"必然性"

---

① Rudolf Carnap, *The Old and the New Logic*, in A. J. Ayer(ed.), *Logical Positivism*, New York: The Free Press, 1959, p.133.

② Charles S. Peirce, *The Collected Papers of Charles Sanders Peirce*, Vol.5, New York: Harvard University Press, 1934, p.108.

③ Janusz Chmielewski, "Notes on early Chinese logic(VIII)", *Rocznik Orientalistyczny*, Vol.32, No.2(1969), p.103.

(necessity)等。他们亦探寻中国古代句子结构中是否含有逻辑联结词,如"并非"(not)、"合取"(and)、"析取"(or)和"蕴涵"(if, then)等,以及中国古代论证中是否蕴藏有跟西方逻辑相同的逻辑规律,如同一律、(不)矛盾律、排中律等。①实际上,不独是研究中国古代逻辑思想,就是研究其他非欧文化中的逻辑思想,汉学家也大多都因循这一研究方法。例如,以研究佛教因明专长的德国汉学家乔治·保罗(Gregor Paul)和汉斯·伦克(Hans Lenk),就以比较研究法作为主要研究方法,试图在非欧文化中寻找西方形式逻辑中的基本规律——同一律(A→A),假言三段论((A→B)∧(B→C)→(A→C)),矛盾律(¬(A∧¬A)),排中律(A∨¬A)等。通过比较和分析不同文化对这些逻辑规律的表述,他们认为,某些形式逻辑中的基本规律是跨文化且普遍有效的,尽管不同文化对这些逻辑规律的表达方式有所不同,但其所表达的思想内容则都是一致的。②笔者以为,此一研究进路预设了如下观念,即那些由逻辑学所规范的某些思维规律是跨文化和普遍成立的,或者说不同文化中都有着实质上相通的逻辑学说和思想,而不同文化中的逻辑思想则只是同一个逻辑学知识体系在不同文化中的分有和反应而已。

也有学者不认可这种在非西方文化中寻找西方形式逻辑中的核心概念、主要联结词和逻辑规律为特征的诠释进路。例如,陈汉生就强调说,解释中国古代哲学文本时应坚持如下的方法论:对中国古代哲学文本的诠释必须坚持"一致性"的诠释原则,也就是对一句或一段话的诠释必须与对该句话或该段话所属的那一章和那一本书保持一致;而对整个文本的解释需要与作者的基本哲学观点和所属学派的理论体系、当时所处的整体哲学环境和传统的哲学理论保持一致。③这种方法论就拒斥那种"西方逻辑的中国版本"式的诠释进路,而是要从异于西方语言的汉语和中国传统思想本身的一致性出发,对中国古代逻辑思想加以诠释和理解。按照陈汉生的方法论,即使能够得到所谓的"中国古代逻辑",但那也是一种迥异于亚里士多德所创立的"三段论"和斯多亚学派所创立的"命题逻辑"的逻辑思想。而此种方法论也预设着逻辑依存于文化和语言之中的观点。若以此种方法论来回应

---

① 这种分析中国古代逻辑思想的典型进路,可参见何莫邪的相关研究,亦可参见第一章第二节的相关介绍。参见 Christoph Harbsmeier, *Science and Civilization in China*, Volume 7, Part 1: Language and Logic, Cambridge: Cambridge University Press, 1998。

② G. Paul & H. Lenk, "Logic and Culture: On Universally Valid Laws of Logical Form, and Culturally Determined Differences of Logic", *Voprosy Filosofii*, Vol. 7(2011), pp. 30–48.

③ 参见[美]陈汉生:《中国古代的语言和逻辑》,周云之等译,北京:社会科学文献出版社,1998年版,第7页。

中国古代是否有逻辑学这一问题时,产生的便是一个可被称之为"张东荪式的论题",即"亚里士多德逻辑及其所代表的推理规则,并不由于拉丁文、英文、法文和德文等语法形式的差异而产生不同。但一旦将此种逻辑应用到中国人的思维中,则会证明这种逻辑的不适宜。亚里士多德逻辑必定要建立在西方语言系统结构的基础上"①。

笔者认为,上述这两种讨论逻辑与文化间关系的诠释进路,尽管结论迥然相异,但论述理路却各有其擅长之处。第一种进路的优势是能够更加清晰和完备地呈现出中国古代逻辑思想的全貌,并使得所呈现出的思想体系可以为其他人所理解和评论。但第一种进路潜藏的风险是可能造成一种比附现象,会将中国古代没有的逻辑概念或推理形式过度诠释出来。事实上,这种风险已在梁启超、胡适等人对《墨经》逻辑的研究中表现了出来。第二种进路则能在很大程度上规避第一种进路所造成的风险,但却会造成巨大的解释鸿沟,即过于强调语言和文化的异质性所造成的思维形式或推理论证形式上的异质性,可能会使得不同文化间的理解交流缺少了逻辑支持的理据。

以笔者浅见,汉学家对所谓中国古代逻辑思想的上述讨论,似乎仍可以转换为如下问题:先秦诸子所使用或总结的主要说理方式是否可以被理解为某种逻辑学理论及其运用? 金岳霖曾指出,如果说哲学可以被理解成是"说出一种道理的道理",那"说出一种道理"的实质就在于"以论理的方式组织对于各问题的答案"。②而对论理的认识,则有所谓"空架子"与"实架子"的分别,"空架子"即是如"$V_1 \rightarrow V_2 \rightarrow V_3 \rightarrow \cdots \rightarrow V_n \rightarrow$"这样的推理形式,其中"V"是可以指代任何事物的符号;"实架子"则是"甲$_1 \rightarrow$甲$_2 \rightarrow$甲$_3 \rightarrow \cdots \cdots$"这样的推理实例,其中"甲"是只指代特定事物的符号,而只有"空架子"的论理才是严格的论理。金岳霖还强调说,虽然可以有各种不同的论理学说,但论理则只能有一种。③先秦诸子的思想之为思想,就在于其是一种"实架子的

---

① 张东荪:《一个中国哲学家的知识论》,转引自[美]陈汉生《中国古代的语言和逻辑》,周云之等译,北京:社会科学文献出版社,1998年版,第19页。

② 金岳霖:《冯友兰〈中国哲学史〉审查报告》,《金岳霖全集》(第二卷),北京:人民出版社,2013年版,第407页。

③ 金岳霖对此一问题的说明,具体还可参见《论不同的逻辑》一文[载于《金岳霖全集》(第一卷),北京:人民出版社,2013年版,第507—537页]。金岳霖认为:"逻辑是逻辑学的对象,逻辑学是研究此对象而有所得的内容"(第509页),并认为逻辑是"不受语言文化的支配的对象"(第512页),不能说"各种不同的文化有各种不同的逻辑,各种不同的语言有各种不同的逻辑"(第511—512页)。

论理",设若刨除掉先秦诸子思想中的实质内容,那能否显现出其中的"空架子的论理"呢?如果有一种"空架子的论理",那其是否与西学中关于"空架子的论理"相同或相似呢?要言之,如果说"先秦诸子有论理,这论理是普遍的呢?还是特殊的呢?"①金岳霖在此所说的"论理",即我们现今所说的"逻辑"之别名。"空架子"即是推理或论证的形式(如演绎推理对"必然地得出"之形式的研究),而"实架子"则体现为具体的推理或论证实例。比如"MAP, SAM ⊢ SAP"是三段论推论的一个有效式("空架子"),而"凡金属皆导电,铜是金属,故铜导电"则是对这一推理形式的使用或示例("实架子")。金岳霖最后提出的问题,即先秦诸子是否形成了对推理论证形式的自觉研究,且此类研究又能否与逻辑学可为通约,也就成为我们从事包括墨家在内的先秦逻辑思想研究的一个关键问题。而这一问题也就意味着,以西方逻辑学知识体系为参照的比较研究,就成为研究墨家逻辑思想的一个方法前设。对此一方法前设的把握与回应,既需要我们从逻辑理论层面上进行"剥洋葱"式地分析与思辨揭橥,也需要对逻辑学在中国的历史发展脉络及其中国古代逻辑思想得以被发现或被发明、被命名的学术史流变作出清晰考辨。就此而言,对"辩学"与"逻辑"这两个术语加以观念史意义上的反思,无疑是很有必要的。

二 "逻辑"与"辩学"的观念回溯

当今所说的"逻辑学"或"逻辑",主要是对英文"logic"的一种音译,指谓的是人们对推理形式的研究,包含有诸如三段论、命题逻辑、符号逻辑、归纳推理、类比推理等一大批思维科学知识在内。但在逻辑学知识体系与中国传统文化初度邂逅,以及晚清以来在中国的译介和传播过程中,"逻辑"之名的确立,却经历了一个较长的过程。②

在明末清初时的西学东渐中,逻辑学知识体系与中国传统哲学初度相遇。其时,如艾儒略、南怀仁等传教士群体,在尝试向中国士大夫群体介绍以"三段论"为主要代表的逻辑学知识时,曾创设了多个对"logic"的译名。比如,艾儒略的《西学凡》一书,主要以"落日伽"来音译由亚里士多德的词项

---

① 金岳霖:《冯友兰〈中国哲学史〉审查报告》,《金岳霖全集》(第二卷),北京:人民出版社,2013 年版,第 407—408 页。

② 关于逻辑学知识体系在中国的译介与传播历程,可参见 Joachim Kurtz, *The Discovery of Chinese Logic*, Leiden Boston: Brill, 2011. 对此书的一个简要评论与介绍,则可参见张万强:《中国古代有"逻辑学"吗》,《中华读书报》,2020 年 7 月 22 日,第 9—10 版。

逻辑所代表的"logica"这一术语,并将其介绍为"立诸学之根基。辩其是与非、虚与实、表与里之诸法"①的基础学科。又如,由李之藻和傅泛际共同译介而来的《名理探》②一书,则用"名理""辩艺"等颇为中国士人所熟悉的术语来翻译"logica",同时还创设了不少音译术语,如后人最为熟知的"络日伽"(logica)等③,并将这一学问解释为"循所已明,推而通诸未明之辩也"④。一如包遵信所指出的,《名理探》的翻译受到了《墨辩》中相关术语的影响⑤;而诸如辩是非、虚实、表里等,则似要与"明是非之分"的墨家辩学有所呼应。此外,南怀仁的《穷理学》则选用"理辩""理辩学"等来翻译"logic"。⑥总之,在逻辑学与中国传统哲学的初度相遇中,其译名或被音译为"落日伽""络日伽",或被意译为"名理""辩议""理辩"。这其中既折射出了传教士群体试图以此类新奇知识,来吸引中国士人对包括逻辑学在内的西学的注意力等目的,还透露出了如李之藻这样的中国士大夫,试图用格义方式来接触与理解逻辑学的初步尝试。但这一初步尝试的过程,却随着明清之变、礼仪之争和传教士群体的撤离,而惜止于清初,故而也就未能使得逻辑学知识体系成为中国学术思想发展的一个有机组成,更遑论对《墨经》等先秦名辩经典加以逻辑思想的命名、整理与分析了。

晚清以来的新教传教士群体和一批"睁眼看世界"的思想家,再次推动了逻辑学知识体系的译介、传播、学习和研究。此一时期,以艾约瑟为代表的新教传教士群体,则以更合乎当时欧洲逻辑学教程的密尔逻辑学体系和耶芳斯的演绎与归纳逻辑体系,向中国知识界译介了逻辑学。比如,艾约瑟的《辨学启蒙》就将"logic"译为"罗吉格"和"辨学",而傅兰雅的《理学须知》则将其译为"理学"。⑦自此之后,随着越来越多的中国知识精英走出国门,开始在欧美和日本主动接受到较为系统的逻辑学知识体系,进而援引日文中的相关翻译,来另译"逻辑学"这一术语及其这一学科中的相关术语,从而

①　参见艾儒略:《西学凡》,载李之藻编:《天学初函》第Ⅰ卷,台北:台湾学生书局,1965 年版,第 31 页。

②　《名理探》翻译和诠解的是 *Commentarii Collegii Conimbricensis e Societate Iesu: In Universam Dialecticam Aristotelis Stagiritae*(《科英布拉大学耶稣会讲义:亚里士多德辩证法概论》)一书。参见刘星:《从〈名理探〉看西方科学理性思想与中国传统文化思想的初次会通》,西南大学硕士学位论文,2010 年。

③　《名理探》中的逻辑学术语之音译与义译名录,可参见顾友信:《中国逻辑的发现》,陈志伟译,南京:江苏人民出版社,2020 年版,第 67—70 页,第 73—75 页。

④　李之藻、傅泛际:《名理探》(第 2 卷),台北:台湾商务印书馆,1965 年版,第 13 页。

⑤　参见包遵信:《〈墨辩〉的沉沦和〈名理探〉的翻译》,《读书》,1986 年第 1 期。

⑥　见顾友信:《中国逻辑的发现》,陈志伟译,南京:江苏人民出版社,2020 年版,第 105 页。

⑦　见顾友信:《中国逻辑的发现》,陈志伟译,南京:江苏人民出版社,2020 年版,第 187 页。

使得逻辑学在中国的学术思想文化体系中真正得以占据一隅。其中大开中国逻辑学概念翻译之风的严复,则用"名学"这一术语来翻译"logic"。无论是其久负盛名的《穆勒名学》,还是差强人意的《名学浅说》,皆将讨论演绎("外籀")与归纳("内籀")的推理学说体系称为"名学"。除了"名学"之外,严复用以翻译"logic"的还有"逻辑""逻辑学""论理学""辩学"等称呼,其中,从严复翻译而来的"逻辑"之音译名称,经章士钊的推介与建议,自20世纪初就成为一个表征逻辑学知识体系的新词。同时,当严复用颇具中国原有之学意味的"名学""辩学"来翻译和指称逻辑学时,也就暗涵着可以用逻辑学来理解和把握先秦名辩经典中的一种思维方法论了。同时,受日本学者的影响,梁启超等则倡导以"论理学"来翻译"logic",由此使得以"论理学"作为逻辑学的汉语译名,也成为一时风尚。而章士钊则反对以"名学""辩学"和"论理学"来对译"logic",因为此三译名只是突出了演绎推理而忽略了归纳推理,故而只有采用音译借词"逻辑""逻辑学"来翻译"logic",才是最为恰当的。自此之后,由严复所音译、章士钊广为推广的"逻辑"一词,也日渐取代了别的译名而成为对"logic"的通译。

如上所述,"辩学"则是在译介与传播逻辑学知识体系的过程中所形成的一个专业术语。按《逻辑学辞典》中的说法,"辩学"主要有三义,其一是"研究辩者之术的学问",其二是"近代以来的逻辑学的旧译名",其三才是所谓的"中国古代逻辑学"。[①]其实,先秦诸子虽对"辩"论述颇多,但尚未明确提及"辩学"。"辩学"或与其意涵相近的"辨学",实出于明末传教士群体的发明。"辨学"一词最早当出于托名为耶稣会士利玛窦所作的《辨学遗牍》。此书主要记载的是利氏与莲池大师等佛门中人对耶、佛二教同异、优劣的讨论,但提倡以辩论的方式来论定耶、佛教理上的是非,具体如"天主辩""轮回与灵魂辩""事天学说辩"以及"杀生辩"等。故而此书虽以"辨学"为题,其所论亦非对亚里士多德逻辑学说的意解,但或可视作是一种对传统逻辑方法的应用(如其以"戒杀与不戒婚娶矛盾"来反驳佛家的轮回之说,显然就是对归谬法的自觉使用)。[②]如前文所述,真正将"logica"与"辨""辩"关联起来的,主要有高一志的"明辨之道",艾儒略的"明辩之道",《名理探》中的"辩

[①] 《逻辑学辞典》,长春:吉林人民出版社,1983年版,第877—878页。该辞典尽管认为"辩学"有三义,但仍将其英译为"logic in Ancient China"。这或许也能说明,"辩学"在很大程度上可以被视作是中国古代逻辑学的代名。

[②] 具体可参见《明末清初耶稣会思想文献汇编》(第一卷),北京:北京大学出版社,2003年版,第279页。

艺",和南怀仁的"理辩""理辩学"等术语。其中,作为辨别之义的"辨",可与表示"辩论"之义的"辩"相通①。

　　笔者以为,真正明确以"辨学"来对译"logic"的首先是艾约瑟。比如,他将其翻译的英国逻辑学家耶芳斯的《逻辑入门》(*Primer of logic*)一书,就命名为《辨学启蒙》。该书除了将"logic"音译为"罗吉格"、义译为"辨学"之外,还将"reasoning"(推理)译作"辨论,分辨",将"deduction"(演绎法)译作"凭理度物之推阐法",将"induction"(归纳法)译作"即物察理之辩法"。②艾约瑟指出,辨学由亚里士多德所创立,且为西方大学教育中的必修科目,并与辩论活动有着密切的关系。艾约瑟进一步明确界定"辨学"的功能说:"辨学之谓,要即辨明辩论者善与不善之谓也。确能辨明何议论为善者,每使我明晓实事;何议论为不善者,每使人行入差谬途路至于无穷。"③依照艾约瑟的意见,"辨学"的目的在于帮助辩论者对推理的好坏形成辨别,或者说就是要辨明什么才是好的论证。

　　以"辨学"来对译"logic"的本土译者主要是王国维。与艾约瑟不同,王国维主要翻译了耶芳斯的《逻辑学基础教程:演绎与归纳》(*Elementary Lessons in logic: Deductive and Inductive*)一书,并将之命名为《辨学》。除了以"辨学"对译"logic"之外,王国维还将逻辑学中的相关术语"term"(词项)译作"名辞",将"genus"译作"类"。王国维的这些译法,既表明其更愿意择取已有的古代名辩学术语来翻译相关的逻辑学概念,也说明其完全有以逻辑学来诠解先秦名辩学说的思想自觉。从对逻辑学的理解来说,王国维认为:"辨学之定义,约而言之,则推理之科学也。"④这是就逻辑学的研究对象而言的,即逻辑学是研究推理的科学。王国维还论说道:"故辨学者,可谓之思想之普遍形式之科学。……辨学则研究一切知识中所应用之思想之原理及形式故也。"⑤这是就逻辑学与其他知识体系之间的关系而言的,即逻辑学是其他具体科学之中的普遍原理及形式,故而也可以说逻辑学是一种思想工具之学。王国维对"辨学"所作的解释,实则与普通逻辑学对研究对象及其学科性质的简要界定,可谓是大约一致的。从以逻辑学

---

① 参见顾有信对《名理探》中的逻辑学术语译名的梳理,具体见《中国逻辑的发现》,南京:江苏人民出版社,2020年版,第71页。

② 参见顾有信对《辨学启蒙》中的逻辑学术语译名的梳理,顾有信:《中国逻辑的发现》,南京:江苏人民出版社,2020年版,第187、192页。

③ 转引自李匡武主编:《中国逻辑史》(近代卷),兰州:甘肃人民出版社,1989年版,第128页。

④⑤　王国维译:《辨学》,北京:生活·读书·新知三联书店,1959年版,第3—4页。

诠解先秦诸子的名、辩思想说,王国维很快就改正了其早先所持的中国"有辩论而无名学"①之说,而翻译日本逻辑史家桑木严翼的《荀子之名学说》,并写就《周秦诸子之名学》《荀子之学说》和《墨子之学说》,对中国古代的"名学"(或者说逻辑思想)进行了归纳与总结。王国维认为,古希腊逻辑学及其古印度因明学皆出于论辩,而先秦诸子的名、辩思想也受到了论辩的影响,故而也可视作是一种"辩学"。同时,王国维还在《周秦诸子之名学》中圈定了对名、辩思想的研究范围,即狭义《墨经》对名之定义的讨论,《大取》《小取》对推理所可能遇到之谬误的讨论,以及《荀子·正名》中对于"名"的讨论。②就此而言,王国维以"辩学"作为逻辑学之汉语译名,或许也可能有以先秦的名、辩理论术语格义逻辑学的文化心理需求。

除了上述直接以"辩学"对译"logic"学的做法之外,还有多个"logic"的汉语译名也直接或间接与"辩"或"辨"相关。依据德国汉学家顾有信在《中国逻辑的发现》一书中的细致梳理,其"明辩之道""辨艺""理辨学""理辨""辩论之道""辩论""辨实学""论辩理学""理辩学""辩学""辩论术"等术语,皆可视作与"辩"或"辨"相关的"logic"之汉语译名。③而这些对"logic"的译名,皆重视逻辑学与论辩(argumentation、debate、disputation)之间的关联,甚至将逻辑学直接称之为论辩之学、论辩之艺。这一对逻辑学的狭义理解,自然也受到了一些逻辑学译介者的反对。如严复就认为:"案逻辑此翻名学。……曰辨,皆不足与本学之深广相副。……盖中文惟'名'字所涵,其奥衍精博与逻格斯字差相若。"④依严复的意见,"辨"只是逻辑学内容体系中的一部分,故而不能以"辨学"来对译"logic",翻译"logic"较为恰当的术语当是"名学"。而作为逻辑学旧译名的"辨学"及其相关术语,也就不再为后人所普遍使用了。自严复之后,无论是援引自日本的所谓"论理学"教科书的民众教育体系与课业中的逻辑学教育,还是对逻辑学之于中国的科技、政治、文化改良与思想启蒙所具有的独特作用的认知,都使得国人对逻辑学

---

① 王国维:《论新学语之输入》,载王国维:《静庵文集》,贵阳:贵州教育出版社,2014年版,第103页。

② 王国维认为,古印度的数论派与胜论派之争,导致了因明学。古希腊自芝诺到诡辩派的兴起,导致了亚里士多德的"名学"(逻辑学)。先秦诸子的名学则始于墨子,而墨家之所以研究名学,主要是为了反对儒家并辩护其兼爱、节葬、非攻等主张,荀子的《正名》则代表着中国古代名学思想的兴盛。参见王国维:《周秦诸子之名学》,载王国维:《中国人的境界》,北京:中国工人出版社,2013年版,第254页。

③ 对"logic"一词的汉语翻译,自耶稣会士以来不下50多个。具体可参见顾有信:《中国逻辑的发现》,南京:江苏人民出版社,2020年版,第326—328页。

④ 严复译:《穆勒名学》,北京:商务印书馆,1981年版,第2页。

的热情日益高涨,并在这种热情的洋溢之中开始重审先秦名辩学所具有的逻辑学之价值和意义。也正是在这一时代背景之下,对墨家辩学的逻辑学诠解,或者说墨家逻辑思想的发明和体系建构,才得以逐步发展和成熟。

三　墨家逻辑思想的近代"发现"历程

如上文所述,"辩"本为先秦诸子所普遍用及的一个表示论辩活动与理论的术语,而"辨学"或"辩学"实为西学东渐以来诸先贤在翻译逻辑学知识体系时对拉丁文"logica"、英文"logic"的义译。就此而言,"辩"与"辨学"实为两种不同文明传统中的不同知识体系。然有趣的是,在对先秦诸子思想的近现代诠释中却出现了以"辩学"这一术语,实现逻辑学与先秦时代论辩理论的汇通,从而构建出所谓的中国古代逻辑学的努力。①或许是由于《墨经》对"辩"给出了清晰的理论界定,并讨论了"辩"所用及的主要论式,故而墨家辩学便被视作为先秦辩学的理论高峰,并在对辩学的逻辑学理解中颇具示范意义。若细究对墨家辩学的逻辑学理解策略,其主要是以建构"辩"与"逻辑"两个术语之间的内涵一致作为关键的。比如,梁启超说:"西语的逻辑,墨家叫做'辩'";沈有鼎也说:"'辩'字的一个意义是'逻辑学'";孙中原认为:"今语'墨辩',墨家辩学,即墨家逻辑学"。②以下,笔者打算以墨家辩学的近现代逻辑学理解为中心,简要勾勒作为中国古代逻辑学的"辩学"之发展历程。

墨家辩学的逻辑学理解,首先离不开乾嘉以来的《墨经》文本训诂疏解。栾调甫曾评述这一点说,20世纪初叶以来由国内学界所掀起的所谓墨家逻辑思想研究高潮,"实为有清三百年之朴学奠树基础"③。在对《墨经》乃至《墨子》文本的训诂疏解中,孙诒让上承毕沅、张惠言、王念孙和王引之父子等先贤的训诂经验,下启梁启超等后学对《墨经》乃至《墨子》义理的近代抒发,故而极为重要。孙诒让在注疏《墨经》时,生发出了如下疑惑:

> 然经说诸篇,闳义眇旨,所未窥者尚多。尝谓《墨经》,楬举精理,引

---

① 当然,除了"辩学"这一术语之外,作为逻辑学之旧译名的"名学""论理学",也可被视作是一种构建中国古代逻辑学的合适术语。如胡适的《先秦名学史》、梁启超的《墨子之论理学》等。

② 这几种界定,可参见孙中原、邵长婕、杨文:《墨学大辞典》,北京:商务印书馆,2016年版,第4—5页。

③ 栾调甫:《墨子研究论文集》,北京:人民出版社,1957年版,第140页。

而不发,为周名家言之宗。窃疑其必有微言大例,如欧士论理家雅里大得勒之演绎法,培根之归纳法,及佛氏之因明论者,……间用近译西书复事审校,似有足相证明者。①

此中的关键处有二,其一是断定《墨经》为"周名家言之宗",这也就奠定了后来以墨家辩学作为先秦辩学理论高峰的普遍认知;其二是强调《墨经》与逻辑学知识体系之间可以两相参照而发明,这也就从方法上真正提出了以逻辑学知识体系来解读墨家辩学的诠释理路。

尽管如此,孙诒让却并未能真正建构起所谓的墨家逻辑学说框架,在典范意义上完成这一工作的则应首推梁启超。②梁启超先后著有《墨子之论理学》及其《墨经校释》《墨子学案》等,倡导以西方逻辑学知识体系中的相关术语来整理、诠解进而阐发墨家辩学之义理。梁启超解释其注疏《墨经》义理的做法说:"故每标一义训……与二千年来俗儒之理解迥殊别,而与今世西方学者所发明,往往相印","凭借新知以商量旧学"。③具体来说,这种义理上的相印首先体现为概念或术语上的相通,如"辩学"是一种论理学说(即逻辑学),"名""辞""说"等术语,分别理解为逻辑学所论的概念、命题和推理;并将《小取》所说的"或"理解为特称命题,"假"理解为假言命题,"效"理解为一种证明法则(兼具 Form 和 Law 两层意思),将"辟"论式解作"立证"、证实,"侔"论式视作比较(见《墨子之论理学》等),并认为墨家所讲的"推"论式兼具演绎法和归纳法两层意涵。④其次还表现为推论形式上的相通,如《经下》中的"其说在……"和《大取》中的"其类在……"等格式,都是一种先给出结论,再给出某一前提或中项的省略三段论推理。⑤梁启超对墨家辩学的逻辑学理解进路,关键之处还体现在他的如下结论中:"《墨经》论理学的特长,在于发明原理及法则,若论到方式,自不能如西洋和印度的精密。但相同之处亦甚多。"⑥总之,按梁启超的意见,虽说墨家辩学对推论方式的研究不如逻辑学或因明学,但其对推论形式的原则之认识则与逻辑学在根本上是相通的。

与梁启超同时采用逻辑学知识体系诠解《墨经》的另一大家是胡适。胡

① (清)孙诒让:《与梁卓如论墨子书》,《籀庼述林》,北京:中华书局,2010 年版,第 382 页。
② 孙中原:《梁启超的墨辩研究》,《南通大学学报(社会科学版)》,2011 年第 2 期。
③ 参见梁启超:《墨子学案·自序》,载《饮冰室合集》(第八册),北京:中华书局,1989 年版,第 1—2 页。
④ 参见梁启超:《墨子学案》,载《饮冰室合集》(第八册),北京:中华书局,1989 年版,第 61 页。
⑤ 参见孙中原:《梁启超的墨辩研究》,《南通大学学报(社会科学版)》,2011 年第 2 期。
⑥ 参见梁启超:《墨子学案》,载《饮冰室合集》(第八册),北京:中华书局,1989 年版,第 85 页。

适在《先秦名学史》和《中国哲学史大纲》等论著中阐发了其对墨家辩学的逻辑学理解。其中较有说明意义的当属其对《小取》结构的分析,简引如下:

> 《小取》是一篇关于逻辑的完整的论文……第一节讲了逻辑的一般性质及作用。第二节为推论的五种方法下定义。……第三节讨论了后四种方法运用中的危险和谬误。第四节讲到形式逻辑(Formal Logic)的五种困难。……①

据此亦可看出,胡适将《小取》所说的"辩"整个就理解成了"逻辑",将"辩"所用及的诸论式理解为推论之方法。其中"效"是演绎法(但墨家所论的演绎法,是基于"类同"基础之上的二段论,就是说不必同时具有三段论的大前提和小前提,而以表述"类"原理的语句来承担大前提或小前提的功能),"援"是类推法,"推"是归纳法。②由此可见,胡适也与梁启超一样,将"辩学"理解成一种逻辑学说,并以逻辑学的相关术语来阐发墨家辩学的相关概念。

接续梁、胡二位先生以逻辑学知识体系诠解包括《墨经》在内的先秦论辩理论之理路,郭湛波写就了《先秦辩学史》一书。郭氏将"辩学"界定为中国古代的哲学方法,并构建出了由邓析到惠施再到公孙龙进而到后墨和荀子的先秦辩学发展脉络。其中,到公孙龙时"辩学"成为系统学说,从事"辩学"的辩者也充盈天下,这就使得各家皆受到"辩学"的影响,终而形成了以《墨经》和荀子为代表的先秦"辩学"理论高峰。郭氏对先秦辩学发展史的这一擘画,厘定了"辩学"作为自觉之思维方法学的地位,并认为其足以与印度哲学中的因明学说和西方哲学中的逻辑学说相为媲美。③郭氏认为,中国古代有所谓的论理学,但却没有形成如"因明""逻辑"这样的专名,而是用"名学""形名学""辩学"等名称来命名中国古代的论理学。相较"名学"的宽泛和"形名学"的晦涩,"辩学"是指代中国古代论理学的更为恰当的名称。④郭氏还认定,"形名学就是中国的逻辑学"。⑤由此可见,郭氏也就将"辩学"诠

① 胡适:《先秦名学史》,上海:学林出版社,1983年版,第78页。
② 胡适:《先秦名学史》,上海:学林出版社,1983年版,第87—89页。
③ 郭湛波将"辩学"与"因明"(印度的哲学方法)、"逻辑"(西方的哲学方法)相提而论。参见郭湛波:《先秦辩学史·自序》,上海:上海古籍出版社,2015年版,第1页。
④ 参见郭湛波:《先秦辩学史·自序》,上海:上海古籍出版社,2015年版,第3页。
⑤ 参见郭湛波:《先秦辩学史》,上海:上海古籍出版社,2015年版,第5页。

解成了所谓的中国古代逻辑学。就墨家辩学而言,郭氏区分了"知"和"辩"两大体系,其中"知"相当于"知识论(Epistemology)",是"辩学的根本目的"。①"辩"是争"彼","'彼'即论理学所谓'他词'(Middle Terms)"。②郭氏认为,《小取》讨论了逻辑学所说的演绎法(Deductive Method)和归纳法(Inductive Method),前者即"以名举实""以辞抒意"和"以说出故",其中"以名举实"讲的是概念(Concept);"以辞抒意"讲的是判断(Judgment),具体说就是"用命题形式表示判断";"以说出故"就是"说出事物所以然之原因",也就是演绎推理,且这一推理方式与因明所说的三支论式相同。③后者即"以类取"和"以类予",其中的"类"是"同不同","同"相应于穆勒所说的"求同法"(the Method of Agreement),"异"相应于"求异法"(the Method of Difference),"同异交得"相应于"求同求异法"(the Method of Agreement and Difference)。④要言之,郭氏除了将"辩学"理解为中国古代逻辑学的最合适名称外,还特别注意用逻辑学术语和知识体系来诠解乃至建构出以《小取》为代表的墨家逻辑学知识体系。郭氏的做法,既特别突出了"辩学"作为中国古代论理学(逻辑学)的义涵,也基本勾勒出了以形式逻辑的知识体系建构墨家辩学的求同式比较研究理路。

但还须说明的是,除了以"辩学"之名所从事的先秦论辩理论研究外,还有以"名学""逻辑"等为名开展的相关研究。⑤这些研究大都秉持"以西释中"的诠解理路,意即,都是试图借助逻辑学的知识体系,以实现对墨家辩学为代表的先秦论辩理论的逻辑学理解。也正是在对辩学的逻辑学理解过程中,才出现了"墨家的形式逻辑"⑥"《墨经》的逻辑学"⑦以及"中国逻辑史"⑧"先秦逻辑史"等术语,以作为对先秦时期的论辩理论的最彻底地逻辑学理解与建构了。

要言之,近代以来对《墨经》所述及的墨家辩学的逻辑学理解,发端于借用西方逻辑学知识体系疏通墨辩义理的思想需求。但在此种以逻辑学疏解

①　参见郭湛波:《先秦辩学史》,上海:上海古籍出版社,2015年版,第99页。
②　参见郭湛波:《先秦辩学史》,上海:上海古籍出版社,2015年版,第100—101页。
③　参见郭湛波:《先秦辩学史》,上海:上海古籍出版社,2015年版,第102、103页。
④　参见郭湛波:《先秦辩学史》,上海:上海古籍出版社,2015年版,第104—105页。
⑤　详可参见第一章第一节第一部分所述。
⑥　比如詹剑锋的《墨家的形式逻辑》一书。
⑦　比如沈有鼎的《墨经的逻辑学》一书。
⑧　如李匡武主编的五卷本《中国逻辑史》中的《先秦卷》,以及《中国逻辑史资料选》中的《先秦卷》和《现代卷》,温公颐的《先秦逻辑史》,周云之和刘培育的《先秦逻辑史》,孙中原的《中国逻辑史》(先秦卷),周山的《中国逻辑史论》等著作。

墨家辩学的思想互动中,却很快建构起了所谓以墨家辩学为墨家逻辑学(或论理学)的理解模式。究其实质,此一理解模式就是以西方逻辑学知识体系中的相关术语和理论作为"母本",进而在先秦时代的论辩理论中去找能与此一"母本"相呼应的"子本"之方法。从方法论的角度来说,此种"以西释中"的比较方法,需要奠基于以西方逻辑学作为最普遍、通用和合理的思维法则的观念基础之上。而此种观念又就势必会产生其与较为通用的逻辑学知识体系的比较问题,从而也就不难引申出"求同"与"求异"的两种不同回答理路。

此外,这种以逻辑学知识体系诠解墨家辩学,进而构建墨家逻辑思想体系的学术理路,可能还暗含着一种国人面对强势而来的西方知识体系所产生的特殊文化心理需求。如谭嗣同在《论今日西学与中国古学》的讲演中就持论说,近代西学当中的"辩学",也有其中国古学之源头,也就是惠施、公孙龙的名家学说。谭氏进而还指出说:"以此见吾圣教之精微博大,为古今中外所不能越;又以见彼此不谋而合者,乃地球之公理,教主之公学问,必大通其隔阂,大破其藩篱,始能取而还之中国也。"①而胡适则更直白地交代了以逻辑学来诠解"辩学"的文化心理缘故:

> 我们中国人如何能在这个骤看起来同我们的固有文化大不相同的
> 新世界里感到泰然自若?一个具有光荣历史以及自己创造了灿烂文化
> 的民族,在一个新的文化中决不会感到自在的。如果那新文化被看作
> 是从外国输入的,并且因民族生存的外在需要而被强加于它的,那么这
> 种不自在是完全自然的,也是合理的。如果对新文化的接受不是有组
> 织的吸收的形式,而是采取突然替换的形式,因而引起旧文化的消亡,
> 这确实是全人类的一个重大损失。因此,真正的问题可以这样说:我们
> 应怎样才能以最有效的方式吸收现代文化,使它能同我们的固有文化
> 相一致、协调和继续发展?②

要言之,近代学人之所以建构出对辩学的逻辑学理解模式,实有其协调本土传统学术与外来知识体系的思想动因。所有这些"以西释中"的对辩学的逻辑学理解策略,都在反向孕育着以 20 世纪初的国人刚刚接触熟悉的西方逻

---

①　蔡尚思、方行编:《谭嗣同全集》(增订本),北京:中华书局,1981 年版,第 399 页。

②　胡适:《先秦名学史》,上海:学林出版社,1983 年版,第 7—8 页。

辑学中的理论及术语来整理、分析先秦辩学的文化心理需求。

自此之后的中国逻辑学研究与教育，就既有对源自西方的传统形式逻辑、现代逻辑、归纳逻辑和非形式逻辑知识体系的译介与接续研究，还有以不同的逻辑学知识体系进一步发现或发明"中国古代逻辑思想"，构建出"中国逻辑史"研究的学术理路。就"中国古代逻辑思想"的研究来说，既有詹剑峰的《墨家的形式逻辑》和沈有鼎的《墨经的逻辑学说》等专门性研究，也有20世纪80年代以来先后出版的一些中国逻辑通史类著作①，从而不断以点带面、中西比较地建构起一套中国思想、学术、文化和哲学通史中的逻辑学分支。

四　墨家逻辑思想的再审度

"逻辑学"的中国译介与传播史和近代墨家逻辑思想的发现或发明，仍还延续于中国当代的逻辑学发展谱系之中。但随着国人对西学的日渐熟稔与日益服膺，便开始有了更为系统地反省逻辑名辩化与名辩逻辑化的思想需求与条件和方法②。20世纪以来，对名辩学是否是逻辑学、中国古代有没有逻辑学以及有什么意义上的逻辑学、逻辑学的发展与地方或民族语言文化之间的关系，也有了越来越自觉的方法论省视。有意见认为，不能再因循20世纪以来用逻辑学知识体系格义或"反向格义"传统的名辩学研究方法，而要用"以中释中"来对抗乃至代替"以西释中"。③的确，近代以来的传统名辩学研究，也正是凭借"以西释中""中西比较"的研究方法，才得

---

① 这些著作包括有李匡武主编的五卷本《中国逻辑史》，以及《中国逻辑史资料选》，温公颐的《先秦逻辑史》，周云之和刘培育的《先秦逻辑史》，孙中原的《中国逻辑史》（先秦卷），周山的《中国逻辑史论》等。

② 实际上，针对名辩学与逻辑学之间的比较研究，早在20世纪初就有论者加以质疑和批判。如胡茂如、朱执信等主张，中国从古至今就没有论理学（逻辑学）的传统，而张君劢反对严复以"名学"来翻译"逻辑学"，章士钊反对以"辩学"翻译"逻辑学"。

③ 有不少学者坚持"中国古代无逻辑论"，并在反思20世纪以来的"中国逻辑史"的研究过程中，提出了"拒斥'名辩逻辑'"或者说发展"中国古代无逻辑论"的主张。（可参见曾祥云：《20世纪中国逻辑史研究的反思——拒斥"名辩逻辑"》，《江海学刊》，2000年第6期；程仲棠：《近百年"中国古代无逻辑学论"述评》，《学术研究》，2006年第11期；程仲棠：《近百年"中国古代无逻辑学论"述评（续）》，《重庆工学院学报（社会科学版）》，2007年第11期。）又如，以对墨家辩学的研究为例，程仲棠就主张要否定或解构墨经逻辑学说，其主要理由之一就是墨家辩学没有讨论有效的推理形式，即"杀盗非杀人"等命题所带来的逻辑与价值的含混不清。（参见程仲棠：《"墨辩逻辑学"解构——从小取的逻辑矛盾看墨辩与逻辑学的根本区别》，载《"中国古代逻辑学"解构》，北京：中国社会科学出版社，2009年版，第23—29页。）

以赓续这些隐而不彰的千年绝学,让其得以重光,并逐步满足着近人、今人的文化心理需求。但"中国论理学之向不发达"①的客观事实,使得作为萌芽形态或不成熟阶段的中国古代逻辑思想(如果可以这样认定的话),究竟能否发展出与形式逻辑体系及其因明学说相媲美的发达的推理理论,缺少了事实上的理据支持。因而,似可进一步追问的是,摆脱了用传统名辩思想去格义逻辑学说的初级阶段之后,是否还有必要将名辩学置于逻辑学的研究视野之下? 或者说,是否要让"名辩学研究归之于名辩学乃至一般意义上的中国哲学、思想、学术与文化史研究",而让"逻辑学研究归之于纯粹的逻辑学研究本身"呢? 同时,摆脱了逻辑学研究范式的新时代名辩学研究方法又该如何展开,又该如何确保其"原汁原味"的中国思想底色呢?

对上述问题可以有基于不同立场、理念与方法的不同回应。②但无可争议的一点是,自梁启超开启以逻辑学知识体系来研究先秦名学与辩学思想的学术史理路以来,以后的研究者尽管可以反思这种"据西释中"研究方法的问题与不足,但却很难不使用包括逻辑学在内的西学理论来认识、理解和把握先秦名辩学。或者说,逻辑学、符号学等西学知识既可以作为我们研判先秦名辩思想体系的尺度和镜像,以厘清我们对先秦名辩学的性质判定与学科门类归类;又可以作为我们进一步辨析、研究、阐发乃至发展先秦名辩思想的方法工具,以使得我们能不断拓展研究视野,让名辩学这一千年绝学能继续得以重光,并为当代的逻辑学与批判性思维教育和研究提供某些素

---

① 马君武在 1903 年刊于《政法学报》的癸卯年第 2—4 期的"论理学之重要及其效用"一文中指出逻辑学的重要性说:"论理学既为科学之科学,则凡百科学虽谓皆论理学原理之势力所推扩而成可也";同时又指出,据译本(如严复之译本等)学习逻辑学令人感到无趣的原因之一就在于,"中国论理学向不发达,译文新异,卒难会晤",而另一原因则在于学人不知逻辑学究竟何用。(可参见曾德珪选编:《马君武文选》,桂林:广西师范大学出版社,2000年版,第 132 页。)

② 有论者指出,中国逻辑史研究中存在着三种立场,分别是"中国形式逻辑史、中国名学与辩学史、中国符号学史"立场,持中国形式逻辑史立场的主要作法是沿袭梁启超以来的用传统逻辑学知识体系来分析先秦名辩学说(如周云之、刘培育、孙中原等);符号学史立场一方面拒绝用传统形式逻辑知识体系来分析中国古代的"正名学"和"论辩学",另一方面则肯定中国古代的正名与论辩学之中蕴藏有丰富的语义学与语用学思想,从而可以借助符号学的范式来加以分析讨论(李先焜等);中国名学与辩学史立场则强调名学与辩学和形式逻辑之间的不同,主张用"历史分析"和"文化诠释"方法来研究先秦名辩学说,意即在承认推理的共性的基础上,强调名辩学说与逻辑学的不同一面(崔清田、张晓芒等)。(参见曾昭式:《中国逻辑史研究的三种立场》,《哲学动态》,2002 年第 8 期;曾昭式、谢耘:《梁启超范式与中国逻辑史研究》,《逻辑学研究》,2012 年第 1 期。)

材与启发。①

　　就此而言,笔者围绕"同异生是非"论题而展开的墨家逻辑思想研究,在根本上还是坚持以逻辑思想中的某些重要概念和知识体系为诠释参照,对《墨经》中的名实、同异、是非等概念,以及《小取》总结的论式,所进行的尚不算十分深入的比较研究。若从笔者对"同异生是非"论题的分析和诠解来看,墨家逻辑思想中确实具有类似于符合论和融贯论意义上的"真"概念,这也能够说明墨家逻辑思想与亚里士多德逻辑学说之间,存在可通约性;同时,墨家逻辑思想与亚氏逻辑学说都研究了概念(名)、命题(辞)和推理论证的形式等问题。从这个意义上说,墨家哲学的确包含有丰富的逻辑思想。

　　上述结论或许也能在某种程度上表明,逻辑思想中的某些重要概念和规律可以也完全能够独立于独特的文化形态而得以萌芽和发展,但这些概念和规律的具体表达却在很大程度上受制于其所依存的具体文化形态。尽管先秦时期的墨家逻辑思想,是由先秦诸家学派中更趋理性特质的墨家学派,在中国先秦时期的社会现实和思想处境中所总结和发展的,但它与西方逻辑思想一样,都研究和使用了某些逻辑概念和推理论证等思维形式。同时,墨家逻辑思想也形成了一些与西方逻辑学知识体系相类似的哲学概念、连接词和思维规律,只不过它们各自用以表达这些概念和规律的语词和方式,以及研究推理论证等思维活动时的侧重点,皆有所不同。

　　最后,通过笔者对"同异生是非"论题的诠解与把握,或可进一步将墨家逻辑思想总结为一个以帮助论者辨明是非为主要目的,以研究证明和反驳中所使用的各种论式为基本内容,以事物或言辞之间的"类同""不类之异"关系和"以类取,以类予"原则为正确使用论式的根本保证,注重概念间内涵关系的非形式化逻辑思想体系。

---

① 当代中国的学校教育、学术议论及其学理分辨,逻辑学所代表的分析理性思维扮演着极其重要的角色。一方面,"讲逻辑""逻辑清楚"似乎成为人们进行学术训练、学习知识乃至讲话写作的一个通行的硬性标准,而"不讲逻辑""逻辑混乱"的评价又几乎等于"不足于言"的贬低性评价,这也就是说,人们的理性思维与语言活动须臾离不开逻辑。另一方面,对"讲逻辑"与"不讲逻辑"、"逻辑清楚"与"逻辑混乱"究竟何谓、以何标准,又该如何结合逻辑学的知识学习与中国传统哲学思维方式来切实提升人们讲逻辑的水准,则是一个有待深究的问题。笔者以为,使用古代名辩学中的"白马非马""杀盗非杀人"等案例,对其加以逻辑学或批判性思维的分析阐述,或许是一个提升人们分析理性的较好教育理路。

余　论

在回顾和反思近代以来海内外墨家逻辑思想研究所产生的相关争议的基础上,笔者试图借助逻辑哲学的知识框架,围绕《墨辩注叙》所总结的"同异生是非"论题,从不同层面展开对墨学中的"名""实"指谓、"别同异"和"交同异"观、"是非"与真观念、逻辑与文化间的关系等问题的诠释分析。笔者以为,墨家提出了"取实予名""以名举实"的名实观,并形成了基于不同侧重点的"名"的分类框架理论。墨家对"名""实"指谓问题的讨论,与逻辑哲学中的名称理论具有一定相应性。墨家的"别同异"和"交同异"观,在辨析和批判先秦其他诸子所倡的"合同异""齐同异"和"交同异"观的基础上,重点探讨了同异的定义及其分类问题,特别是讨论"有以同"的"类同"关系时对"类"概念的阐发,可谓是对先秦逻辑思想史的一个极大贡献。墨家提出的判断言辞是非的标准——"三表法"和"天志"学说,已潜在考虑到了言辞所具有的语义意义上的"真""假"问题,《墨经》中用"当""是""然""可"等语词标示了"真"观念,而其用以表达思想内容的"辞",则可以被理解为是"真"观念的语言承担者。墨家确已探讨了"真"观念,但在形式上未能用一个或几个专名(如语词"真"等),作为表达"真"概念的专有词项,从而略有所憾。

墨家逻辑思想中的"同异生是非"论题,大体可以从两个层次加以把握。其一,事物之间的"类同"与"不类之异"关系,对判断言辞之"是""非"有着重要影响。《小取》总结说,"中效"为"是","不中效"为"非"。这主要说的是,在实际论辩活动中,立论者所立的"摹略万物之然"之言辞,要能正确反映事物之间的"类同"与"不类之异"关系。正所谓"一法者之相与也尽类"和"辞以理长",同类事物之间的"类同"关系,也就可以表现为具有同一的"所若而然"之"法"或"理",而"效"也正是通过"法"和"理"而构成了判断言辞之"是""非"的重要标准。其二,事物或言辞间的"类同"与"不类之异"等同异关系,决定着"辟、侔、援、推"等论式在论辩活动中的正确运用。在论辩活动中,论辩双方对《小取》总结的"辟、侔、援、推"四种论式的正确运用,必须建立在对事物或言辞之间的"类同"或"不类之异"关系的正确把握之上。"辟""援""推"三个论式成立的关键,在于指出用以取譬、援以为据的事物或言辞与论方所论之事物或言辞要属于同一类,即要具有"类同"关系,如有类同关系,则能在论辩活动中正确运用"辟""援""推"式推论进行论证和反驳,否则就不能。至于"侔","是而然"的成立依赖于前提和结论中都要保持正确的子类(或元素)与类之间的类同关系;"是而不然"和"不是而然"的出现则由于前提和结论中主项、谓项之间的"类同""不类之异"关系不相一致;"一周而一不周"则建立在墨家对政治伦理言辞(如"爱人")和自然行为言辞(如"乘马")的"不类之异"关系区别之基础上;"一是而一非"主要表现为当前提中的主项、谓项为"类同"或"重同"时,结论中的主词、谓词间却为"不类之异"关系。若再结合《大取》所论的"故""理""类"等"三物"来说,"故"和"理"都要具体表现为"类"。无论是大故还是小故,揭示的都是事物间的更深层的"异类则异故"的"不类之异"关系。而作为一类事物或言辞所共同具有的"理"或"法",则是"理同则类同"。因此,这两个层次在实质上都是围绕着墨家逻辑思想中的同异观,特别是"类同"与"不类之异"观,来分析和阐明事物或言辞间的同异关系,会影响到言辞之是非的判定,以及运用论式进行推论的正确与否。

对墨家逻辑思想的比较研究可以通过元层次和对象层次两个方面展开。从元层次说,墨家逻辑思想与西方逻辑学知识体系有着某些共通性内容。这主要表现在其对同一律和矛盾律等逻辑规律的自觉使用,以及形成的一些共有的如"真"和"类"等重要的逻辑概念上。从对象层次说,墨家逻辑思想主要呈现为一个以帮助论辩者辨明是非为主要目的,以研究证明和反驳中所使用的各种推论和反驳方式为基本内容,以事物或言辞之间的"类同""不类之异"关系和"以类取,以类予"的推论原则作为正确使用论式的根本保证,极其注重概念间的内涵关系的非形式化逻辑体系。从研究推理论证的角度讲,墨家逻辑思想主要研究的是辩论活动中可能用到的一些推理论证方式或模式,而未能深入分析和探究推理或论证的形式结构。

最后,还需要说明的是,推进墨家逻辑思想的深入研究与传承转化,还可以在继续总结和分析前人研究成果的基础上,立足于现代逻辑和逻辑哲学的观念和知识框架,继续辨明和分析,《小取》所总结的"辟、侔、援、推"等论式以及《大取》所总结的"三物"范式,在思维、语言和行为等维度上的具体体现。与此同时,还可以借鉴和参考齐密莱乌斯基、何莫邪等汉学家的研究思路与观点,深入分析墨家逻辑思想对"类""真""必然性"等一些逻辑概念的理解,及其对"杀盗非杀人""一少于二而多于五"等独特的论说和思考,从而为更深入诠解墨家逻辑思想的哲学意涵和理论特质,把握墨家逻辑思想的思想史、学术史和文化史价值,提供更充足也更合理的观念建构基础。此外,还可以结合古汉语的语法特点、汉字的表形和表义功能等一些语言文化因素,以展开对墨家逻辑思想的语言哲学分析,阐发墨家逻辑思想背后的语言学特质,解读墨家逻辑思想衰变成冷门学问的多重因素。或许这也将会是今后推进墨家逻辑思想研究的一个重要参考维度。

参 考 文 献

1. 原典注释类

毕沅:《墨子校注》,上海古籍出版社 1995 年版。

陈癸淼:《公孙龙子今注今译》,台湾商务印书馆 1991 年版。

傅山:《墨子大取篇释》,《霜红龛集》卷三十五,山西人民出版社,1985 年版。

高亨:《墨经校诠》,中华书局 1962 年版。

顾广圻:《墨子》,载《顾千里集》,中华书局 2007 年版。

郭庆藩:《庄子集释》,中华书局 2006 年版。

姜宝昌:《墨经训释》,齐鲁书社 1993 年版。

李渔叔:《墨辩新注》,台湾商务印书馆 1968 年版。

李渔叔:《墨子今注今译》,台湾商务印书馆 1974 年版。

梁启超:《墨经校释》,见《饮冰室合集》第八卷,中华书局 1989 年版。

任继愈主编:《墨子大全·第一编》(共 20 册),北京图书馆出版社 2002 年版。

刘向著,向宗鲁校证:《说苑校证》,中华书局 1987 年版。

孙诒让:《墨子间诂》,中华书局 1986 年版。

谭家健、孙中原:《墨子今注今译》,中华书局 2009 年版。

谭戒甫:《墨辩发微》,中华书局 1964 年版。

谭戒甫:《墨经分类译注》,中华书局 1981 年版。

谭业谦:《公孙龙子译注》,中华书局 1997 年版,

许慎撰,段玉裁注:《说文解字注》,上海古籍出版社 1988 年版。

王符著,汪继培笺:《潜夫论笺》,中华书局 1979 年版。

王琯:《公孙龙子悬解》,中华书局 1992 年版。

王先谦:《荀子集解》,中华书局 2012 年版。

王讚源主编:《墨经正读》,上海图书馆、上海科学技术文献出版社 2011

年版。

王兆春、卢凤鹏、张仁明主编:《墨经汇释》,吉林大学出版社 2016 年版。

吴毓江:《墨子校注》,中华书局 1993 年版。

严灵峰编:《墨子集成》,台湾成文出版社 1977 年版。

杨俊光:《墨经研究》,南京大学出版社 2002 年版。

2. 中文著作类

蔡仁厚:《墨家哲学》,台湾东大图书公司 1993 年版。

曹峰:《中国古代名的政治思想研究》,上海古籍出版社 2017 年版。

陈癸淼:《名家与名学——先秦诡辩学派研究》,台湾学生书局 2004 年版。

[美]陈汉生:《中国古代的语言和逻辑》,周云之、张清宇、崔清田等译,社会科学文献出版社 1998 年版。

陈孟麟:《墨辩逻辑学》,齐鲁书社 1983 年版。

程仲棠:《"中国古代逻辑学"解构》,中国社会科学出版社 2009 年版。

崔清田:《显学重光》,辽宁教育出版社 1997 年版。

崔清田主编:《名学与辩学》,山西教育出版社 1997 年版。

崔清田:《墨家逻辑与亚里士多德逻辑比较研究》,人民出版社 2004 年版。

董志铁:《名辩艺术与思维逻辑》,中国广播电视出版社 1988 年版。

杜国庠:《杜国庠文集》,人民出版社 1962 年版。

方授楚:《墨学源流》,中华书局 1989 年版。

冯友兰:《中国哲学史》,华东师范大学出版社 2000 年版。

傅山:《霜红龛集》,太原:山西人民出版社,1985 年版。

[德]顾有信:《中国逻辑的发现》,陈志伟译,江苏人民出版社 2020 年版。

郭桥:《逻辑与文化——中国近代时期西方逻辑传播研究》,人民出版社 2006 年版。

郭湛波:《先秦辩学史》,上海古籍出版社 2015 年版。

[德]亨利希·肖尔兹:《简明逻辑史》,张家龙、吴可译,商务印书馆 1977 年版。

[美]郝大维、[美]安乐哲:《汉哲学思维的文化探源》,施忠连译,江苏人民出版社 1999 年版。

胡适:《先秦名学史》,学林出版社 1983 年版。

胡适:《中国哲学史大纲》,上海三联书店 2014 年版。

胡适:《中国哲学史大纲》,团结出版社 2005 年版。

胡适:《中国哲学史》,新世界出版社 2012 年版。

侯外庐、赵纪彬、杜国庠:《中国思想通史》,人民出版社 1956 年版。

金岳霖:《金岳霖全集》(第二卷),人民出版社 2013 年版。

晋荣东:《逻辑何为——当代中国逻辑的现代性反思》,上海古籍出版社 2005 年版。

劳思光:《新编中国哲学史》,台湾三民书局 2010 年版。

李雷东:《语言维度下的先秦墨家名辩》,中国社会科学出版社 2013 年版。

李匡武主编:《中国逻辑史》(五卷本),甘肃人民出版社 1989 年版。

李贤中:《先秦名家"名实"思想探析》,台湾文史哲出版社 1999 年版。

梁启超:《墨子之论理学》,见《饮冰室合集》第八卷,中华书局 1989 年版。

梁启超:《墨子学案》,见《饮冰室合集》第八卷,中华书局 1989 年版。

梁启超:《中国历史研究法》,中国华侨出版社 2013 年版。

刘福增:《公孙龙子新论》,台湾文津出版社 2002 年版。

刘培育:《中国古代哲学精华·名辩篇》,甘肃人民出版社 1992 年版。

鲁胜:《墨辩注叙》,载《缩印百衲本二十四史·晋书》,商务印书馆 1958 年版。

[英]路德维希·维特根斯坦:《逻辑哲学论》,王平复译,九州出版社 2007 年版。

栾调甫:《墨子研究论文集》,人民出版社 1957 年版。

[日]末木刚博:《东方合理思想》,孙中原译,江西人民出版社 1990 年版。

[日]末木刚博:《东方逻辑趣谈》,孙中原译,商务印书馆 2021 年版。

牟宗三:《名家与荀子》,台湾学生书局 1979 年版。

潘德荣:《西方诠释学史》,北京大学出版社 2013 年版。

彭漪涟:《中国近代逻辑思想史论》,上海人民出版社 1991 年版。

邱棨鐊:《庄子哲学体系论》,台湾文津出版社 1999 年版。

沈有鼎:《墨经的逻辑学》,中国社会科学出版社 1980 年版。

沈有鼎:《沈有鼎文集》,人民出版社 1992 年版。

［美］斯蒂芬·雷曼：《逻辑学是什么》，杨武金译，中国人民大学出版社2014年版。

［英］苏珊·哈克：《逻辑哲学》，罗毅译，张家龙校，商务印书馆2003年版。

孙长祥：《思维·语言·行动：现代学术视野中的墨辩》，台湾文津出版社2005年版。

孙中原：《中国逻辑史》（先秦卷），中国人民大学出版社1987年版。

孙中原：《墨学通论》，辽宁教育出版社1993年版。

孙中原：《中国逻辑研究》，商务印书馆2006年版。

孙中原：《墨学大辞典》，商务印书馆2016年版。

宋文坚：《西方形式逻辑史》，中国社会科学出版社1991年版。

涂纪亮主编：《语言哲学名著选辑》（英美部分），生活·读书·新知三联书店1988年版。

汪奠基：《中国逻辑思想史》，武汉大学出版社2012年版。

汪奠基：《中国逻辑思想史料分析》，中华书局1961年版。

王克喜：《古代汉语和中国古代逻辑》，天津人民出版社2000年版。

温公颐：《先秦逻辑史》，上海人民出版社1983年版。

温公颐、崔清田：《中国逻辑史教程》，南开大学出版社2012年版。

伍非百：《中国古名家言》，中国社会科学出版社1983年版。

许抗生：《先秦名家研究》，湖南人民出版社1986年版。

［古希腊］亚里士多德：《形而上学》，吴寿彭译，商务印书馆1959年版。

［古希腊］亚里士多德：《工具论》，余纪元译，中国人民大学出版社2003年版。

杨芾荪主编：《中国逻辑思想史教程》，甘肃人民出版社1988年版。

杨武金：《墨经逻辑研究》，中国社会科学出版社2004年版。

杨武金：《逻辑哲学新论》，中国社会科学出版社2021年版。

虞愚：《中国名学》，台湾正中书局1970年版。

曾祥云：《中国近代比较逻辑思想研究》，黑龙江教育出版社1992年版。

曾祥云、刘志生：《中国名学——从符号学的观点看》，海风出版社2000年版。

曾昭式：《先秦逻辑新论》，科学出版社2018年版。

翟锦程：《先秦名学研究》，天津古籍出版社2005年版。

詹剑锋：《墨家的形式逻辑》，湖北人民出版社1979年版。

詹剑锋:《墨子及墨家研究》,华中师范大学出版社 2007 年版。

章士钊:《逻辑指要》,生活·读书·新知三联书店 1961 年版。

张斌峰:《近代〈墨辩〉复兴之路》,山西教育出版社 1999 年版。

张家龙主编:《逻辑学思想史》,湖南教育出版社 2004 年版。

张家龙:《数理逻辑发展史:从莱布尼茨到哥德尔》,社会科学文献出版社 1993 年版。

张家龙:《逻辑史论》,中国社会科学出版社 2016 年版。

张晴:《20 世纪的中国逻辑史研究》,中国社会科学出版社 2007 年版。

张忠义:《中国逻辑对“必然地得出”的研究》,人民日报出版社 2006 年版。

中国逻辑史研究会资料选编组:《中国逻辑史资料选》(先秦卷),甘肃人民出版社 1985 年版。

周昌忠:《先秦名辩学及其科学思想》,科学出版社 2005 年版。

周山:《中国逻辑史论》,辽宁教育出版社 1988 年版。

周文英:《中国逻辑思想史稿》,人民出版社 1979 年版。

周云之:《中国逻辑史》,山西教育出版社 2004 年版。

周云之:《先秦名辩逻辑指要》,四川教育出版社 1993 年版。

周云之:《名辩学论》,辽宁教育出版社 1990 年版。

周云之:《公孙龙子正名学说研究》,社会科学文献出版社 1994 年版。

周云之、刘培育:《先秦逻辑史》,中国社会科学出版社 1984 年版。

周云之:《墨经校注·今译·研究》,甘肃人民出版社 1993 年版。

朱传棨:《墨家思想研究论稿》,人民出版社 2020 年版。

朱志凯:《墨经中的逻辑学说》,四川人民出版社 1988 年版。

3. 中文论文类

蔡伯铭:《鲁胜的逻辑史观——读〈墨辩注叙〉》,载《湖北师范学院学报(哲学社会科学版)》1985 年第 1 期。

曹三聆:《略论〈墨经〉中关于同一的逻辑思想》,载《哲学研究》1981 年第 2 期。

陈孟麟:《从类概念的发生发展看中国古代逻辑思想的萌芽和逻辑科学的建立——兼与吴建国同志商榷》,载《中国社会科学》1985 年第 4 期。

陈孟麟:《墨辩逻辑学的特点及其历史命运》,载《中国社会科学》1991 年第 5 期。

崔清田：《关于认识〈墨辩〉逻辑的几个问题》，载《中国哲学史研究》1983年第4期。

崔清田：《关于中西逻辑的比较研究——由中西文化交汇引发的思考》，载《信阳师范学院学报（哲学社会科学版）》2003年第2期。

崔清田：《墨家逻辑与亚里士多德逻辑的比较研究》，载《南开学报》2002年第6期。

崔清田：《〈小取〉逻辑思想浅析》，载《南开学报》1982年第4期。

崔清田：《推类，中国逻辑的主导推理类型》，载《中州学刊》2004年第3期。

董志铁：《试论惠施等辩者的辩证命题及其与〈墨经〉之关系》，载《殷都学刊（安阳师专学报）》1986年第2期。

董志铁：《新中国名辩逻辑研究的回顾与前瞻》，载《自然辩证法研究》2000年增刊。

付建增：《墨子的逻辑思想》，载《南开学报》1981年第2期。

傅建增：《试论〈墨辩〉逻辑立辞的"三物"基础》，载《南开学报》，1990年第3期。

关兴丽：《中国古代墨家"当"的语用学思想》，载《社会科学辑刊》2005年第2期。

嵇道之：《读〈墨经·小取〉偶识》，载《郑州大学学报（社会科学版）》1979年第2期。

晋荣东：《从历史研究到理论创造——论冯契对后期墨家"三物"论说的创造性诠释》，载《哲学分析》2021年第4期。

晋荣东：《逻辑的名辩化及其成绩与问题》，载《哲学分析》2011年第6期。

景海峰：《中国哲学的诠释学境遇及其维度》，《天津社会科学》2011年第6期。

鞠实儿：《论逻辑的文化相对性——从民族志和历史学的观点看》，载《中国社会科学》2010年第1期。

李世繁：《试述〈墨辩〉中若干范畴的理论》，载《哲学研究》1981年第9期。

李先焜：《章太炎、梁启超、章士钊的中西逻辑的比较研究》，载《湖北大学学报（哲学社会科学版）》1988年第3期。

李巍：《行为、语言及其正当性——先秦诸子"类"思想辨析》，载《中国社会科学》2013 年第 11 期。

李巍:《物的可指性——〈公孙龙子·指物论〉新解》,载《哲学研究》2016 年第 11 期。

李巍:《逻辑方法还是伦理实践?——先秦儒墨"推类"思想辨析》,载《文史哲》2016 年第 5 期。

刘培育:《中国逻辑思想史研究论略》,载《南开学报》1981 年第 3 期。

刘培育:《沈有鼎研究先秦名辩学的原则和方法》,载《哲学研究》1997 年第 10 期。

刘培育:《名辩学简论》,载《长白论丛》1993 年第 1 期。

刘培育:《中国逻辑史研究 50 年概览》,载《信阳师院学报(哲学社会科学版)》2003 年第 2 期。

刘学智:《先秦同异之辩的历史考察》,载《陕西师大学报(哲学社会科学版)》,1988 年第 4 期。

骆风和:《墨家"杀盗非杀人"的命题是否偷换了概念》,载《光明日报》1964 年 1 月 24 日版。

彭漪涟:《略论中国近代逻辑思想发展的几个主要特点》,载《华东师范大学学报(哲社版)》1988 年第 4 期。

沈有鼎:《〈公孙龙子〉的评价问题》,载《哲学研究》1978 年第 6 期。

沈有鼎:《〈墨经〉中有关原始诡辩学说的一个材料》,载《社会科学战线》1984 年第 2 期。

孙中原:《墨家"杀盗非杀人"的命题不是诡辩》,载《光明日报》1963 年 11 月 1 日。

孙中原:《略论〈墨经〉中同和异的辩证思维》,载《甘肃社会科学》1981 年第 4 期。

孙中原:《墨家逻辑中的归纳问题》,载《哲学研究》1983 年第 8 期。

孙中原:《论孔子的逻辑思想》,载《孔子研究》1986 年第 3 期。

孙中原、许毅力:《论墨家逻辑中的名意实诸范畴》,载《中国人民大学学报》1987 年第 6 期。

孙中原:《中国古代逻辑中的概念论》,载《逻辑与语言学习》1987 年第 4 期。

孙中原:《墨家逻辑的性质》,载《中国人民大学学报》2001 年第 2 期。

孙中原:《沈有鼎的墨家逻辑研究》,载《哲学研究》2001 年第 3 期。

孙中原:《中国逻辑史研究若干问题》,载《哲学动态》2001 年第 7 期。

孙中原:《〈墨经〉的逻辑与认知范畴钩玄》,载《船山学刊》2002 年第 4 期。

孙中原:《中国逻辑元研究》,《中国人民大学学报》2005 年第 2 期。

孙中原:《以说出故——〈墨经〉的推论逻辑》,《贵州工程应用技术学院学报》2021 年第 5 期。

田立刚:《墨辩思维形式学说的发展》,载《南开学报(哲学社会科学版)》1985 年第 4 期。

田立刚:《先秦逻辑史上"说"范畴的产生与发展》,载《南开学报(哲学社会科学版)》1993 年第 5 期。

王加良、任晓明:《基于"类"范畴的墨家推类思想新探》,载《科学技术哲学研究》2018 年第 3 期。

王克喜:《名学略说——为何中国古代未产生亚里士多德式的传统逻辑》,载《徐州师范大学学报(哲学社会科学版)》1997 年第 1 期。

王克喜:《从古代汉语透视中国古代的非形式逻辑》,载《云南社会科学》2004 年第 6 期。

王路:《对象的明确和方法的更新——论有关中国逻辑史研究的几个问题》,载《哲学研究》1995 年第 1 期。

温公颐:《墨辩逻辑的概念论》,载《南开学报》1981 年第 3 期。

温公颐:《墨辩逻辑的判断论》,载《南开学报》1981 年第 4 期。

吴建国:《中国逻辑思想史上类概念的发生、发展与逻辑科学的形成》,载《中国社会科学》1980 年第 2 期。

杨芾荪:《墨家思维形式学说概要》,载《中山大学学报》1964 年第 1 期。

杨国荣:《〈庄子〉哲学中的名与言》,载《中国社会科学》2006 年第 4 期。

杨锋刚:《论庄子哲学中的知》,载《中国哲学史》2013 年第 3 期。

杨武金:《从现代逻辑的语言层次观看〈墨经〉逻辑》,载《广西师院学报(哲学社会科学版)》2002 年第 2 期。

杨武金:《论梁启超、胡适、沈有鼎对墨家逻辑的开拓性研究》,载《贵州师范大学学报(社会科学版)》2006 年第 1 期。

杨武金:《论从三个层次研究墨家逻辑》,载《安徽大学学报(哲学社会科学版)》2006 年第 4 期。

杨武金:《论墨家逻辑及其合法性问题》,载《哲学动态》2006 年增刊。

杨武金:《论辩、论证与逻辑学的产生和发展》,载《贵州师范大学学报(社会科学版)》2007 年第 1 期。

杨武金:《中西逻辑比较》,载《哲学与文化》第三十七卷第八期,2010 年 8 月。

杨武金:《墨家逻辑的科学地位和当代价值》,载《武汉大学学报(人文科学版)》2013 年第 5 期。

杨武金:《作辩经以立名本——墨家辩学与逻辑学》,载《思想与文化》第 17 辑,2015 年 12 月。

杨武金、张万强:《墨家辩学中的“真”观念辨析》,载《中州学刊》2015 年第 6 期。

杨武金:《墨家逻辑与科学思维》,载《河南社会科学》2020 年第 11 期。

杨武金:《比较与诠释视野下的墨家逻辑思想探视》,载《中国人民大学学报》2018 年第 6 期。

杨武金:《墨经消解的五个悖论的起源及性质考论》,载《哲学研究》2023 年第 3 期。

姚裕瑞:《为什么〈墨经〉的“明同异”是“正当性”思想》,载《哲学研究》2022 年第 2 期。

叶闯:《使真解释:联通语言到世界》,载《中国社会科学》2022 年第 3 期。

叶锦明:《对研究中国逻辑的两个基本问题的探讨》,载《自然辩证法通讯》1996 年第 1 期。

于惠棠:《墨家“杀盗非杀人”的命题是诡辩?》,载《光明日报》1964 年 1 月 17 日版。

曾祥云:《我看中国逻辑史研究的对象和方法》,载《哲学研究》1992 年第 4 期。

曾祥云:《中国近代比较逻辑研究的贡献、局限与启迪》,载《福建论坛(文史哲版)》1992 年第 6 期。

曾昭式:《后期墨家对先秦名家逻辑思想的批判》,载《河南师范大学学报(哲学社会科学版)》1996 年第 1 期。

曾昭式:《墨家逻辑学研究何以可能》,载《哲学动态》2005 年第 8 期。

曾昭式:《普通逻辑语境下墨辩逻辑学研究的回顾与反思》,载《哲学研究》2005 年第 11 期。

张春波、张家龙:《中国哲学中的逻辑和语言》,载《吉林大学社会科学学报》1990 年第 3 期。

张晓芒:《比较研究的方法论问题——从中西逻辑的比较研究看》,载

《理论与现代化》2008 年第 2 期。

张学立、刘明明:《新近中国逻辑史研究的特点和趋势》,载《湖南科技大学学报(社会科学版)》2013 年第 2 期。

张荣明:《〈天下篇〉辩者命题研究》,载《南开学报(哲学社会科学版)》2017 年第 1 期。

张万强:《举物比类与属种归谬:中西哲学论辩原理比较——从墨家辩学和古希腊论辩术说起》,载《宁夏社会科学》2019 年第 2 期。

张万强:《从墨家辩学的生成原因看逻辑的文化依赖性》,载《沈阳工业大学学报(社会科学版)》2018 年第 11 期。

张万强:《中国古代有"逻辑学"吗》,载《中华读书报》2020 年 7 月 22 日第 9—10 版。

章沛:《杜国庠关于中国先秦逻辑思想史的研究——杜国庠先生诞辰百年献礼》,载《广东社会科学》1989 年第 2 期。

周云之:《"白马非马"纯属诡辩吗?——对公孙龙〈白马论〉一文的逻辑思想剖析》,载《江西师院学报(哲学社会科学版)》1979 年第 2 期。

周云之:《略论惠施的逻辑思想》,载《江西师院学报(哲学社会科学版)》1979 年第 3 期。

周云之:《墨辩中关于"名"的逻辑思想》,载《江汉论坛》1979 年第 4 期。

周云之:《墨家关于"辩"的理论》,载《天津师院学报》1980 年第 3 期。

周云之:《先秦逻辑思想研究中提出的问题》,载《光明日报》1980 年 9 月 4 日第 4 版。

周云之:《论墨家"以类取"和"以类予"的推论性质和推论形式》,载《辽宁大学学报》1980 年第 6 期。

周云之:《后期墨家已经提出了相当于三段论的推理形式——论"故"、"理"、"类"与"三物论式"》,载《哲学研究》1989 年第 4 期。

周云之:《中国逻辑史应坚持科学的对比研究》,载《哲学动态》1989 年第 4 期。

周云之:《再论中国逻辑史研究的对象和方法》,载《哲学研究》1991 年第 6 期。

周云之:《〈墨经〉逻辑是中国古代(传统)形式逻辑的杰出代表——评所谓"论辩逻辑""非形式逻辑"和"前形式逻辑"说》,载《孔子研究》1992 年第 2 期。

诸葛殷同:《关于中国逻辑史研究的几点看法》,载《哲学研究》1991 年第 11 期。

朱志凯:《〈墨经〉中逻辑学说的特征》,载《哲学研究》1984 年第 7 期。

4. 英文著作类

Anton Dumitriu, *History of logic, Vol. 1 – 4,* Tunbridge: Abacus Press, 1977.

A. C. Graham, *Later Mohist Logic, Ethics and Science*, reprint edition, Hong Kong: Chinese University Press, 2003.

A. C. Graham, *Disputers of the Tao: philosophical argument in ancient China*, La Salle, IL: Open Court, 1989.

Bryan van Norden, Virtue Ethics and Consequentialism in Early Chinese Philosophy, Cambridge University Press, 2007.

Chad Hansen, *Language and Logic in Ancient China*, Ann Arbor: University of Michigan, 1983.

Chad Hansen, *A Daoist Theory of Chinese Thought*, Oxford: Oxford University Press, 1992.

Harbsmeier. Christoph, *Science and Civilisation in China*, Vol. 7, Part 1: Language and Logic, Cambridge: Cambridge University Press, 1998.

Hu Shih, *The Development of the Logical Method in Ancient China,* Shanghai: Commercial Press, 1922.

Ian Johnston, *The Mozi: A Complete Translation,* HongKong: Chinese University Press, 2010.

Irving. M. *Copi, Introduction To Logic*, New York: Macmillan Publishing Co, 1978.

Joachim Kurtz, *The Discovery of Chinese Logic*, Leiden Boston: Brill, 2011.

Donald Leslie, *Argument by Contradiction in Pre-Buddhist Chinese Reasoning,* Canberra: Australian National University, 1964.

John Makeham, *Name and Actuality in Early Chinese Thought*, Albany: SUNY Press, 1994.

Steven M. Cahn, *Classics of Western Philosophy*, Indianapolis: Hackett Publishing Company, 1995.

Yiu-ming Fung, *Compansion to Chinese Philosophy of Logic*, Switzerland: Springer Nature Switzerland AG, 2020.

5. 英文论文类

A. C. Graham, "The Logic of the Mohist Hsiao-ch'ü", *T'oung Pao. Second Series*, Vol.51, Livr.1(1964), pp.1－54.

Chad Hansen, "Mozi: Language Utilitarianism(The Structure of Ethics in Classical China)", *Journal of Chinese Philosophy*, Vol.16(1989), pp.355－380.

Chad Hansen, "Chinese Language, Chinese Philosophy, and 'Truth'", *The Journal of Asian Studies*, Vol.44, No.3(1985), pp.491－519.

Chung-Ying Cheng, "Inquiries into Classical Chinese Logic", *Philosophy East and West*, Vol.15, No.3/4(1965), pp.195－216.

Cheng Chung-Ying, and Richard H. Swain, "Logic and Ontology in the Chih Wu Lun of Kung-sun Lung-Tzu", *Philosophy East and West*, Vol.20, No.2(1970), pp.137－154.

Cheng Chung-Ying and Richard H. Swain, "Logic and Language in Chinese Language", *Journal of Chinese Philosophy*, Vol.14, No.3(1987), pp.285－307.

Cheng Chung-Ying, "Preface: Chinese Logic As Threefold: Reference, Meaning And Use", *Journal of Chinese Philosophy*, Vol. 39, No.3(2012), pp.325－326.

Chris Fraser, "Language and Ontology in Early Chinese Thought", *Philosophy East and West*, Vol.57, No.4(2007), pp.420－456.

Chris Fraser, "Knowledge and Error in Early Chinese Thought", *Dao: A Journal of Comparative Philosophy*, Vol. 10, No. 2(2011), pp.127－148.

Chris Fraser, "Truth in Mohist Dialectic", *Journal of Chinese Philosophy*, Vol.39, No.3(2012), pp.351－368.

Chris Fraser, "Distinctions, Judgment, and Reasoning in Classical Chinese Thought", *History and Philosophy of Logic*, Vol. 34, No. 1 (2013), pp.1－24.

Chris Fraser, "The Mohist Conception of Reality", in *Chinese Metaphysics and its Problems,* ed. Chenyang Li and Franklin Perkins, Cambridge: Cambridge University Press, 2015, pp. 69 – 84.

Chong, Chaehyun, "The Neo-Mohist Conception of *Bian* (Disputation)", *Journal of Chinese Philosophy*, Vol. 26, No. 1(1999), pp. 1 – 19.

D. C. Lau, "Some Logical Problems in Ancient China", *Proceedings of the Aristotelian Society,* New Series, Vol. 53(1952 – 1953), pp. 189 – 204.

Dan Robins, "The Later Mohists and Logic", *History and Philosophy of Logic*, Vol. 31, No. 3(2010), pp. 247 – 285.

Liu Fenrong and Zhang Jialong, "New Perspectives on Moist Logic", *Journal of Chinese Philosophy*, Vol. 37, No. 4(2010), pp. 605 – 621.

Fung Yiu-ming, "Introduction: Language and Logic in Later Moism", *Journal of Chinese Philosophy*, Vol. 39, No. 3(2012), pp. 327 – 350.

Ian Johnston, "Choosing the Greater and Choosing the Lesser: A Translation and Analysis of the *Daqu* and *Xiaoqu* Chapters of the *Mozi* ," *Journal of Chinese Philosophy*, Vol. 27, No. 4(2000), pp. 375 – 407.

John Cikoski, "On Standards of Analogical Reasoning in the Late Chou", *Journal of Chinese Philosophy*, Vol. 2, No. 3(1975), pp. 325 – 357.

Janusz Chmielewski, "Notes on early Chinese logic (I)", *Rocznik Orientalistyczny*, Vol. 26, No. 1(1962), pp. 7 – 22.

Janusz Chmielewski, "Notes on early Chinese logic (II)", *Rocznik Orientalistyczny*, Vol. 26, No. 2(1963), pp. 91 – 105.

Janusz Chmielewski, "Notes on early Chinese logic (III)", *Rocznik Orientalistyczny*, Vol. 27, No. 1(1963), pp. 91 – 105.

Janusz Chmielewski, "Notes on early Chinese logic (IV)", *Rocznik Orientalistyczny*, Vol. 28, No. 2(1965), pp. 87 – 111.

Janusz Chmielewski, "Notes on early Chinese logic (V)", *Rocznik Orientalistyczny*, Vol. 29, No. 2(1965), pp. 117 – 138.

Janusz Chmielewski, "Notes on early Chinese logic (VI)", *Rocznik Orientalistyczny*, Vol. 30, No. 1(1966), pp. 31 – 52.

Janusz Chmielewski, "Notes on early Chinese logic (VII)", *Rocznik Orientalistyczny*, Vol. 31, No. 1(1968), pp. 117 – 136.

Janusz Chmielewski, "Notes on early Chinese logic(VIII)", *Rocznik Orientalistyczny*, Vol. 32, No. 2(1969), pp. 83 – 103.

Marshall William, "Logical Analysis and Later Mohist Logic: Some Comparative Reflections", *Comparative Philosophy*, No. 1 (2010), pp. 53 – 77.

Mary Garrett, "Classical Chinese Conceptions of Argumentation and Persuasion", *Argumentation and Advocacy*, Vol. 29, No. 3 (1993), pp. 105– 115.

Thierry Lucas, "Later Mohist Logic, Lei, Classes and Sorts", *Journal of Chinese Philosophy*, Vol. 32, No. 2(2005), pp. 361 – 362.

Thierry Lucas, "Hui Shih and Kung Sun Lung: an Approach from Contemporary Logic", *Journal of Chinese Philosophy*, Vol. 20, No. 2 (1993), pp. 211 – 255.

Yang Wujin, "Valid Reasoning in Ancient China from the Perspective of Modern Logic", *Studies in Logic*, Vol. 4, No. 3(2011), pp. 115 – 125.

Yuan Jinmei, "Analogical Propositions in Moist Text", *Journal of Chinese Philosophy*, Vol. 39, No. 3(2012), pp. 404 – 423.

6. 网页资料类

Chris Fraser, "Mohist Canons", The Stanford Encyclopedia of Philosophy, http://plato. stanford. edu/ entries/mohist-canons/.

Chris Fraser, "Mohism", The Stanford Encyclopedia of Philosophy, http://plato. stanford. edu/entries/mohism/.

Chris Fraser, "School of Names", The Stanford Encyclopedia of Philosophy, http://plato. stanford. edu/entries/school-names/.

James O. Young, "The Coherence Theory of Truth", The Stanford Encyclopedia of Philosophy, http://plato. stanford. edu/entries/truth-coherence/.

Marian David, "The Correspondence Theory of Truth", The Stanford Encyclopedia of Philosophy, http://plato. stanford. edu/entries/truth-correspondence/.

Michael Glanzberg, "Truth", The Stanford Encyclopedia of Philosophy, http://plato. stanford. edu/entries/truth/.

后 记

这本小书与我一道经受了煎熬与痛苦。面对未知命运的茫然无措,面对人生得意失意的瞬间转换,面对众人皆乐我独怅的孤独落寞,我不停地切换着或笑或苦、或乐或悲的面容。我也常常感到,自己的心如汪洋中的一片小舟,尽管想要向着目标坚定前行,但却不得不随波逐流。这是一种无力的煎熬,这也是一种可能会被失望了的希望。无论是春的明媚,夏的炽热,秋的缠绵,还是冬的肃杀,都会将我的生命之树侵蚀得一干二净。我如一个徒步远方的孩子,渴望的眼神追寻着圣洁的方向,但却再也迈不开脚步,也失却了临出发时的坚强初心。从 7 年前站在纳兰家族遗留下的石质雕刻物旁生出的"人生若只如初见,何事秋风悲画扇。等闲变却故人心,却道古人心易变"的忧伤与感慨,到如今蜗居终南山下不自禁地追忆曾经走过的青春岁月,我愈来愈觉得,人生的际遇起起伏伏,生老病死的苦痛自不待言,而求不得的悲情与绝望,爱别离的哀愁与眷恋,怨憎会的频加与贪痴,构成了向死而生的全部轨迹。这轨迹碾压着我这凡俗的人生,教会了我所谓的"成熟",教会了我拒绝率性。但这轨迹蕴藏着的,是空气中透露出的丝丝穿肤之冷与几缕刺骨之寒。

这冷,这寒,令我惧怕,也令我沉醉。惧怕,是缘于我短暂的人生路中,总是这样一个光秃秃的冬的景象。惧怕让我常常忆念,自己还一直拼命奔跑在一条通往暖春却怎么也跑不到尽头的路上,不至于满足于一时的成绩,而忘却了自己本来的出处和现实的生存处境。沉醉,则来源于在这条透着寒冷悲凉的路上,总是很容易地收获感动,碰触到人性的善良美好一面。这些感动,一路提携我继续前行,勉励我未来会更美好。我常想,如果不是生命中遇到的这些贵人友人,我不知身在何处,干着什么活计,思考着什么问题。但最大的可能,怕是在这茫茫的人生旅途中,继续延续父辈们的路,变成步履蹒跚的小老头,或一贫如洗,或手里攥着俩小钱,日日里为柴米油盐精打细算,生活也会陷入"……放羊——挣钱——娶媳妇——生娃——娃再放羊——挣钱——娃娶媳妇——娃再生娃……"的永不停息的循环中去。

　　这冷与寒，也总告诉我，自己只不过是从家乡流浪到京城，再从京城流浪到古城的一个旅人。我天资愚钝，只是有幸借着时代和师友们的光，才得以在都市里蜗居残生，才有机会体验这车水马龙的盛世景象，也才能去感受雾霾与酷暑的可怕。那些逝去的岁月，常令我子夜梦回，不能忘怀！而这些岁月追忆的起点，则是11年前的一个偶然决定，当时身处基层机关工作困境中的我，在迷茫彷徨中选择了一条自己所永没有考虑的路——继续求学。求学之后，我常问身边的人，为什么选择继续读书？听到的答案有很多很多，但追求学术人生多已成为大家的共识。从求学到从教的这10年里，我常问自己，我要追求什么？我很想回答说是为了将自己的生命投入追求真理、追求理想的学问伟业中去，但追求学问却并不是我的出发点，而是在跟师友们的学习过程中才慢慢自觉到的。我的出发点，卑小而现实，现实地只是想过个"好生活"。小时候，老师总是鼓励我和小伙伴们说"读书改变命运"。这话日益一日地重复，也就渗入了我的骨髓里，变成了人生信条。试想，如不能改变命运，我的父母和我还会在一开始就选择去读书吗？答案多半怕是否定的。

　　走到现在，我已慢慢习惯了读书写作的日常生活。为此，我应当特别感谢我的导师杨武金教授。没有杨老师的首肯并将我收录门下，我就断然不会再有改变自己命运的机会。杨老师之于我，是宽厚而严厉的。差不多的人生经历，总能让我在他的身上看到"读书可以改变命运"的希望；勤奋的工作学习态度，总能让我在想着停下喘口气的时候给自己不敢懈怠的理由；严谨认真的治学精神，总能教我在走到思维的迷宫时可以一步步地走出来。在这本小书的写作上，我尤其应该感谢他。选择这样一个对我来说难度颇大的题目并一步步坚持了下来，很大程度上是由于杨老师对我的屡次肯定，和对中国逻辑史研究前沿方向的准确把握。这本小书所讨论的问题，所参考的主要文献，尤其是西方汉学家的研究，也大多是在他的指导和帮助下，一步步去多方寻找同学、朋友甚至只有数面之缘的人，请求他们的帮忙，最终才得以搜集出最为主要的资料。可以说，没有杨老师的垂青，没有他的不嫌麻烦、不嫌愚顽，我就不会有这样好的学习与成长机会。当然，小书中的诸多纰漏，则完全是由于作为学术研究新手的我，技艺上刚刚上手，且性格比较毛躁、粗心的缘故了！

　　在这本小书的写作过程中，我还需要感谢很多曾经教导和帮助过我的师友。这本书脱胎于我的博士论文，为此，我要特别感谢刘晓力教授、陈慕泽教授和裘江杰老师的课程教导,以及参与我论文评审和答辩工作的各位老师。其次,我还要特别感谢在我申请国社科后期资助时不吝赐教的各位专家,他们给出的客观、有建设性的修改意见,指引我进一步完善了这本小书。再次,我还要特别感谢漆思老师,愿意为我这样一个天资愚钝且不很勤勉的年轻人提供一份教职,使得我能在西安电子科技大学人文学院哲学系遇到一群有意思的人。同时,在我由学生向老师的身份转换中,我还要特别感谢张蓬老师的大力提携与帮助,若没有他的多方督促,我也不会萌发申请国社科后期资助的意愿。再次,我还要感谢读博期间遇到的各位师友,怀念那些年的高声争辩和推杯换盏;感谢在我工作后还能遇到的各样有趣的新老灵魂,时常能见到大家并聆听各种各样的高见,一起推杯换盏和吐槽彼此还算过得去的生活,总让我觉得人生时时充满快乐和惊喜;感谢帮我找资料的"老朋友们",尤其是帮我在国外穷尽各种方法搜集资料的周斌兄,一面之缘却不吝共享重磅研究资料的德龙博士,还有时常听我碎碎念和包容我坏脾气、坏习惯的各位同门、新老朋友和同仁们。最后,我还要感谢上海人民出版社的任健敏老师,感谢她为出版本书而付出的耐心细致的校勘与沟通工作。

　　当然,我最应当感激的是我的父母、妻女和兄弟姐妹们。很抱歉,我既没能成为让你们感到骄傲的儿子、丈夫、父亲和兄弟,也没能很好地尽孝、尽责,尽好自己的社会义务。希望在今后的岁月中,我们还是能如过往一样多相伴、少相怨,共同把剩下的岁月虚度好!

　　的确,没有家人、老师、亲友们的支持和鼓励,我又怎能在读书、写作、游戏的道路上一路前行而不感到无聊,又怎能在艰难困苦和百无聊赖中去逼着自己去读书呢? 因此,我衷心希望每个人都能在生命的旅途中不孤独,莫彷徨,得机遇的垂青与时代的赐福!

图书在版编目(CIP)数据

墨家逻辑思想研究:以"同异生是非"论题为中心
的考察/张万强著.—上海:上海人民出版社,2023
ISBN 978 - 7 - 208 - 18659 - 0

Ⅰ.①墨…　Ⅱ.①张…　Ⅲ.①墨家-哲学思想-研究
Ⅳ.①B224

中国国家版本馆 CIP 数据核字(2023)第 222020 号

责任编辑　赵　伟　任健敏
封面设计　夏　芳

墨家逻辑思想研究
——以"同异生是非"论题为中心的考察
张万强　著

出　　版　上海人民出版社
　　　　　　(201101　上海市闵行区号景路 159 弄 C 座)
发　　行　上海人民出版社发行中心
印　　刷　上海商务联西印刷有限公司
开　　本　720×1000　1/16
印　　张　15
插　　页　2
字　　数　248,000
版　　次　2023 年 11 月第 1 版
印　　次　2023 年 11 月第 1 次印刷
ISBN 978 - 7 - 208 - 18659 - 0/B · 1720
定　　价　68.00 元